# AGB

Notwendige Änderungen nach der
Schuldrechtsreform im Kaufrecht

Die Deutsche Bilbliothek – CIP-Einheitsaufnahme

Hrsg.: Frank A. Hammel
Autoren: Frank A. Hammel, Erik Schwab, Frauke Weber
AGB: Notwendige Änderungen nach der Schuldrechtsreform im Kaufrecht;
Muster-AGB, Erläuterungen, Synopse, EU-Richtlinien. – Berlin;
Lexxion Verlag – NP NewLaw Publishers GmbH, 2002
ISBN 3-936232-00-8

ISBN 3-936232-00-8


www.lexxion.de
Layout und Umschlaggestaltung: Christine Bokelmann
Satz und Druck: Hans Soldan Druck GmbH

# AGB

## Notwendige Änderungen nach der Schuldrechtsreform im Kaufrecht

Herausgeber Dr. Frank A. Hammel

Autoren Dr. Frank A. Hammel
Rechtsanwalt in Berlin

Erik Schwab
Rechtsanwalt in Berlin

Frauke Weber
Rechtsanwältin in Berlin

lexxionVerlag

# Vorwort

AGB sind das tägliche Brot des juristischen Praktikers. Die umfassende Novellierung des Schuldrechts durch die „Große Lösung“ unter der Federführung unserer Kollegin und Justizministerin Frau Prof. Dr. Herta Däubler-Gmelin lassen eine Überarbeitung bestehender kaufrechtlicher AGB unumgänglich erscheinen.

Dieses Handbuch beschränkt sich bewusst in der Darstellung auf die notwendigen Änderungen von kaufrechtlichen AGB infolge des Gesetzes zur Modernisierung des Schuldrechts, welches zum 1. Januar 2002 in Kraft tritt. Der Praktiker soll damit in die Lage versetzt werden, auf eine komprimierte Darstellung Zugriff nehmen zu können, die ihm die Erfassung und Lösung neuer Fragestellungen bei der Abfassung oder Überprüfung von AGB nach neuem Recht erleichtert.

Autoren und Herausgeber sind jederzeit für Anregungen dankbar, die das vorliegende Handbuch weiter aufwerten. Die höchstrichterliche Rechtsprechung, das wissenschaftliche Schrifttum und möglicherweise auch der Gesetzgeber werden in den nächsten Jahren voraussichtlich noch Veränderungen des deutschen Kaufrechts vorschlagen und mehrdeutig gefasste Gesetzesbestimmungen konkretisieren.

Das vorliegende Handbuch ist in enger Teamarbeit aller drei Verfasser entstanden. Jeder Klauselvorschlag wurde in der zur Verfügung stehenden Zeit heiß diskutiert, auch an den Erläuterungen wurde jeweils gemeinsam gefeilt. Gleichwohl gilt mein besonderer Dank Frau Rechtsanwältin Frauke Weber, die sich in maßgeblicher Weise den Themenbereichen Vertragsschluß (§ 2), Eigentumsvorbehalt (§ 3), Widerrufs- und Rückgaberecht (§ 4) und Gefahrübergang (§ 6) widmete sowie Herrn Rechtsanwalt Erik Schwab, der mit großem wissenschaftlichen Engagement die Einführung zur richtlinienkonformen Auslegung sowie die Themenbereiche zur Gewährleistung (§ 7) und Haftung (§ 8) gestaltete. Trotz aller Leidenschaft der Verfasser für die

Juristerei hätte dieses Buch nicht entstehen können, wenn Frau Heike Romahn sowie Frau Anja Zorn sich nicht so ausdauernd und zeitvergessen um die datentechnische Erstellung der Texte gekümmert hätten.

Berlin, im Dezember 2001

FRANK A. HAMMEL

# Inhaltsverzeichnis

# Einführung

Kaufrechtliche AGB sind ein alter Hut. Das Gesetz zur Modernisierung des Schuldrechts macht es jedoch erforderlich, dem alten Hut an einigen Stellen eine neue Form zu geben. Dies folgt zwangsläufig aus den neuen Regelungsgehalten, die mit der Schuldrechtsmodernisierung in das BGB aufgenommen werden. Hierbei handelt es sich zum einen um die Umsetzung von drei EU-Richtlinien, die Richtlinie zum Verbrauchsgüterkauf (1999/44/EG), die Richtlinie zur Bekämpfung des Zahlungsverzugs im Geschäftsverkehr (2000/35/EG) sowie die Richtlinie zum elektronischen Geschäftsverkehr (2000/31/EG). Des weiteren werden das Verjährungsrecht, das Allgemeine Leistungsstörungsrecht sowie das Kaufrecht modernisiert und die Verbraucherschutzgesetze in das BGB aufgenommen.

Auf die Zulässigkeit von kaufrechtlichen AGB haben neben den besonderen Bestimmungen in §§ 433 ff. BGB insbesondere die Veränderungen des Allgemeinen Leistungsstörungsrechts sowie die zahlreichen verbraucherschutzgesetzlichen Regelungen Einfluss, die vor allem durch die Umsetzung der Verbrauchsgüterkaufrichtlinie und die Einbeziehung der Regelung zum Fernabsatz umfassend in das BGB Einzug genommen haben. Von großer Bedeutung ist, dass die Verbrauchsgüterkaufrichtlinie einen zwingenden Charakter hat und damit die Möglichkeit der Abbedingung gesetzlicher Regelungen zu Lasten des Verbrauchers weiter eingeschränkt wurde. Einen weiteren Schwerpunkt bilden die umfangreichen Informationspflichten bei Fernabsatzverträgen sowie Vertragsabschlüssen im elektronischen Geschäftsverkehr, die in § 1 der Verordnung über die Informationspflichten nach Bürgerlichem Recht (InformationspflichtenVO) niedergelegt sind. Die Überlegungen zur Ausgestaltung der kaufrechtlichen AGB berücksichtigen daher auch die Aspekte von Fernabsatzverträgen sowie Vertragsabschlüssen im elektronischen Geschäftsverkehr, da gerade in diesen Bereichen die Einbindung von AGB zwingend erforderlich ist.

Die im Anhang abgedruckte BGB-Synopse umfasst die für das Kaufrecht wesentlichen Regelungen und ermöglicht so dem Leser den unmittelbaren Vergleich zwischen dem neuen und dem alten Recht.

Das AGB-Gesetz findet sich nun in den §§ 305-310 BGB im 2. Buch,

Abschnitt 2 unter dem Titel „Gestaltung der rechtsgeschäftlichen Schuldverhältnisse durch Allgemeine Geschäftsbedingungen". Die Integration des AGB-Gesetzes in das BGB ist im wesentlichen unter Aufrechterhaltung der Struktur und des Aufbaus des AGB-Gesetzes erfolgt. Regelungen zum sachlichen und persönlichen Anwendungsbereich der §§ 23 ff. AGB-Gesetz sind nunmehr in die relevanten AGB-Regelungen unmittelbar einbezogen. Die Verfahrensvorschriften der §§ 13-22a AGB-Gesetz sind in das Gesetz über Unterlassungsklagen bei Verbraucherrechts- und anderen Verstößen (UKlaG) ausgegliedert worden. In diesem Zusammenhang ist darauf hinzuweisen, dass Unterlassungs- und Widerrufsansprüche bei Allgemeinen Geschäftsbedingungen nicht mehr wie bisher in zwei bzw. vier Jahren verjähren, sondern in der regelmäßigen Verjährungsfrist von drei Jahren (§ 1 UKlaG). Selbiges gilt hinsichtlich Unterlassungs- und Widerrufsansprüchen bei verbraucherschutzgesetzwidrigen Praktiken, die ebenfalls bisher in zwei bis vier Jahren verjährten und nunmehr auch der regelmäßigen Verjährungsfrist von drei Jahren unterliegen (§ 2 UKlaG). Die Vorschriften über den Verbrauchsgüterkauf und die Vorschriften zur Umsetzung der Art. 5, 10 und 11 der E-Commerce-Richtlinie haben in den Katalog der Verbraucherschutzgesetze (§ 2 Abs. 2 Ziff. 2 UKlaG) Eingang gefunden.

Da die sogenannte „Große Lösung" der Modernisierung des Schuldrechts auch der Umsetzung der Richtlinien der Europäischen Gemeinschaft (im folgenden „Richtlinien") dient, sind diese im Anhang abgedruckt. Sie spielen für die Interpretation und Auslegung des neuen Kaufrechts eine besonders wichtige Rolle. Deshalb erscheint es angezeigt, im Rahmen dieser Einführung in der gebotenen Kürze die Verzahnung des Richtlinienrechts mit dem neuen Kaufrecht darzustellen und damit Sicherheit im methodischen Umgang mit dem neuen „Richtlinienrecht" zu vermitteln.

Die Richtlinien sind zwischen deutschen Privatrechtssubjekten nicht unmittelbar anwendbar. Der Europäische Gerichtshof (im folgenden: EuGH) hat sich jedoch in jüngster Zeit unmissverständlich zum Geltungsanspruch der Richtlinien auch zwischen Privatrechtssubjekten positioniert. Im einzelnen:
Gemäß Art. 249 EG-Vertrag stehen der Europäischen Gemeinschaft grundsätzlich drei Handlungsformen zur für die Mitgliedstaaten verbindlichen Rechtsetzung zu. Dieses sind die konkret-individuell wirkende Entscheidung,

die abstrakt-generell wirkende Verordnung und schließlich die das Verbraucherprivatrecht dominierende Richtlinie. Der Rechtsetzungsmechanismus von Richtlinien unterscheidet sich dabei ganz erheblich von gemeinschaftsrechtlichen Verordnungen und Entscheidungen. Anders als die letztgenannten Handlungsformen richten sich Richtlinien grundsätzlich nur an Mitgliedstaaten der Europäischen Union und deren Organe und gerade nicht direkt an die Bürger. Für Bürger und sonstige Privatrechtssubjekte werden Richtlinien nach der Konzeption des EG-Vertrages also erst dann verbindliches Recht, wenn die Mitgliedstaaten diese durch ein Gesetz in ihr nationales Recht umgesetzt haben. Bei der Umsetzung verbleibt den Mitgliedstaaten theoretisch ein Gestaltungsspielraum, da die Richtlinie für sie nur hinsichtlich ihres „Zieles" verbindlich werden soll und die Mitgliedstaaten selbst entscheiden sollen, wie sie dieses in ihr nationales Recht am besten integrieren können. In der Rechtsetzungsentwicklung durch die europäischen Organe hat sich allerdings eine Praxis hin zu sog. detaillierten Richtlinien ergeben, die den Mitgliedstaaten materiell kaum noch Gestaltungsspielraum überlässt. Der EuGH hat diese Praxis ausdrücklich anerkannt (EuGHE 1987, S. 4069 ff. [4088 f.]).

Lange Zeit ungeklärt war die Frage, welche Bindungswirkung die detaillierten Richtlinien nach Ablauf der Umsetzungsfrist in den Mitgliedstaaten entwickeln können, wenn diese nicht oder nur unzureichend umgesetzt wurden. Da nach Ablauf der Umsetzungsfrist Richtlinien für alle Organe der Mitgliedstaaten verbindliches Recht (EuGHE 1990, S. 4135 ff. – Rs. *Marleasing* – bezüglich der Zivilgerichte) setzen, wurde vertreten, dass dann auch die Zivilgerichte im Privatrechtsverkehr das Richtlinienrecht „unmittelbar" anwenden müssten (sog. horizontale Wirkung). Immerhin hatte der EuGH diese „unmittelbare Wirkung" von Richtlinien im Hoheitsverhältnis Bürger – Staat schon in den 70er Jahren anerkannt, wenn die Richtlinie nicht oder schlecht umgesetzt war und den Bürger mit in der Richtlinie konkret beschriebenen subjektiven Rechten gegen den Staat ausstatten wollte (EuGHE 1976, S. 1337 ff. [Rn. 12] – Rs. *van Duyn*). Es wurde daher argumentiert, dass dann unter diesen Voraussetzungen auch Zivilgerichte an den Inhalt von Richtlinien gebunden seien und Bürger sich praktisch auch untereinander unmittelbar auf die in der Richtlinie enthaltenen Rechte berufen können sollten, wenn ein Mitgliedstaat diese nicht in seinem Umsetzungsrecht aufgenommen hatte (vgl. die umfassende Darstellung aller Argumente durch den Generalanwalt Lenz, abgedruckt in EUGHE 1994, S. 3325 ff. [Rn. 42-71] – Rs. *Faccini Dori*). Der EuGH hat diese „horizontale Wirkung" von Richtlinien jedoch nicht auf das Verhältnis zwischen Privatrechtssubjekten übertragen wollen, auch wenn hierüber ein Richter als Staatsorgan entscheide (st. Rspr., ebenda; erstmalig in EuGHE 1986, S. 723 ff. [Rn. 48] – Rs. *Marshall I*). Der EuGH begründet dies maßgeblich damit, dass Privatrechtssubjekte anders als die Mitgliedstaaten der Europäischen Union nicht zur legislatorischen Umsetzung der Richtlinien verpflichtet gewesen seien. Nur aus diesem Grund müssten die Mitgliedstaaten aber im Falle der Nicht- oder Schlechtumsetzung die Richtlinien gegen sich gelten lassen (Gedanke des „venire contra factum proprium"). Würde die Rechtsprechung zur unmittelbaren Wirkung von Richtlinien auf reine Privatrechtsverhältnisse ausgedehnt, würde der Unterschied zur Verordnung, die ohne nationalen Umsetzungsakt im nationalen Rechtsraum Wirkung entfalte, aufgehoben.

Es wäre allerdings ein grobes Fehlverständnis des EuGH, wenn aus seiner vorgenannten Rechtsprechung gefolgert würde, dass zwischen Privatrechtssubjekten ausschließlich das nationale Umsetzungsgesetz anzuwenden sei und möglicherweise entgegenstehende Vorgaben verbraucherprivatrechtlicher Richtlinien infolgedessen unbeachtet bleiben könnten. Der EuGH hat vielmehr mit zunehmend verschärfter Diktion postuliert, dass sämtliche nationalen Umsetzungsakte von Richtlinien, also auch die Umsetzungsgesetze verbraucherprivatrechtlicher Richtlinien, die zwingenden Vorgaben der Richtlinien übernehmen müssen. So sprach der EuGH in der ersten Phase seiner Rspr. noch von der „Zweckmäßigkeit" einer richtlinienkonformen Auslegung (vgl. EuGHE 1974, S. 1201 ff. – Rs. *Haaga*; EuGHE 1975, S. 297 ff. – Rs. *Bonsignore*; EuGHE 1982, S. 2771 ff. – Rs. *Felicitas*). In einer zweiten Phase hielt er beim Streit um die Auslegung des § 611a BGB alt bereits alle Träger staatlicher Gewalt dazu an, „alle geeigneten Maßnahmen allgemeiner oder besonderer Art zu treffen" (EuGHE 1984, S. 1891 ff. [Rn. 26] – *Von Colson & Kamann*). Im Jahre 1990 verpflichtete er schließlich alle Zivilgerichte, die Auslegung des gesamten nationalen Rechts „soweit wie möglich am Wortlaut und Zweck der Richtlinie aus[zu]richten..., um das mit der Richtlinie verfolgte Ziel zu erreichen und auf diese Weise Art. 189 Abs. 3 EWGV nachzukommen" (EuGHE 1990, S. 4135 ff. [Rn. 8] – *Marleasing*). Er begründete in der letztgenannten Entscheidung sogar ein gemeinschaftsrechtlich begründetes „Verbot", nationale Vorschriften anders auszulegen, als dies zur Erreichung des Zieles einer Richtlinie erforderlich sei (ebenda, Rn. 9).

Da wie dargelegt das „ob" der richtlinienkonformen Auslegung aus gemeinschaftsrechtlicher Sicht nicht mehr zweifelhaft sein kann und das sich dahinter verbergende Streben des EuGH nach Rechtsanwendungsgleichheit auch vom Bundesverfassungsgericht gebilligt wurde (BVerfGE 77, S. 223 ff. [237 f.]), streitet sich das Schrifttum heute nur noch um das „wie". Nach einer insbesondere zu Beginn der neunziger Jahre vertretenen Auffassung stellen einzelne Zielbestimmungen der Richtlinie quasi eine absolut vorrangige Größe dar, die selbst durch den Wortlaut der nationalen Umsetzungsgesetze nicht beschränkt werden können (vgl. U. Everling, Zur Auslegung des durch EG-Richtlinien angeglichenen nationalen Rechts, ZGR 1992, S. 377 ff.; offenbar auch die Bundesregierung in ihrer Stellungnahme zur Rs. Von *Colson & Kamann*, a.a.O.; ausgewogen einschränkend S. Grundmann, EG-Richtlinie und nationales Privatrecht, JZ 1996, S. 274 ff.; ders., Richtlinienkonforme Auslegung im Bereich des Privatrechts, ZEuP 1996, S. 399 ff.). Nach anderer Auffassung bilde dagegen auch bei der richtlinienkonformen Auslegung der Wortsinn des nationalen Gesetzes die Grenze der Auslegung (vgl. W. Brechmann, Die richtlinienkonforme Auslegung, Diss. 1994). Dreh- und Angelpunkt des Streits, der hier nicht abschließend geklärt werden kann, bildet letztlich die Frage, ob auch den Richtlinienbestimmungen eine Vorrangwirkung zugebilligt werden kann, die seit der berühmten Rs. *Costa/ENEL* des EuGH dem EG-Primärrecht sowie Verordnungen und Entscheidungen der Europäischen Gemeinschaft nicht mehr abgesprochen wird. Eine eindeutige Entscheidung des EuGH fehlt bislang.

Für den Praktiker mag dieser Streit dahinstehen. Ihm wird bei der Auslegung des maßgeblich auf der Verbrauchsgüterkaufrichtlinie 1999/44/EG beruhenden neuen Kaufsrechts in Zweifelsfragen jedoch dringend die im Anhang abgedruckte Lektüre der Richtlinie empfohlen. In vielen Zweifelsfällen geben die Erwägungsgründe oder auch die Artikel selbst eindeutige Auskunft über das auch von deutschen Zivilgerichten zwingend zu beachtende Gemeinschaftsrecht. Die Verfasser waren bei der Suche nach tragfähigen Klauseln durchgängig bemüht, den Vorgaben der Richtlinie zu entsprechen und wurden – vgl. die jeweiligen Erläuterungen – in zahlreichen Fällen durch die Richtlinien zu bestimmten Klauseln motiviert. Im Hinblick auf die Technik der richtlinienkonformen Auslegung mag hier der Hinweis genügen, dass diese letztlich – gleich der verfassungskonformen Auslegung – „richtig“ erfolgt, wenn dem Richtlinienrecht ein Primat eingeräumt wird, ohne den Wortlaut des BGB „zu verbiegen“. Bei einer eindeutig entgegenstehenden Wortsinngrenze des BGB kommt ein Umsetzungsversagen der Bundesrepublik Deutschland in Betracht. Diese könnte dann möglicherweise im Wege des in Deutschland höchst umstrittenen gemeinschaftsrechtlichen Staatshaftungsanspruchs für den Schaden in Anspruch genommen werden, der einem Privatrechtssubjekt aufgrund einer mangelhaften Umsetzung einzelner Richtlinienbestimmungen entstanden ist. Voraussetzung hierfür wäre aber ein „qualifizierter Verstoß“ der Bundesrepublik Deutschland gegen eine Richtlinienbestimmung. Im Bereich des Privatrechts wurde dies bis heute noch nie angenommen. Der EuGH konnte bislang im Wege der richtlinienkonformen Auslegung des nationalen Privatrechts den Geltungsanspruch des Gemeinschaftsrechts bestätigen, ohne dabei den Wortsinn von Bestimmungen des BGB missachten zu müssen (Rs. *Von Colson & Kamann*, a.a.O.). Es bleibt zu hoffen, dass auch das neue deutsche Kaufrecht sich stets richtlinienkonform auslegen lässt. Entgegenstehende Anhaltspunkte sind den Verfassern nicht bekannt geworden.

**HINWEIS:** Vorliegend handelt es sich um eine betont wissenschaftliche Stellungnahme zur notwendigen Änderung von kaufrechtlichen AGB infolge des Gesetzes zur Modernisierung des Schuldrechts. Hierbei ist zu beachten, dass die Muster-AGB lediglich als Leitlinie zur Neugestaltung bisheriger AGB in dem jeweiligen Einzelfall herangezogen werden können. Die Stellungnahme sowie die Muster-AGB beziehen sich ausschließlich auf einen als Kaufvertrag gem. §§ 433 ff. BGB zu qualifizierenden Vertrag. Auf andere Vertragstypen sind die Ausführungen nur ausschnittsweise anwendbar.

# D. Muster AGB – Textfassung

## § 1 Allgemeines – Geltungsbereich

1. Die Geschäftsbedingungen gelten für alle gegenwärtigen und zukünftigen Geschäftsbeziehungen.

2. **Verbraucher** i. S. d. Geschäftsbedingungen sind natürliche Personen, mit denen in Geschäftsbeziehung getreten wird, ohne dass diesen eine gewerbliche oder selbständige berufliche Tätigkeit zugerechnet werden kann.

   **Unternehmer** i. S. d. Geschäftsbedingungen sind natürliche oder juristische Personen oder rechtsfähige Personengesellschaften, mit denen in Geschäftsbeziehung getreten wird, die in Ausübung einer gewerblichen oder selbständigen beruflichen Tätigkeit handeln.

   **Kunde** i. S. d. Geschäftsbedingungen sind sowohl Verbraucher als auch Unternehmer.

3. Abweichende, entgegenstehende oder ergänzende Allgemeine Geschäftsbedingungen werden, selbst bei Kenntnis, nicht Vertragsbestandteil, es sei denn, ihrer Geltung wird ausdrücklich schriftlich zugestimmt.

## § 2 Vertragsschluss

1. Unsere Angebote sind freibleibend. Technische Änderungen sowie Änderungen in Form, Farbe und/oder Gewicht bleiben im Rahmen des Zumutbaren vorbehalten.

2. Mit der Bestellung einer Ware erklärt der Kunde verbindlich, die bestellte Ware erwerben zu wollen.

   Wir sind berechtigt, das in der Bestellung liegende Vertragsangebot innerhalb von zwei Wochen nach Eingang bei uns anzunehmen. Die Annahme kann entweder schriftlich oder durch Auslieferung der Ware an den Kunden erklärt werden.

3. Bestellt der Verbraucher die Ware auf elektronischem Wege, werden wir den Zugang der Bestellung unverzüglich bestätigen. Die Zugangsbestätigung stellt noch keine verbindliche Annahme der Bestellung dar. Die Zugangsbestätigung kann mit der Annahmeerklärung verbunden werden.

4. Der Vertragsschluss erfolgt unter dem Vorbehalt der richtigen und rechtzeitigen Selbstbelieferung durch unsere Zulieferer. Dies gilt nur für den Fall, dass die Nichtlieferung nicht von uns zu vertreten ist, insbesondere bei Abschluss eines kongruenten Deckungsgeschäftes mit unserem Zulieferer.

   Der Kunde wird über die Nichtverfügbarkeit der Leistung unverzüglich informiert. Die Gegenleistung wird unverzüglich zurückerstattet.

5. Sofern der Verbraucher die Ware auf elektronischem Wege bestellt, wird der Vertragstext von uns gespeichert und dem Kunden auf Verlangen nebst den vorliegenden AGB per E-Mail zugesandt.

## § 3 Eigentumsvorbehalt

1. Bei Verträgen mit Verbrauchern behalten wir uns das Eigentum an der Ware bis zur vollständigen Zahlung des Kaufpreises vor.

   Bei Verträgen mit Unternehmern behalten wir uns das Eigentum an der Ware bis zur vollständigen Begleichung aller Forderungen aus einer laufenden Geschäftsbeziehung vor.

2. Der Kunde ist verpflichtet, die Ware pfleglich zu behandeln. Sofern Wartungs- und Inspektionsarbeiten erforderlich sind, hat der Kunde diese auf eigene Kosten regelmäßig durchzuführen.

3. Der Kunde ist verpflichtet, uns einen Zugriff Dritter auf die Ware, etwa im Falle einer Pfändung, sowie etwaige Beschädigungen oder die Vernichtung der Ware unverzüglich mitzuteilen. Einen Besitzwechsel der Ware sowie den eigenen Wohnsitzwechsel hat uns der Kunde unverzüglich anzuzeigen.

4. Wir sind berechtigt, bei vertragswidrigem Verhalten des Kunden, insbesondere bei Zahlungsverzug oder bei Verletzung einer Pflicht nach Ziff. 3. und 4. dieser Bestimmung vom Vertrag zurückzutreten und die Ware herauszuverlangen.

5. Der Unternehmer ist berechtigt, die Ware im ordentlichen Geschäftsgang weiterzuveräußern. Er tritt uns bereits jetzt alle Forderungen in Höhe des Rechnungsbetrages ab, die ihm durch die Weiterveräußerung gegen einen Dritten erwachsen. Wir nehmen die Abtretung an. Nach der Abtretung ist der Unternehmer zur Einziehung der Forderung ermächtigt. Wir behalten uns vor, die Forderung selbst einzuziehen, sobald der Unternehmer seinen Zahlungsverpflichtungen nicht ordnungsgemäß nachkommt und in Zahlungsverzug gerät.

6. Die Be- und Verarbeitung der Ware durch den Unternehmer erfolgt stets im Namen und im Auftrag für uns. Erfolgt eine Verarbeitung mit uns nicht gehörenden Gegenständen, so erwerben wir an der neuen Sache das Miteigentum im Verhältnis zum Wert der von uns gelieferten Ware zu den sonstigen verarbeiteten Gegenständen. Dasselbe gilt, wenn die Ware mit anderen, uns nicht gehörenden Gegenständen vermischt ist.

## § 4 Widerrufs- und Rückgaberecht

### I. Fernabsatzvertrag mit Widerrufsklausel

1. Der Verbraucher hat das Recht, seine auf den Abschluss des Vertrages gerichtete Willenserklärung innerhalb von zwei Wochen nach Eingang der Ware zu widerrufen. Der Widerruf muss keine Begründung enthalten und ist in Textform oder durch Rücksendung der Ware gegenüber dem Verkäufer zu erklären; zur Fristwahrung genügt die rechtzeitige Absendung.

2. Der Verbraucher ist bei Ausübung des Widerrufsrechts zur Rücksendung verpflichtet, wenn die Ware durch Paket versandt werden kann. Die Kosten der Rücksendung trägt bei Ausübung des Widerrufsrechts bei einem Bestellwert bis zu EUR 40 der Verbraucher, es sei denn, die gelieferte Ware entspricht nicht der bestellten Ware. Bei einem Bestellwert über EUR 40 hat der Verbraucher die Kosten der Rücksendung nicht zu tragen.

3. Der Verbraucher hat Wertersatz für eine durch die bestimmungsgemäße Ingebrauchnahme der Ware entstandene Verschlechterung zu leisten. Der Verbraucher darf die Ware vorsichtig und sorgsam prüfen. Den Wertverlust, der durch die über die reine Prüfung hinausgehende Nutzung dazu führt, dass die Ware nicht mehr als „neu" verkauft werden kann, hat der Verbraucher zu tragen.

### II. Fernabsatzvertrag mit Rückgabeklausel

1. Der Verbraucher hat das Recht, die Ware innerhalb von zwei Wochen nach Eingang zurückzugeben. Das Rückgaberecht kann nur durch Rücksendung der Ware oder, wenn die Ware nicht als Paket versandt werden kann, durch Rücknahmeverlangen ausgeübt werden; zur Fristwahrung genügt die rechtzeitige Absendung.

2. Die Kosten der Rücksendung trägt bei Ausübung des Rückgaberechts bei einem Bestellwert bis zu EUR 40 der Verbraucher, es sei denn, die gelieferte Ware entspricht nicht der bestellten Ware. Bei einem Bestellwert über EUR 40 hat der Verbraucher die Kosten der Rücksendung nicht zu tragen.

3. Der Verbraucher hat Wertersatz für eine durch die bestimmungsgemäße Ingebrauchnahme der Ware entstandene Verschlechterung zu leisten. Der Verbraucher darf die Ware vorsichtig und sorgsam prüfen. Den Wertverlust, der durch die über die reine Prüfung hinausgehende Nutzung dazu führt, dass die Ware nicht mehr als „neu" verkauft werden kann, hat der Verbraucher zu tragen.

## III. Haustürgeschäfte mit Widerrufsklausel

1. Der Verbraucher hat das Recht, seine auf den Abschluss des Vertrages gerichtete Willenserklärung innerhalb von zwei Wochen nach Vertragsschluss zu widerrufen. Der Widerruf muss keine Begründung enthalten und ist in Textform oder durch Rücksendung der Ware gegenüber dem Unternehmer zu erklären; zur Fristwahrung genügt die rechtzeitige Absendung.

2. Wir behalten uns vor, die Ware erst nach Ablauf der Widerrufsfrist zu liefern.

3. Der Verbraucher ist, sofern er bereits im Besitz der Ware ist, bei Ausübung des Widerrufsrechts zur Rücksendung verpflichtet, wenn die Ware durch Paket versandt werden kann. Die Kosten der Rücksendung trägt bei Ausübung des Widerrufsrechts bei einem Bestellwert bis EUR 40 der Verbraucher, es sei denn, die gelieferte Ware entspricht nicht der bestellten Ware. Bei einem Bestellwert über EUR 40 hat der Verbraucher die Kosten der Rücksendung nicht zu tragen.

4. Der Verbraucher hat Wertersatz für die durch die bestimmungsgemäße Ingebrauchnahme entstandene Verschlechterung zu leisten. Der Verbraucher darf die Ware vorsichtig und sorgsam prüfen. Den Wertverlust, der durch die über die reine Prüfung hinausgehende Nutzung dazu führt, dass die Ware nicht mehr als „neu" verkauft werden kann, hat der Verbraucher zu tragen.

IV. Haustürgeschäfte mit Rückgabeklausel

1. Der Verbraucher hat das Recht, die Ware innerhalb von zwei Wochen nach Vertragsschluss zurückzugeben. Das Rückgaberecht kann nur durch Rücksendung der Ware oder, wenn die Ware nicht als Paket versandt werden kann, durch Rücknahmeverlangen ausgeübt werden; zur Fristwahrung genügt die rechtzeitige Absendung.

2. Die Kosten der Rücksendung trägt bei Ausübung des Rückgaberechts bei einem Bestellwert bis zu EUR 40 der Verbraucher, es sei denn, die gelieferte Ware entspricht nicht der bestellten Ware. Bei einem Bestellwert über EUR 40 hat der Verbraucher die Kosten der Rücksendung nicht zu tragen.

3. Der Verbraucher hat Wertersatz für eine durch die bestimmungsgemäße Ingebrauchnahme der Ware entstandene Verschlechterung zu leisten. Der Verbraucher darf die Ware vorsichtig und sorgsam prüfen. Den Wertverlust, der durch die über die reine Prüfung hinausgehende Nutzung dazu führt, dass die Ware nicht mehr als „neu“ verkauft werden kann, hat der Verbraucher zu tragen.

## § 5 Vergütung

1. Der angebotene Kaufpreis ist bindend [ggf. befristet]. Im Kaufpreis ist die gesetzliche Umsatzsteuer enthalten.

   Beim Versendungskauf versteht sich der Kaufpreis zuzüglich einer Versandkostenpauschale in Höhe von EUR ...

   Dem Kunden entstehen bei Bestellung durch Nutzung der Fernkommunikationsmittel keine zusätzlichen Kosten.

   Der Kunde kann den Kaufpreis per Nachnahme, Rechnung oder Kreditkarte leisten.

2. Der Kunde verpflichtet sich, nach Erhalt der Ware innerhalb von 10 Tagen den Kaufpreis zu zahlen. Nach Ablauf dieser Frist kommt der Kunde in Zahlungsverzug.

   Der Verbraucher hat während des Verzugs die Geldschuld in Höhe von 5% über dem Basiszinssatz zu verzinsen.

   Der Unternehmer hat während des Verzugs die Geldschuld in Höhe von 8% über dem Basiszinssatz zu verzinsen. Gegenüber dem Unternehmer behalten wir uns vor, einen höheren Verzugsschaden nachzuweisen und geltend zu machen.

3. Der Kunde hat ein Recht zur Aufrechnung nur, wenn seine Gegenansprüche rechtskräftig festgestellt wurden oder durch uns anerkannt wurden.

   Der Kunde kann ein Zurückbehaltungsrecht nur ausüben, wenn sein Gegenanspruch auf demselben Vertragsverhältnis beruht.

## § 6 Gefahrübergang

1. Ist der Käufer Unternehmer, geht die Gefahr des zufälligen Untergangs und der zufälligen Verschlechterung der Ware mit der Übergabe, beim Versendungskauf mit der Auslieferung der Sache an den Spediteur, den Frachtführer oder der sonst zur Ausführung der Versendung bestimmten Person oder Anstalt auf den Käufer über.

2. Ist der Käufer Verbraucher, geht die Gefahr des zufälligen Untergangs und der zufälligen Verschlechterung der verkauften Sache auch beim Versendungskauf erst mit der Übergabe der Sache auf den Käufer über.

3. Der Übergabe steht es gleich, wenn der Käufer im Verzug der Annahme ist.

## § 7 Gewährleistung

1. Ist der Käufer Unternehmer, leisten wir für Mängel der Ware zunächst nach unserer Wahl Gewähr durch Nachbesserung oder Ersatzlieferung.

2. Ist der Käufer Verbraucher, so wird unter Berücksichtigung unserer ökonomischen Interessen zur Behebung eines Mangels der Ware folgende Vorgehensweise vereinbart: Bei Produkten im Wert unter EUR ... kann der Verbraucher zunächst nur Ersatzlieferung verlangen. Übersteigt der Wert der Kaufsache EUR ..., steht uns binnen angemessener Zeit zunächst ein Nachbesserungsversuch zu. Als angemessen gilt eine Nachbesserungsfrist von 20 Werktagen. Ist die Nachbesserung wirtschaftlich nicht zumutbar, erfolgt die Nacherfüllung durch Ersatzlieferung.

### Alternative zu § 7 Ziff. 2

Ist der Käufer Verbraucher, so hat er zunächst die Wahl, ob die Nacherfüllung durch Nachbesserung oder Ersatzlieferung erfolgen soll. Wir sind jedoch berechtigt, die Art der gewählten Nacherfüllung zu verweigern, wenn sie nur mit unverhältnismäßigen Kosten möglich ist und die andere Art der Nacherfüllung ohne erhebliche Nachteile für den Verbraucher bleibt.

3. Schlägt die Nacherfüllung fehl, kann der Kunde grundsätzlich nach seiner Wahl Herabsetzung der Vergütung (Minderung) oder Rückgängigmachung des Vertrags (Rücktritt) verlangen. Bei einer nur geringfügigen Vertragswidrigkeit, insbesondere bei nur geringfügigen Mängeln, steht dem Kunden jedoch kein Rücktrittsrecht zu.

4. Unternehmer müssen uns offensichtliche Mängel innerhalb einer Frist von zwei Wochen ab Empfang der Ware schriftlich anzeigen; andernfalls ist die Geltendmachung des Gewährleistungsanspruchs ausgeschlossen. Zur Fristwahrung genügt die rechtzeitige Absendung. Den Unternehmer trifft die volle Beweislast für sämtliche Anspruchsvoraussetzungen, insbesondere für den Mangel selbst, für den Zeitpunkt der Feststellung des Mangels und für die Rechtzeitigkeit der Mängelrüge.

Verbraucher müssen uns innerhalb einer Frist von zwei Monaten nach dem Zeitpunkt, zu dem der vertragswidrige Zustand der Ware festgestellt wurde, über offensichtliche Mängel schriftlich unterrichten. Maßgeblich für die Wahrung der Frist ist der Zugang der Unterrichtung bei uns. Unterlässt der Verbraucher diese Unterrichtung, erlöschen die Gewährleistungsrechte zwei Monate nach seiner Feststellung des Mangels. Dies gilt nicht bei Arglist des Verkäufers. Die Beweislast für den Zeitpunkt der Feststellung des Mangels trifft den Verbraucher. Wurde der Verbraucher durch unzutreffende Herstelleraussagen zum Kauf der Sache bewogen, trifft ihn für seine Kaufentscheidung die Beweislast. Bei gebrauchten Gütern trifft den Verbraucher die Beweislast für die Mangelhaftigkeit der Sache.

5. Wählt der Kunde wegen eines Rechts- oder Sachmangels nach gescheiterter Nacherfüllung den Rücktritt vom Vertrag, steht ihm daneben kein Schadensersatzanspruch wegen des Mangels zu.

   Wählt der Kunde nach gescheiteter Nacherfüllung Schadensersatz, verbleibt die Ware beim Kunden, wenn ihm dies zumutbar ist. Der Schadensersatz beschränkt sich auf die Differenz zwischen Kaufpreis und Wert der mangelhaften Sache. Dies gilt nicht, wenn wir die Vertragsverletzung arglistig verursacht haben.

6. Für Unternehmer beträgt die Gewährleistungsfrist ein Jahr ab Ablieferung der Ware. Für Verbraucher beträgt die Verjährungsfrist zwei Jahre ab Ablieferung der Ware. Bei gebrauchten Sachen beträgt die Verjährungsfrist ein Jahr ab Ablieferung der Ware. Dies gilt nicht, wenn der Kunde uns den Mangel nicht rechtzeitig angezeigt hat (Ziff. 4 dieser Bestimmung).

7. Ist der Käufer Unternehmer, gilt als Beschaffenheit der Ware grundsätzlich nur die Produktbeschreibung des Herstellers als vereinbart. Öffentliche Äußerungen, Anpreisungen oder Werbung des Herstellers stellen daneben keine vertragsgemäße Beschaffenheitsangabe der Ware dar.

### Alternativen zu § 7 Ziff. 7

(a) Die Ware umfasst die nachfolgende Beschaffenheit, über die der Kunde hiermit aufgeklärt wird: ...[vom Verwender zu definieren]...

(b) Ist der Käufer Unternehmer, gilt als Beschaffenheit der Ware grundsätzlich nur die Produktbeschreibung des Herstellers als vereinbart. Öffentliche Äußerungen, Anpreisungen oder Werbung des Herstellers stellen daneben keine vertragsgemäße Beschaffenheitsangabe der Ware dar.

Die Ware umfasst die nachfolgende Beschaffenheit, über die der Kunde hiermit aufgeklärt wird: ...[vom Verwender zu definieren]...

8. Erhält der Kunde eine mangelhafte Montageanleitung, sind wir lediglich zur Lieferung einer mangelfreien Montageanleitung verpflichtet und dies auch nur dann, wenn der Mangel der Montageanleitung der ordnungsgemäßen Montage entgegensteht.

9. Garantien im Rechtssinne erhält der Kunde durch uns nicht. Herstellergarantien bleiben hiervon unberührt.

## § 8 Haftungsbeschränkungen

1. Bei leicht fahrlässigen Pflichtverletzungen beschränkt sich unsere Haftung auf den nach der Art der Ware vorhersehbaren, vertragstypischen, unmittelbaren Durchschnittsschaden. Dies gilt auch bei leicht fahrlässigen Pflichtverletzungen unserer gesetzlichen Vertreter oder Erfüllungsgehilfen.

   Gegenüber Unternehmern haften wir bei leicht fahrlässiger Verletzung unwesentlicher Vertragspflichten nicht.

2. Die vorstehenden Haftungsbeschränkungen betreffen nicht Ansprüche des Kunden aus Produkthaftung. Weiter gelten die Haftungsbeschränkungen nicht bei uns zurechenbaren Körper- und Gesundheitsschäden oder bei Verlust des Lebens des Kunden.

3. Schadensersatzansprüche des Kunden wegen eines Mangels verjähren nach einem Jahr ab Ablieferung der Ware. Dies gilt nicht, wenn uns Arglist vorwerfbar ist.

**Alternative zu §8 Ziff.3**

Schadensersatzansprüche des Kunden wegen eines Mangels verjähren nach einem Jahr ab Ablieferung der Ware. Dies gilt nicht, wenn uns grobes Verschulden vorwerfbar ist, sowie im Falle von uns zurechenbaren Körper- und Gesundheitsschäden oder bei Verlust des Lebens des Kunden.

## § 9 Schlussbestimmungen

1. Es gilt das Recht der Bundesrepublik Deutschland. Die Bestimmungen des UN-Kaufrechts finden keine Anwendung.

2. Ist der Kunde Kaufmann, juristische Person des öffentlichen Rechts oder öffentlich-rechtliches Sondervermögen, ist ausschließlicher Gerichtsstand für alle Streitigkeiten aus diesem Vertrag unser Geschäftssitz. Dasselbe gilt, wenn der Kunde keinen allgemeinen Gerichtsstand in Deutschland hat oder Wohnsitz oder gewöhnlicher Aufenthalt im Zeitpunkt der Klageerhebung nicht bekannt sind.

3. Sollten einzelne Bestimmungen des Vertrages mit dem Kunden einschließlich dieser Allgemeinen Geschäftsbedingungen ganz oder teilweise unwirksam sein oder werden, so wird hierdurch die Gültigkeit der übrigen Bestimmungen nicht berührt. Die ganz oder teilweise unwirksame Regelung soll durch eine Regelung ersetzt werden, deren wirtschaftlicher Erfolg dem der unwirksamen möglichst nahe kommt.

# E. Muster-AGB mit Erläuterungen

## § 1 Allgemeines – Geltungsbereich

§ 1

1. Die Geschäftsbedingungen gelten für alle gegenwärtigen und zukünftigen Geschäftsbeziehungen.

2. Verbraucher i. S. d. Geschäftsbedingungen sind natürliche Personen, mit denen in Geschäftsbeziehung getreten wird, ohne dass diesen eine gewerbliche oder selbständige berufliche Tätigkeit zugerechnet werden kann.

   Unternehmer i. S. d. Geschäftsbedingungen sind natürliche oder juristische Personen oder rechtsfähige Personengesellschaften, mit denen in Geschäftsbeziehung getreten wird, die in Ausübung einer gewerblichen oder selbständigen beruflichen Tätigkeit handeln.

   Kunde i. S. d. Geschäftsbedingungen sind sowohl Verbraucher als auch Unternehmer.

3. Abweichende, entgegenstehende oder ergänzende Allgemeine Geschäftsbedingungen werden, selbst bei Kenntnis, nicht Vertragsbestandteil, es sei denn, ihrer Geltung wird ausdrücklich schriftlich zugestimmt.

### Erläuterungen

*zu Ziff. 1*

Die formellen Voraussetzungen der wirksamen Einbeziehungen von AGB in einen Vertrag werden jetzt in §§ 305, 305a BGB geregelt. Der Grundsatz, dass Allgemeine Geschäftsbedingungen in einen Vertrag nur einbezogen werden können, wenn der Verwender den Vertragspartner auf sie ausdrücklich hinweist und ihm in zumutbarer Weise die Möglichkeit der Kenntnisnahme verschafft, ist unverändert geblieben. In § 305 Abs. 2 Nr. 2 BGB ist in Ausweitung des Verbraucherschutzes als Verpflichtung hinzugekommen, dass der Verwender im geschäftlichen Verkehr die Kenntnisnahmemöglichkeit der AGB durch einen körperlich Behinderten angemessen berücksichtigt; in Geschäftslokalen sind mithin AGB-Aushänge oder Hinweise auf AGB auf ihre behindertenfreundliche Platzierung hin zu überprüfen.

Mit der Integration des bisherigen AGB-Gesetzes in das BGB wird u.a. das Ziel verfolgt, das „Konsensualprinzip" zu stärken. Dies hat den Wegfall zahlreicher Privilegierungen zur Folge. Aufgrund des Wegfalls der bisherigen Privilegierung der Telekommunikationsanbieter in § 23 Abs. 2 Nr. 1a AGBG und der Deutschen Post AG in § 23 Abs. 2 Nr. 1b AGBG sind jetzt beim Vertragsabschluß, z. B. Kauf eines Mobiltelefons oder Kauf eines Postwertzeichens vom Verwender die notwendigen Voraussetzungen der Einbeziehung der AGB durch ausdrücklichen Hinweis und Ermöglichung der Kenntnisnahme zu schaffen. Durch § 305a Nr. 2 BGB wird die Freistellung von dem Erfordernis der wirksamen Einbeziehung auf die Bereiche beschränkt, in denen aus faktischen Gründen ein ausdrücklicher Hinweis auf die AGB nicht gefordert werden kann. Dies betrifft beispielsweise Telekommunikationsdienstleistungen im „Call-by-Call"-Verfahren, die uno acto erbrachten Mehrwert- und Informationsdienste sowie die Postzusendung durch Einwurf in Briefkästen. Insbesondere beim Erwerb von Gegenständen, mit denen Telekommunikationsdienstleistungen in Anspruch genommen werden können – z. B. Mobiltelefone –, sind die AGB für die Telekommunikationsdienstleistungen nunmehr durch ausdrücklichen Hinweis und in zumutbarer Weise bei Vertragsschluss dem Vertragspartner zur Kenntnis zu bringen.

Eine wesentliche Änderung zur Frage der wirksamen Einbeziehung von AGB ergibt sich insbesondere durch die Integration des Fernabsatzgesetzes in §§ 312b ff. BGB sowie die Umsetzung und Integration von Art. 10, 11 und 18 der sogenannten „E-Commerce-Richtlinie" – Richtlinie 2000/31/EG vom 8.6.2000 in § 312e BGB (s. Materialien F IV.4, S. 183).

Für den Abschluss von Fernabsatzverträgen regelt § 312c Abs. 1 Nr. 1 BGB das Vertragsverhältnis zwischen einem Unternehmer im Sinne des § 14 BGB und einem Verbraucher im Sinne des § 13 BGB. Letzterer ist vor

Abschluss eines Fernabsatzvertrages in klarer und verständlicher Weise über die Einzelheiten des Vertrages zu informieren, die in § 1 InformationspflichtenVO (s. Materialien F II., S. 148) festgelegt sind. AGB-relevante Informationspflichten ergeben sich aus § 1 Abs. 1 Nrn. 3, 4, 5, 6, 7, 8, 9 sowie 10 InformationspflichtenVO. Informationspflichten sind vor Abschluss des Fernabsatzvertrages gemäß § 312c Abs. 1 BGB zu erfüllen und spätestens bis zur vollständigen Erfüllung des Vertrages, bei Waren spätestens bei Lieferung gemäß § 312c Abs. 2 BGB in Textform mitzuteilen. Im Falle einer Online-Lieferung ergibt sich daraus die Verpflichtung der Übermittlung der AGB auf einem „dauerhaften Datenträger" (so lautete die ursprüngliche ReGE BT-Drucks. 14/6040, S. 14, 169). Hierfür ist zumindest die Übersendung einer Datei mit den AGB via E-Mail erforderlich, aber auch ausreichend.

Soweit es sich um elektronischen Geschäftsverkehr im Sinne des § 312e BGB handelt, d.h. der Abschluss eines Vertrages zwischen einem Unternehmer und seinem Kunden, gleichgültig ob Unternehmer oder Verbraucher, zum Zwecke der Lieferung von Waren im elektronischem Geschäftsverkehr zustande kommt, so besteht gemäß § 312e Abs. 1 S. 1 Nr. 4 BGB die Verpflichtung, dass die Allgemeinen Geschäftsbedingungen bei Vertragsschluss abrufbar und in wiedergabefähiger Form speicherbar sind. Im Gegensatz zum § 312c Abs. 2 BGB i. V. m. § 1 InformationspflichtenVO reicht es hierbei aus, dass die AGB nur herunterladbar sind. Liegen jedoch die Voraussetzungen eines Fernabsatzvertrages i. S. d. § 312c BGB neben denen des Vertragsabschlusses im elektronischen Geschäftsverkehr i. S. d. § 312e BGB vor, so sind die zuvor ausgeführten strengen Anforderungen des § 312c Abs. 2 BGB zu erfüllen, um die AGB rechtswirksam in den Vertrag einzubeziehen.

Erfolgt der Vertragsschluss „online", muss zur Erfüllung der Voraussetzungen der wirksamen Einbeziehung von AGB gemäß § 305 BGB beim Vertragsabschluß und damit vor der zum Auftrag führenden Willenserklärung der Käuferpartei, z.B. durch Klick auf einen Button, ein deutlicher Hinweis auf die AGB erfolgen. Der Hinweis auf die AGB muss so angeordnet und gestaltet sein, dass dieser von einem Durchschnittskunden auch bei flüchtiger Betrachtung nicht übersehen werden kann (BGH NJW-RR 1987,

113). Ein versteckter oder missverständlicher Hinweis auf die AGB genügt nicht (OLG Nürnberg BB 1990, 1999). Der Hinweis auf die AGB muss ein Hyperlink sein, bei dessen Anklicken die AGB eingeblendet werden oder der Hyperlink muss sich in unmittelbarer Nähe des Hinweises befinden.

Da § 312e Abs. 1 S. 1 Nr. 4 BGB fordert, dass die AGB abrufbar und in wiedergabefähiger Form speicherbar sein müssen, d.h. ein Download möglich ist, dürfte der bisherige Streit über die zulässige Textlänge der AGB obsolet sein, wonach die Voraussetzung der Kenntnisnahme selbiger in zumutbare Weise in den Fällen verneint wurde, da es sich um mehrseitige AGB handelte. Wesentlich bleibt die gute Lesbarkeit der AGB auf dem Bildschirm. Darüber hinaus ist die Unveränderbarkeit der AGB durch Speicherung als pdf-Datei und die Datierbarkeit durch Hinzufügung eines Tagesdatums sicherzustellen.

In Anlehnung an die von der Rechtsprechung entwickelten Grundsätze zur „Möglichkeit" der Kenntnisnahme von AGB ist es nicht erforderlich, dass die Kenntnisnahme der AGB durch einen „Mausklick" auf einen Button ausdrücklich bestätigt wird. Der Wortlaut des § 305 Abs. 2 Nr. 2 BGB fordert lediglich die Verschaffung der „Möglichkeit" der zumutbaren Kenntnisnahme der AGB.

Dies ändert sich lediglich in den Fällen, in denen ein Fernabsatzvertrag im Sinne des § 312b BGB vorliegt und mittels der AGB zugleich die Erfüllung der Informationspflichten gemäß § 312c BGB i.V.m. § 1 InformationspflichtenVO erfolgt, so dass der Nachweis einer rechtzeitigen Information vor Abschluss des Fernabsatzvertrages sichergestellt werden muss. In diesen Fällen ist vorzusehen, dass die Kenntnisnahme der AGB durch einen „Mausklick" auf einen Button dokumentiert wird. Dies ist insbesondere von Bedeutung, wenn im Rahmen der AGB über ein Widerrufs- oder Rückgaberecht belehrt wird. Hierbei ist jedoch zu beachten, dass der Hinweis auf das Widerrufs- und Rückgaberecht beim Fernabsatzvertrag gemäß § 312c Abs. 2 BGB nicht nur spätestens zum Zeitpunkt der vollständigen Erfüllung des Vertrages, d.h. bei Lieferung von Waren am Tage ihres Einganges, nachweislich erfüllt sein muss, um den Fristenlauf in Gang zu setzen. Darüber hinaus besteht die Verpflichtung, im Einzelnen über Ausübung und Rechtsfolgen des Widerrufs- und Rückgaberechts sowie über den Ausschluss des Widerrufs- und

Rückgaberechts gemäß § 1 Abs. 3 InformationspflichtenVO in einer hervorgehobenen, deutlich gestalteten Form zu informieren (siehe Erläuterungen zu § 4 I Nr. 1). Dies kann zum einen durch Einbeziehung dieser Informationspflicht durch Fettdruck in den AGB erfolgen. Da es sich aber um eine eigenständige Informations- und Hinweispflicht handelt, wird deren formellen Voraussetzungen im Sinne des § 1 Abs. 3 InformationspflichtenVO nur entsprochen, wenn dieser Hinweis selbständig neben den AGB hervorgehoben und deutlich gestaltet auf der Website sichtbar ist. Rein praktisch bietet sich hier jedoch an, diesen Hinweis mit einem Link auf die AGB zu versehen.

Ferner ist darauf hinzuweisen, dass die Regelung des § 312e Abs. 1 S. 1 Nr. 4 BGB insoweit über die Einbeziehungsvoraussetzungen des § 305 Abs. 2 BGB hinausgeht, als sie die nicht abdingbare Verpflichtung aufstellt, die AGB auch Unternehmern durch die Möglichkeit des Abrufs zur Verfügung zu stellen (BT-Drucks. 14/1640, S. 172).

Letztendlich ist die Beweislast des Unternehmers für Informationsinhalte und Zeitpunkt der Erfüllung der Informationspflichten gemäß § 355 Abs. 2 Satz 4 BGB zu beachten. Eine Beweislastumkehr oder Beweislastverlagerung auf den Verbraucher scheidet aufgrund des zwingenden Charakters der Verbrauchsgüterkaufrichtlinie aus, so dass an die Stelle der Absicherung der Interessen des Unternehmers mittels AGB die Notwendigkeit der umfassenden Dokumentation der Erfüllung der Informationspflichten tritt.

Mit der Umsetzung der EU-Verbrauchsgüterkaufrichtlinie (s. Materialien F IV.2, S. 162) im Rahmen der Schuldrechtsmodernisierung in das BGB, ergibt sich aus dem zwingenden Charakter der Regelung zum Verbrauchsgüterkauf die Notwendigkeit einer klaren Abgrenzung zwischen Unternehmer- und Verbraucher-AGB. Die Abgrenzung wird erleichtert durch die Legaldefinition des Unternehmers in § 14 BGB sowie des Verbrauchers in § 13 BGB. Die Regeln des Verbraucherkaufrechts sind zwingend im Verhältnis zwischen Unternehmer und Verbraucher zur Anwendung zu bringen. Auf das sonstige Kaufrecht, d.h. Kaufvertrag zwischen Unternehmern, Kaufvertrag zwischen Verbrauchern, Kaufvertrag zwischen Verbraucher und Unternehmer sowie Immobilienkaufverträge, finden diese keine Anwendung. *zu Ziff. 2*

Die Vorgaben der Verbrauchsgüterkaufrichtlinie können weder durch

Allgemeine Geschäftsbedingungen noch durch individuelle Vereinbarungen abgeändert werden.

Vor diesem Hintergrund bietet es sich an, in den AGB sowohl den „Verbraucher“ als auch den „Unternehmer“ als Vertragspartner getrennt zu definieren und entweder zwei separate AGB zu verwenden oder – wie in der Muster-AGB – jeweils in mit „Verbraucher“ oder „Unternehmer“ gekennzeichneten Klauseln getrennte Regelungen zu treffen. Die bisherige Differenzierung zwischen Nichtkaufleuten und Kaufleuten im Sinne des § 24 AGBG wird damit hinfällig.

Eine strikte Trennung der AGB für „Unternehmer“ und „Verbraucher“ ist anzustreben. Andernfalls wird durch das nunmehr gesetzlich ausdrücklich normierte „Transparenzgebot“ in § 307 Abs. 1 S. 2 BGB davon auszugehen sein, dass infolge einer nicht klaren und verständlichen Differenzierung in den Allgemeinen Geschäftsbedingungen und der daraus resultierenden Unwirksamkeit auch außerhalb des Verbrauchsgüterkaufs die strengen Grundsätze des Verbrauchsgüterkaufs im Rahmen der AGB-Kontrolle herangezogen werden.

*zu Ziff. 3* Zu den AGB-rechtlichen Fragen des Ausschlusses fremder AGB, der Kollision mit entgegenstehenden AGB, und der Individualabrede neben den AGB und dem Schriftlichkeitserfordernis ergeben sich aufgrund der Novellierung im Rahmen der Schuldrechtsmodernisierung keine Änderungen, so dass an dieser Stelle auf die bestehende Rechtsprechung und bisherige Kommentierung zum AGB-Gesetz verwiesen werden kann.

## § 2 Vertragsschluss

§ 2

1. Unsere Angebote sind freibleibend. Technische Änderungen sowie Änderungen in Form, Farbe und/oder Gewicht bleiben im Rahmen des Zumutbaren vorbehalten.

2. Mit der Bestellung einer Ware erklärt der Kunde verbindlich, die bestellte Ware erwerben zu wollen.

   Wir sind berechtigt, das in der Bestellung liegende Vertragsangebot innerhalb von zwei Wochen nach Eingang bei uns anzunehmen. Die Annahme kann entweder schriftlich oder durch Auslieferung der Ware an den Kunden erklärt werden.

3. Bestellt der Verbraucher die Ware auf elektronischem Wege, werden wir den Zugang der Bestellung unverzüglich bestätigen. Die Zugangsbestätigung stellt noch keine verbindliche Annahme der Bestellung dar. Die Zugangsbestätigung kann mit der Annahmeerklärung verbunden werden.

4. Der Vertragsschluss erfolgt unter dem Vorbehalt der richtigen und rechtzeitigen Selbstbelieferung durch unsere Zulieferer. Dies gilt nur für den Fall, dass die Nichtlieferung nicht von uns zu vertreten ist, insbesondere bei Abschluss eines kongruenten Deckungsgeschäftes mit unserem Zulieferer.

   Der Kunde wird über die Nichtverfügbarkeit der Leistung unverzüglich informiert. Die Gegenleistung wird unverzüglich zurückerstattet.

5. Sofern der Verbraucher die Ware auf elektronischem Wege bestellt, wird der Vertragstext von uns gespeichert und dem Kunden auf Verlangen nebst den vorliegenden AGB per E-Mail zugesandt.

**Erläuterungen:**

*zu Ziff. 1* Da die §§ 145 ff. BGB durch die Schuldrechtsmodernisierung unverändert geblieben sind, bedarf es zu der einleitenden Klausel weiterer Erläuterungen. Die einleitende Klausel ist wesentlich, um dem Verwender die notwendige Flexibilität bei einem stetigen Produktwandel zu geben.

*zu Ziff. 2* Im besonderen Maße sind die Novellierungen im Rahmen des Abschlusses von Fernabsatzverträgen, die durch Integration des Fernabsatzgesetzes Bestandteil des BGB geworden sind sowie im Rahmen von Vertragsabschlüssen im elektronischen Geschäftsverkehr infolge der Umsetzung der E-Commerce-Richtlinie (s. Materialien F IV.4, S. 183) zu beachten. Nach der Legaldefinition in § 312b Abs. 1 BGB sind Fernabsatzverträge nur solche, die zwischen einem Unternehmer im Sinne von § 14 BGB und einem Verbraucher im Sinne von § 13 BGB zustande kommen. Dies ist dem Umstand geschuldet, dass die Fernabsatzrichtlinie (s. Materialien F IV.3, S. 171) einen verbraucherschützenden Charakter hat. Denn die Absatzform unter Einsatz von Fernkommunikationsmitteln, wie Tele- und Mediendienste, E-Mails, Kataloge, Briefe, Telefonanrufe, Telekopien oder Rundfunk verlangen einen besonderen Schutz des Verbrauchers, der sich aus der „Unsichtbarkeit des Vertragspartners und des Produkts“ (Martinek, NJW 1998, 207) ergibt.

Die vorliegende Muster-AGB berücksichtigt nicht nur Vertragsabschlüsse zwischen Unternehmern und Verbrauchern, sondern auch Vertragsabschlüsse zwischen Unternehmern, die in einer Vielzahl der Fälle ebenfalls im Wege des Fernabsatzes oder im elektronischen Geschäftsverkehr angebahnt und abgeschlossen werden.

Die zum Vertragsschluss erforderlichen Willenserklärungen können nach dem BGB auch per E-Mail oder Mausklick abgegeben werden. Die Angebote des Unternehmers, z. B. im Verkaufsprospekt, im Fernsehen oder im Online-Shop sind im Zweifel als invitatio ad offerendum aufzufassen. Klarstellend empfiehlt es sich aber gemäß § 145 letzter Halbsatz BGB die Bindungswirkung der Angebote auszuschließen. Das Angebot erfolgt erst durch die Bestellung des Kunden, etwa durch E-Mail, Fax, Telefonanruf oder Brief.

Bei Fernabsatzverträgen gehört die Information darüber, wie der Vertrag zustandekommt, zum Pflichtenkatalog eines Unternehmers gemäß §§ 312 Abs. 1 Nr. 1 BGB i. V. m. § 1 Abs. 1 Nr. 3 InformationspflichtenVO (s. Materialien F II., S. 148). Will man den Verbraucher in den AGB über die zwingenden Angaben nach § 312c und e BGB i. V. m. §§ 1 und 3 InformationspflichtenVO informieren, so ist auf die besonderen Formerfordernisse („klar und verständlich“, „deutlich gestaltet“) zu achten. Ferner setzt die Erfüllung der Informationspflichten nach § 312c Abs. 1 Nr. 1 BGB i. V. m. § 1 Abs. 1 InformationspflichtenVO voraus, dass die Information rechtzeitig vor Abschluss eines Fernabsatzvertrages erteilt wird. Auch die Information über das Zustandekommen des Vertrages ist rechtzeitig vor Abschluss des Vertrages zu erteilen. Ob und inwieweit sich die AGB eignen, die Informationspflichten bereits vor Abschluss des Vertrages zu erfüllen, hängt vom Einzelfall ab. Ist die Kenntnisnahme der AGB dem Verbraucher nicht „vor Vertragsschluss“ möglich, so ist es erforderlich, die Informationspflichten an anderer, geeigneter Stelle dem Verbraucher zur Kenntnis zu bringen. Bei einem Online-Angebot wird im Regelfall den Hinweispflichten wohl nur Genüge getragen, indem sie blickfangmäßig positioniert werden und gegebenenfalls als Hyperlink zu den Regelungen der AGB führen (siehe hierzu bereits die Ausführungen in § 1 Ziff. 1).

Bei einem Vertragsschluss zwischen Unternehmern im elektronischen Geschäftsverkehr können die Verpflichtungen aufgrund des § 312e Abs. 1 Nr. 1, 2 BGB gemäß § 312e Abs. 2 S. 2 BGB vertraglich ausdrücklich ausgeschlossen werden.

Hinsichtlich der Annahmeerklärung ist nach § 308 Nr. 1 BGB eine Bestimmung in Allgemeinen Geschäftsbedingungen unwirksam, durch die sich der Verwender eine unangemessen lange oder nicht hinreichend bestimmte Frist für die Annahme vorbehält. Diese Vorschrift entspricht dem bisherigen § 10 Nr. 1 AGBG. Gemäß § 147 Abs. 2 BGB kann der unter Abwesenden gemachte Antrag bis zu dem Zeitpunkt angenommen werden, in welchem der Antragende den Eingang der Antwort „unter regelmäßigen Umständen“ erwarten darf. Der Muster-AGB wurde eine durchschnittlich angemessene Annahmefrist von zwei Wochen nach Eingang der Bestellung zugrundegelegt. Die Angemessenheit der Annahmefrist kann jedoch je nach Geschäftsablauf beim Verwender variieren. Sie ist unter Berücksichtigung der erforderlichen Überlegungs- und Bearbeitungszeit des Verwenders zu beurteilen. Dabei sind etwa die Bedürfnisse einer arbeitsteiligen Betriebsorganisation mit verschiedenen Bearbeitungsabschnitten (vgl. OLG Hamm, NJW-RR 1986, 927, 928), bei Abhängigkeit von Vorlieferanten die Prüfung der Lieferbarkeit oder die Lieferfristen von Waren zu berücksichtigen.

*zu Ziff. 3* Bei einer Bestellung im elektronischen Geschäftsverkehr im Sinne von § 312e Abs. 1 Nr. 1 BGB ist der Verkäufer gemäß § 312e Abs. 1 Nr. 3 BGB verpflichtet, den Zugang der Bestellung unverzüglich auf elektronischem Wege zu bestätigen.

Die Empfangsbestätigung selbst stellt keine Willenserklärung dar. Sie hat unverzüglich, d. h. ohne schuldhaftes Zögern im Sinne der Legaldefinition in § 121 BGB zu erfolgen. Unverzüglich im Sinne dieser Vorschrift meint sofort und ist dem Einsatz der elektronischen Medien anzupassen. Damit ist die Bestätigung innerhalb von zwei oder drei Tagen nicht mehr unverzüglich. Vielmehr dürfte der Verpflichtung nur genüge getan sein, wenn der Unternehmer innerhalb mehrerer Stunden, maximal innerhalb von 24 Stunden, auf die Bestellung reagiert (Micklitz, EuZW 2001, 133, 142).
Zur Vermeidung von Rechtsunsicherheiten empfiehlt es sich, in den AGB klarzustellen, dass in einer Zugangs- bzw. Empfangsbestätigung nicht zwangsläufig eine Vertragsannahme zu sehen ist.

Wie bereits in der Erläuterung in Ziff. 2 ausgeführt, kann die Annahme hingegen gemäß § 147 Abs. 2 BGB im Falle eines unter Abwesenden gemachten Antrags bis zu dem Zeitpunkt angenommen werden, in welchem der Antragende den Eingang der Antwort „unter regelmäßigen Umständen“ erwarten darf. Dem Verwender wird in einem Großteil der Fälle daran gelegen sein, die Bestellung des Verbrauchers hinreichend auf seine Erfüllbarkeit zu überprüfen, bevor er eine verbindliche Annahme erklärt. Dies wird in der Regel nicht „unverzüglich“ im Sinne von § 312e Abs. 1 S. 1 Nr. 3 BGB möglich sein. Zur Vermeidung einer Rechtsunsicherheit beim Verbraucher sollte daher klargestellt werden, dass die Empfangsbestätigung noch keine verbindliche Annahme darstellt, außer die Annahme wird ausdrücklich in der Empfangsbestätigung erklärt.

Bei einem Vertragsschluss zwischen Unternehmern im elektronischen

Geschäftsverkehr kann die Verpflichtung aufgrund des § 312e Abs. 1 S. 1 Nr. 3 BGB gemäß § 312e Abs. 2 S. 2 BGB vertraglich ausdrücklich ausgeschlossen werden.

Die Selbstbelieferungsklausel gibt dem Verwender für den Fall, dass er von seinem Lieferanten im Stich gelassen wird, ein Lösungsrecht vom Vertrag. Die Überprüfung einer entsprechenden Klausel muss den §§ 308 Nr. 3 und Nr. 8 BGB standhalten, die wortgleich mit den bisherigen §§ 10 Nr. 3 und Nr. 8 AGBG sind. Nach Auffassung der höchstrichterlichen Rechtsprechung sind Selbstbelieferungsklauseln nur dann zulässig, wenn der Verwender mit dem Zulieferer ein kongruentes Deckungsgeschäft abgeschlossen hat und von diesem im Stich gelassen wird (vgl. BGH NJW 1983, 1320; BGH NJW 1985, 855; BGH NJW 1995, 1959). In der Literatur wird bisher teilweise vertreten, dass die Zulässigkeit einer Selbstbelieferungsklausel im nichtkaufmännischen Verkehr davon abhängt, dass individualvertraglich eine beschränkte Gattungsschuld vereinbart ist (Wolf/Horn/Lindacher, AGBG, 4. Aufl., § 10 Nr. 3 Rdn. 23). Ein Lösungsrecht sei bei der unbeschränkten Gattungsschuld nicht sachlich gerechtfertigt i.S.v. § 10 Nr. 3 AGBG – jetzt § 308 Nr. 3 BGB –, da eine Leistung aus der Gattung noch objektiv möglich sei. Diese Differenzierung zwischen beschränkter und unbeschränkter Gattungsschuld wird jedoch dem Interesse des Verwenders nicht gerecht. Dieser will sich auf seinen Zulieferer verlassen dürfen. Die Beschaffung der Ware bei einem anderen Zulieferer kann zu erheblichen Verzögerungen und Mehrkosten führen. Bereits darin liegt ein anerkennenswertes Interesse des Verwenders. Die Unterscheidung zwischen unbeschränkter und beschränkter Gattungsschuld ist nach Auffassung der Verfasser nicht erforderlich und wird von der Rechtsprechung und einem Teil der Literatur (Ulmer/Brandner, AGBG, 9. Aufl., § 10 Nr. 3, Rdn. 6) auch nicht vorgenommen. *zu Ziff. 4*

Eine Selbstbelieferungsklausel ist nach § 308 Nr. 8 BGB nur wirksam, wenn sich der Verwender in ihr ausdrücklich verpflichtet, den Kunden unverzüglich über die Nichtverfügbarkeit zu informieren und die Gegenleistung unverzüglich zu erstatten. Die Nr. 8 wurde durch das Fernabsatzgesetz sowie zur Umstellung von Vorschriften auf den Euro vom 27.6.2000 (BGBl. I 897), das am 30.6.2000 in Kraft getreten ist, an den bisherigen § 10 AGBG angefügt. Damit wurde Art. 7 Abs. 2 Fernabsatzrichtlinie (s. Materialien F IV.3, S. 171) in das deutsche Recht umgesetzt, der für den Fall der Nichterfüllung des Vertrages wegen Nichtverfügbarkeit der bestellten Ware den Verkäufer verpflichtet, den Verbraucher davon zu unterrichten und ihm geleistete Zahlungen möglichst bald, in jedem Fall jedoch binnen 30 Tagen, zu erstatten.

Im Falle von Fernabsatzverträgen ist der Unternehmer gemäß § 312c Abs. 1 Nr. 1 BGB i. V. m. § 1 Abs. 1 Nr. 5 InformationspflichtenVO (s. Materialien F II., S. 148) verpflichtet, den Verbraucher rechtzeitig vor Abschluss des Vertrages über einen Vorbehalt, die versprochene Leistung im Falle ihrer Nichtverfügbarkeit nicht zu erbringen, zu unterrichten. Soweit die AGB dem Kunden erst bei Abschluss des Vertrages übergeben werden, muss auf den Vorbehalt der Selbstbelieferung in diesen Fällen ausdrücklich und gesondert hingewiesen werden.

*zu Ziff. 5* Bei Verträgen im elektronischen Geschäftsverkehr ist der Unternehmer nach § 312e Abs. 1 Satz 1 Nr. 2 BGB i. V. m. § 3 Nr. 2 InformationspflichtenVO verpflichtet, den Kunden darüber zu informieren, ob der Vertragstext nach dem Vertragsschluss von dem Unternehmer gespeichert wird und ob er dem Kunden zugänglich ist. Diese Informationspflicht lässt sich unproblematisch in die Allgemeinen Geschäftsbedingungen mit aufnehmen.

Daneben muss dem Kunden die Möglichkeit gemäß § 312e Abs. 1 S. 1 Nr. 4 BGB gegeben werden, auch die Allgemeinen Geschäftsbedingungen bei Vertragsabschluß abzurufen und in wiedergabefähiger Form zu speichern. Indem der Kunde auf Verlangen durch Betätigung eines Buttons per E-Mail eine Datei bestehend aus Vertragstext und AGB erhält, wird diese gesetzliche Verpflichtung erfüllt.

## § 3 Eigentumsvorbehalt

§ 3

1. Bei Verträgen mit Verbrauchern behalten wir uns das Eigentum an der Ware bis zur vollständigen Zahlung des Kaufpreises vor.

   Bei Verträgen mit Unternehmern behalten wir uns das Eigentum an der Ware bis zur vollständigen Begleichung aller Forderungen aus einer laufenden Geschäftsbeziehung vor.

2. Der Kunde ist verpflichtet, die Ware pfleglich zu behandeln. Sofern Wartungs- und Inspektionsarbeiten erforderlich sind, hat der Kunde diese auf eigene Kosten regelmäßig durchzuführen.

3. Der Kunde ist verpflichtet, uns einen Zugriff Dritter auf die Ware, etwa im Falle einer Pfändung, sowie etwaige Beschädigungen oder die Vernichtung der Ware unverzüglich mitzuteilen. Einen Besitzwechsel der Ware sowie den eigenen Wohnsitzwechsel hat uns der Kunde unverzüglich anzuzeigen.

4. Wir sind berechtigt, bei vertragswidrigem Verhalten des Kunden, insbesondere bei Zahlungsverzug oder bei Verletzung einer Pflicht nach Ziffer 3. und 4. dieser Bestimmung vom Vertrag zurückzutreten und die Ware herauszuverlangen.

5. Der Unternehmer ist berechtigt, die Ware im ordentlichen Geschäftsgang weiterzuveräußern. Er tritt uns bereits jetzt alle Forderungen in Höhe des Rechnungsbetrages ab, die ihm durch die Weiterveräußerung gegen einen Dritten erwachsen. Wir nehmen die Abtretung an. Nach der Abtretung ist der Unternehmer zur Einziehung der Forderung ermächtigt. Wir behalten uns vor, die Forderung selbst einzuziehen, sobald der Unternehmer seinen Zahlungsverpflichtungen nicht ordnungsgemäß nachkommt und in Zahlungsverzug gerät.

6. **Die Be- und Verarbeitung der Ware durch den Unternehmer erfolgt stets im Namen und im Auftrag für uns. Erfolgt eine Verarbeitung mit uns nicht gehörenden Gegenständen, so erwerben wir an der neuen Sache das Miteigentum im Verhältnis zum Wert der von uns gelieferten Ware zu den sonstigen verarbeiteten Gegenständen. Dasselbe gilt, wenn die Ware mit anderen, uns nicht gehörenden Gegenständen vermischt ist.**

Erläuterungen:

*zu Ziff. 1-3, 5-6* Ein Eigentumsvorbehalt nach § 448 BGB muss vertraglich vereinbart werden. Insoweit hat sich rechtlich gegenüber dem alten § 455 BGB nichts geändert. Regelmäßig liefert ein Verkäufer die Ware an den Käufer vor vollständiger Zahlung des Kaufpreises. Mit der Übergabe der Ware geht das Eigentum an den Käufer über. Zur Absicherung der Vorleistung des Verkäufers ist es handelsüblich, das Übereignungsgeschäft unter die aufschiebende Bedingung der vollständigen Zahlung des Kaufpreises zu stellen. Dies ist sachgerecht und wird mit § 448 BGB beibehalten.

Die Musterklausel ist gleichermaßen auf Verbraucherverträge und im unternehmerischen Verkehr anwendbar. Im unternehmerischen Verkehr empfiehlt es sich darüber hinaus, einen so genannten verlängerten Eigentumsvorbehalt zu vereinbaren. Da sich diesbezüglich keine Änderungen durch die Schuldrechtsmodernisierung ergeben, haben die Verfasser den verlängerten Eigentumsvorbehalt in die Muster-AGB mit aufgenommen, ohne ihn weiter zu kommentieren. Es kann insoweit auf die bisherige Rechtsprechung und Literatur zu entsprechenden Eigentumsvorbehaltsklauseln verwiesen werden.

*zu Ziff. 4* Die Klausel entspricht dem neuen § 448 Abs. 2 BGB, der klarstellt, dass der Verkäufer aufgrund des Eigentumsvorbehalts die Ware nur herausverlangen kann, wenn er vom Vertrag zurückgetreten ist. Dieser gesetzlichen Klarstellung liegt der Wille des Gesetzgebers zugrunde, wonach der Verkäufer, der vorgeleistet hat und seine Ware aus der Hand gegeben hat, diese solange beim Käufer belassen muss, wie der darüber geschlossene Vertrag in Geltung ist. Es bestehe kein Bedürfnis dafür, dem Verkäufer die Rücknahme seiner

Ware zu gestatten und gleichzeitig den Vertrag – unter Wegfall der Vor leistungspflicht – aufrechtzuerhalten (RegE in BT-Drucks. 14/6040 S. 241).

Nach bisheriger Rechtslage lag im sachenrechtlichen Herausgabeverlangen des Vorbehaltsverkäufers nicht notwendigerweise eine schuldrechtliche Rücktrittserklärung. Lediglich im Falle des § 13 Abs. 3 VerbrKrG löste die Rücknahme der Vorbehaltssache zwingend den Rücktritt aus.

Nach der Rechtsprechung des Bundesgerichtshofs war der Verkäufer aufgrund des Eigentumsvorbehaltes jedoch nicht schon bei Zahlungsverzug des Verkäufers berechtigt, Herausgabe der Ware zu verlangen, sondern erst, wenn er gemäß § 455 BGB alt vom Kaufvertrag zurückgetreten war oder die gemäß § 326 BGB alt gesetzte Nachfrist fruchtlos verstrichen war (BGHZ 54, 214). Der Vorbehaltsverkäufer musste folglich zwischen Rücktritt und Schadensersatz wegen Nichterfüllung wählen. Das Herausverlangen bei Verzug des Vorbehaltskäufers unter Aufrechterhaltung des Vertragsverhältnisses war dem Verkäufer nach der höchstrichterlichen Rechtsprechung nicht gestattet. Damit sollte die Zubilligung eines einstweiligen Rücknahmerechts an den Vorbehaltsverkäufer ausgeschlossen werden. Ein einstweiliges Rücknahmerecht wird in einem Großteil der Fälle den Bedürfnissen der Kaufvertragsparteien nicht gerecht. So ist es etwa beim Kauf verhältnismäßig hochwertiger Investitionsgüter Sinn des Vertrages, dass diese Güter beim Käufer in der Produktion eingesetzt bleiben und dass aus deren Erträgnissen die Anschaffung finanziert wird. Eine solche Ware für eine beschränkte Zeit dem Vorbehaltsverkäufer zurückzugeben, der sie ungenutzt lassen und für den Vorbehaltskäufer aufbewahren müsste, ist unwirtschaftlich und unpraktisch (vgl. BGHZ 54, 214, 221).

Vor dem Hintergrund der alten Rechtslage, wonach Herausgabe der Vorbehaltsware nur im Falle des Rücktritts oder des Ablaufs der Nachfristsetzung nach § 326 BGB alt verlangt werden konnte, hatte der Vorbehaltsverkäufer darauf zu achten, dass er durch das Herausgabeverlangen der Ware nicht vorschnell (stillschweigend) den Rücktritt erklärte. Dies hätte zur Folge gehabt, dass der Vorbehaltsverkäufer daneben keinen Schadensersatz wegen Nichterfüllung verlangen konnte. Daher war es bisher gebräuchlich, in den AGB eine klarstellende Klausel aufzunehmen, wonach in der Zurücknahme der Ware durch den Vorbehaltsverkäufer kein Rücktritt vom

Vertrag liegt, es sei denn, dies wird ausdrücklich schriftlich erklärt.

Nach der Schuldrechtsmodernisierung besteht kein berechtigtes Interesse des Vorbehaltsverkäufers mehr, die Vorbehaltsware ohne Rücktritt vom Vertrag herauszuverlangen. Mit § 325 BGB wurde die so genannte Alternativität zwischen Rücktritt und Schadensersatz aufgegeben. Dem Vorbehaltsverkäufer ist es nunmehr möglich, neben dem Rücktritt auch Schadensersatz zu verlangen. Einigkeit zwischen Rechtsprechung (BGHZ 54, 214) und Gesetzgeber (BT-Drucks. 14/6040, S. 240) besteht in dem Punkt, dass eine Rücknahme der Ware bei gleichzeitiger Aufrechterhaltung des Vertrages dem Sinn und Zweck des Kaufvertrages widerspricht. Zur Lösung vom Vertrag ist es nach neuer Rechtslage erforderlich, dass der Vorbehaltsverkäufer vom Vertrag zurücktritt. Die bisherige Risikolage, dass der Vorbehaltsverkäufer voreilig den Rücktritt mit der Folge erklärt, dass er keinen Schadensersatz mehr verlangen kann, besteht aufgrund von § 325 BGB nicht mehr. Daher ist es folgerichtig, dass der Vorbehaltsverkäufer – will man die einstweilige Rücknahmemöglichkeit ausschließen – die Ware nur herausverlangen kann, wenn er vom Vertrag zurückgetreten ist (§ 448 Abs. 2 BGB).

Die Folgen des Rücktritts ergeben sich unmittelbar aus der gesetzlichen Neuregelung der §§ 346, 347 BGB. Erfreulich an §§ 346 f. BGB ist, dass es sich hierbei um eine „in kodifikatorisch-technischer Hinsicht kompakte, auf Verweisungen verzichtende, klare Regelung“ (Lorenz in: Schulze/Schulte/Nölke, S. 328 ff., S. 354) handelt. Mit § 346 Abs. 2 Satz 1 BGB werden die bisherigen §§ 350-353 BGB durch ein Modell der „Rückabwicklung dem Werte nach“ ersetzt. Sämtliche Fragen des Verlustrisikos werden in den Bereich der Wertersatzpflicht verlagert. Schadensersatzansprüche sind daneben möglich und richten sich gemäß § 346 Abs. 4 BGB nach Maßgabe der §§ 280-283 BGB.

Da § 448 BGB i. V. m. §§ 346 f. BGB die Rückabwicklung des Vertrages bei Rücktritt des Vorbehaltsverkäufers sachgerecht lösen, ist eine abweichende oder ergänzende Regelung in der Muster-AGB entbehrlich.

## § 4 Widerrufs- und Rückgaberecht

### I. Fernabsatzvertrag mit Widerrufsklausel

§ 4

1. Der Verbraucher hat das Recht, seine auf den Abschluss des Vertrages gerichtete Willenserklärung innerhalb von zwei Wochen nach Eingang der Ware zu widerrufen. Der Widerruf muss keine Begründung enthalten und ist in Textform oder durch Rücksendung der Ware gegenüber dem Verkäufer zu erklären; zur Fristwahrung genügt die rechtzeitige Absendung.

2. Der Verbraucher ist bei Ausübung des Widerrufsrechts zur Rücksendung verpflichtet, wenn die Ware durch Paket versandt werden kann. Die Kosten der Rücksendung trägt bei Ausübung des Widerrufsrechts bei einem Bestellwert bis zu EUR 40 der Verbraucher, es sei denn, die gelieferte Ware entspricht nicht der bestellten Ware. Bei einem Bestellwert über EUR 40 hat der Verbraucher die Kosten der Rücksendung nicht zu tragen.

3. Der Verbraucher hat Wertersatz für eine durch die bestimmungsgemäße Ingebrauchnahme der Ware entstandene Verschlechterung zu leisten. Der Verbraucher darf die Ware vorsichtig und sorgsam prüfen. Den Wertverlust, der durch die über die reine Prüfung hinausgehende Nutzung dazu führt, dass die Ware nicht mehr als „neu" verkauft werden kann, hat der Verbraucher zu tragen.

**Erläuterungen:**

Dem Verbraucher steht gemäß § 312d BGB bei einem Fernabsatzvertrag ein *zu Ziff. 1* Widerrufsrecht nach § 355 BGB zu. In §§ 355 ff. BGB wird das Widerrufsrecht bei Verbraucherverträgen nunmehr vereinheitlicht. Für Fernabsatzverträge gelten die allgemeinen Regelungen des Widerrufsrechts gemäß §§ 355 ff. BGB mit den in § 312d BGB vorgesehen Besonderheiten für den Fernabsatz.

Die Widerrufsfrist beträgt zwei Wochen. Zu beachten ist hierbei, dass die Frist gemäß § 355 Abs. 2 BGB erst mit dem Zeitpunkt zu laufen beginnt, zu dem dem Verbraucher eine deutlich gestaltete Belehrung über sein Widerrufsrecht, die ihm entsprechend den Erfordernissen des eingesetzten Kommunikationsmittels seine Rechte deutlich macht, in Textform (§ 126b BGB) mitgeteilt worden ist, die auch Namen und Anschrift desjenigen, gegenüber dem der Widerruf zu erklären ist, und einen Hinweis auf den Fristbeginn und die Regelung über die Art und Weise der Widerrufserklärung enthält. Der Verbraucher ist mithin darüber aufzuklären, dass der Widerruf keine Begründung enthalten muss und in Textform oder durch Rücksendung der Ware innerhalb von zwei Wochen an den Unternehmer zu erklären ist und dass zur Fristwahrung die rechtzeitige Absendung genügt.

Unterbleibt eine ordnungsgemäße Belehrung über ein durch Gesetz eingeräumtes Widerrufsrecht, erlischt das Widerrufsrecht gemäß § 355 Abs. 3 BGB spätestens sechs Monate nach Vertragsschluss. Die Frist beginnt nicht vor dem Tage des Eingangs der Ware beim Empfänger. Jenseits des Vertragsverhältnisses zwischen Unternehmer und Verbraucher besteht beim Unterlassen einer ordnungsgemäßen Belehrung die Möglichkeit einer Verbandsklage nach den Vorschriften gegen den unlauteren Wettbewerb (§ 13 UWG) sowie nach § 2 des neuen UnterlassungsklagenG (s. Materialien F III., S. 150), da der Unternehmer hierdurch unter Verstoß gegen § 1 UWG einen Wettbewerbsvorsprung erhält (vgl. OLG Frankfurt MMR 2001, 529).

Zur Vermeidung eines sechsmonatigen Widerrufsrechts ist der Käufer umfassend und in deutlich gestalteter Weise über sein Widerrufsrecht zu belehren. Inhaltlich empfiehlt es sich, bei der Belehrung möglichst den Gesetzeswortlaut zu übernehmen, um keinen wesentlichen Bestandteil der Belehrungspflicht zu übersehen. Will man die Belehrung über die Einzelheiten des Widerrufsrechts in die Allgemeinen Geschäftsbedingungen integrieren, so wird man dem Formerfordernis, dass die Belehrung in deutlich gestalteter Weise zu erfolgen hat, nur dadurch gerecht, dass man die Belehrung gegenüber dem übrigen Text der AGB, etwa durch Fettdruck, hervorhebt (vgl. hierzu auch Erläuterungen zu § 1 Ziff. 1).

Eine zusätzliche Klausel, wodurch das Widerrufsrecht ausdrücklich eingeschränkt wird, kann erwogen werden, denn § 312d Abs. 4 BGB sieht Ausnahmen vom Widerrufsrecht für solche Waren und Dienstleistungen vor, die sich nicht zur Rückgabe eignen. Im einzelnen besteht kein Widerrufsrecht bei Fernabsatzverträgen:

1. zur Lieferung von Waren, die nach Kundenspezifikation angefertigt werden oder eindeutig auf die persönlichen Bedürfnisse zugeschnitten sind oder die aufgrund ihrer Beschaffenheit nicht für eine Rücksendung geeignet sind oder schnell verderben können oder deren Verfalldatum überschritten wurde,

2. zur Lieferung von Audio- oder Videoaufzeichnungen oder von Software, sofern die gelieferten Datenträger vom Verbraucher entwickelt worden sind,

3. zur Lieferung von Zeitungen, Zeitschriften und Illustrierten,

4. zur Erbringung von Wett- und Lotteriedienstleistungen oder

5. die in der Form von Versteigerungen (§ 156 BGB) geschlossen werden.

Es sind Fälle denkbar, in denen zweifelhaft ist, ob ein Fall des § 312d Abs. 4 BGB vorliegt. So kann bei Bestellung eines Polstersessels auf dem Fernabsatzwege, bei dem sich der Verbraucher für einen bestimmen Stoff entscheidet, dieser entweder als Standardprodukt oder als Anfertigung nach Kundenspezifikation im Sinne von § 312d Abs. 4 Ziff. 1 BGB angesehen werden. In einem solchen Zweifelsfall ist eine zusätzliche Klausel zur Klarstellung, dass das Widerrufsrecht infolge einer Anfertigung nach Kundenspezifikation ausgeschlossen ist, sinnvoll. Zwar bleibt die Frage, ob, wie in unserem Beispielsfall, eine Anfertigung nach Kundenspezifikationen im Sinne dieser Vorschrift anzunehmen ist, der Überprüfung durch die Rechtsprechung vorbehalten. Gleichwohl kann die Aufnahme einer entsprechenden Klausel in die AGB in der Praxis den Verbraucher davon abhalten, von einem etwaigen Widerrufsrecht Gebrauch zu machen.

**Klauselvorschlag für unseren Beispielsfall:**
„Das Widerrufsrecht besteht nicht bei der Lieferung von Waren, die nach Kundenspezifikation angefertigt werden. Eine Anfertigung nach Kundenspezifikation stellt es insbesondere dar, wenn der Verbraucher sich bei Polstermöbeln für einen Stoff entscheidet, der nicht im Katalog abgebildet ist.“

*zu Ziff. 2* Bei Ausübung des Widerrufsrechts hat gemäß § 357 Abs. 2 BGB der Unternehmer die Kosten der Rücksendung zu tragen. Nach § 357 Abs. 2 Satz 2 BGB ist es jedoch möglich, dem Verbraucher bei einer Bestellung bis zu einem Betrag von EUR 40 die regelmäßigen Kosten vertraglich aufzuerlegen, es sei denn, dass die gelieferte Ware nicht der bestellten entspricht. Nach dem eindeutigen Gesetzeswortlaut ist es somit erforderlich und zulässig, dem Verbraucher die Kosten der Rücksendung in den AGB bis zu einem Bestellwert von EUR 40 aufzuerlegen.

*zu Ziff. 3* Mit § 357 Abs. 3 BGB hat der Gesetzgeber eine Neuregelung der Kostenverteilung bei einer Wertminderung durch die bestimmungsgemäße Ingebrauchnahme geschaffen. Nach bisherigem Recht (§ 361b BGB alt) war das Risiko der Abnutzung durch die bestimmungsgemäße Ingebrauchnahme der Ware einseitig auf den Unternehmer verteilt. Dies kann, etwa im Falle eines Fernabsatzkaufvertrages über einen neuen Pkw, erhebliche finanzielle Folgen für den Unternehmer mit sich bringen.

Bei Fernabsatzverträgen beginnt die Widerrufsfrist nach der zwingenden Regelung in § 312d Abs. 2 BGB nicht vor Lieferung der Ware zu laufen. Das führt dazu, dass der Verbraucher die Ware bereits zwei Wochen bestimmungsgemäß in Gebrauch nehmen kann, wobei der Unternehmer nach bisheriger Regelung den dadurch entstehenden Wertverlust des „gebraucht statt neu“ allein zu tragen hatte.

Gemäß § 357 Abs. 3 BGB besteht nun die Möglichkeit, dem Verbraucher den Wertersatz für eine durch die bestimmungsgemäße Ingebrauchnahme der Ware entstandene Verschlechterung aufzuerlegen. Hierbei ist zu beachten dass der Verbraucher spätestens bei Vertragsschluss in Textform i.S.d. § 126b BGB auf diese Rechtsfolge und eine Möglichkeit hinzuweisen ist, sie zu vermeiden. Für eine ausschließlich auf die Prüfung der Ware zurückzuführende Verschlechterung kann kein Wertersatz verlangt werden.

Die Musterklausel ist allgemein für eine Vielzahl Waren formuliert. Es empfiehlt sich jedoch, je nach Einzelfall, die Prüfmöglichkeit, mit der der Verbraucher eine Verschlechterung der Ware vermeiden kann, in den AGB so genau wie möglich zu beschreiben.

In dem Beispielsfall eines im Internet verkauften Neuwagens ist die Wertminderung „gebraucht statt neu" dann besonders gravierend, wenn der Verbraucher das Fahrzeug innerhalb der Widerrufsfrist zulässt. Kraftfahrzeuge erleiden durch die Erstzulassung einen regelmäßigen Wertverlust von 20%. Der Verkäufer müsste also bei diesem Beispiel den Verbraucher sowohl darauf hinweisen, dass mit der Zulassung des Fahrzeugs ein regelmäßiger Wertverlust von 20% einhergeht, den er im Falle des Widerrufs zu tragen hat und dass er die Folgen nur dadurch vermeiden kann, dass er den Pkw erst zulässt, wenn er von seinem Widerrufsrecht keinen Gebrach mehr machen will, weil er den Pkw, z.B. durch eine Probefahrt auf Privatgelände, nach Prüfung für gut befunden hat (vgl. RegE, BT-Drucks. 14/6040, S. 200).

## II. Fernabsatzvertrag mit Rückgabeklausel

§ 4

1. **Der Verbraucher hat das Recht, die Ware innerhalb von zwei Wochen nach Eingang zurückzugeben. Das Rückgaberecht kann nur durch Rücksendung der Ware oder, wenn die Ware nicht als Paket versandt werden kann, durch Rücknahmeverlangen ausgeübt werden; zur Fristwahrung genügt die rechtzeitige Absendung.**

2. **Die Kosten der Rücksendung trägt bei Ausübung des Rückgaberechts bei einem Bestellwert bis zu EUR 40 der Verbraucher, es sei denn, die gelieferte Ware entspricht nicht der bestellten Ware. Bei einem Bestellwert über EUR 40 hat der Verbraucher die Kosten der Rücksendung nicht zu tragen.**

3. **Der Verbraucher hat Wertersatz für eine durch die bestimmungsgemäße Ingebrauchnahme der Ware entstandene Verschlechterung zu leisten. Der Verbraucher darf die Ware vorsichtig und sorgsam prüfen. Den Wertverlust, der durch die über die reine Prüfung hinausgehende Nutzung dazu führt, dass die Ware nicht mehr als „neu" verkauft werden kann, hat der Verbraucher zu tragen.**

**Erläuterungen:**

*zu Ziff. 1* Gemäß § 312d Abs. 1 Satz 2 BGB kann dem Verbraucher bei Verträgen über die Lieferung von Waren im Wege des Fernabsatzes anstelle des Widerrufsrechts ein Rückgaberecht nach § 356 BGB eingeräumt werden. Die Einräumung eines Rückgaberechts anstelle eines Widerrufsrechts setzt voraus, dass

1. der Verbraucher eine deutlich gestaltete Belehrung über das Rückgaberecht erhält,

2. der Verbraucher die Belehrung in Abwesenheit des Unternehmers eingehend zur Kenntnis nehmen konnte und

3. dem Verbraucher das Rückgaberecht in Textform gemäß § 126b BGB eingeräumt wird.

Die Rückgabefrist beträgt wie die Widerrufsfrist zwei Wochen ab Eingang der Ware. Das Rückgaberecht kann gemäß § 356 Abs. 2 BGB nur durch Rücksendung der Ware oder, wenn die Ware nicht als Paket versandt werden kann, durch Rücknahmeverlangen ausgeübt werden. Zur Fristwahrung ist die

rechtzeitige Absendung der Ware erforderlich und ausreichend.
Bei Ausübung des Rückgaberechts gelten die gleichen Kostentragungsregelungen wie beim Widerruf. Es kann insoweit auf die Erläuterungen zu § 4 I Ziff. 2 und 3 verwiesen werden. *zu Ziff. 2 und 3*

## III. Haustürgeschäfte mit Widerrufsklausel

**§ 4**

1. **Der Verbraucher hat das Recht, seine auf den Abschluss des Vertrages gerichtete Willenserklärung innerhalb von zwei Wochen nach Vertragsschluss zu widerrufen. Der Widerruf muss keine Begründung enthalten und ist in Textform oder durch Rücksendung der Ware gegenüber dem Unternehmer zu erklären; zur Fristwahrung genügt die rechtzeitige Absendung.**

2. **Wir behalten uns vor, die Ware erst nach Ablauf der Widerrufsfrist zu liefern.**

3. **Der Verbraucher ist, sofern er bereits im Besitz der Ware ist, bei Ausübung des Widerrufsrechts zur Rücksendung verpflichtet, wenn die Ware durch Paket versandt werden kann. Die Kosten der Rücksendung trägt bei Ausübung des Widerrufsrechts bei einem Bestellwert bis EUR 40 der Verbraucher, es sei denn, die gelieferte Ware entspricht nicht der bestellten Ware. Bei einem Bestellwert über EUR 40 hat der Verbraucher die Kosten der Rücksendung nicht zu tragen.**

4. **Der Verbraucher hat Wertersatz für die durch die bestimmungsgemäße Ingebrauchnahme entstandene Verschlechterung zu leisten. Der Verbraucher darf die Ware vorsichtig und sorgsam prüfen. Den Wertverlust, der durch die über die reine Prüfung hinausgehende Nutzung dazu führt, dass die Ware nicht mehr als „neu“ verkauft werden kann, hat der Verbraucher zu tragen.**

**Erläuterungen:**

*zu Ziff. 1* Die Vereinheitlichung des Widerrufsrechts in §§ 355 ff. BGB hat zur Folge, dass dem Verbraucher auch im Falle von Haustürgeschäften i.S.d. § 312 Abs. 1 BGB eine Widerrufsfrist von zwei Wochen zusteht. Zu beachten sind die Ausnahmen von den Regelungen des Haustürgeschäfts in § 312 Abs. 3 BGB, wobei insbesondere der Versicherungsvertrag zu nennen ist.

Bei nicht ordnungsgemäßer Belehrung über das Widerrufsrecht erlischt dieses gemäß § 355 Abs. 3 BGB spätestens sechs Monate nach Vertragsschluss. Der bisherige § 2 HTWG, der eine Ablauffrist von einem Monat nach vollständig beidseitig erbrachter Leistung vorsah, ist aufgrund der Vereinheitlichung weggefallen.

Im Unterschied zu Fernabsatzverträgen beginnt die Widerrufsfrist bei Haustürgeschäften bereits ab Vertragsschluss und nicht erst ab Eingang der Ware beim Verbraucher zu laufen. Zu der rechtlichen Einordnung von denkbaren Mischformen zwischen Fernabsatz- und Haustürgeschäften (Micklitz, EuZW 2001, 133, 134 f).

*zu Ziff. 2* Bei Haustürgeschäften ist ein Vorbehalt, wonach der Unternehmer erst dann zu erfüllen braucht, wenn die Widerrufsfrist verstrichen ist und damit feststeht, dass der Vertrag zur Durchführung gelangt gemäß § 308 Nr. 1 BGB ausdrücklich zulässig.

Der Unternehmer kann durch einen derartigen Vorbehalt vermeiden, dass er in die Risikolage gerät, die bei Fernabsatzverträgen deshalb gegeben ist, weil dort gemäß § 312d Abs. 2 BGB die Widerrufsfrist zwingend erst mit dem Eingang der Ware beim Empfänger zu laufen beginnt.

*zu Ziff. 3, 4* Siehe Erläuterungen zu § 4 I Ziff. 2 und 3. Die Klauseln über die Kostentragung der Rücksendung sowie den Wertersatz für eine entstandene Verschlechterung können gleichlautend formuliert werden wie beim Fernabsatzvertrag. Das Bedürfnis für solche Klauseln besteht nur dann, wenn nicht auszuschließen ist, dass der Unternehmer bereits vor Ablauf der Widerrufsfrist an den Verbraucher leistet.

## IV. Haustürgeschäfte mit Rückgabeklausel

§ 4

1. Der Verbraucher hat das Recht, die Ware innerhalb von zwei Wochen nach Vertragsschluss zurückzugeben. Das Rückgaberecht kann nur durch Rücksendung der Ware oder, wenn die Ware nicht als Paket versandt werden kann, durch Rücknahmeverlangen ausgeübt werden; zur Fristwahrung genügt die rechtzeitige Absendung.

2. Die Kosten der Rücksendung trägt bei Ausübung des Rückgaberechts bei einem Bestellwert bis zu EUR 40 der Verbraucher, es sei denn, die gelieferte Ware entspricht nicht der bestellten Ware. Bei einem Bestellwert über EUR 40 hat der Verbraucher die Kosten der Rücksendung nicht zu tragen.

3. Der Verbraucher hat Wertersatz für eine durch die bestimmungsgemäße Ingebrauchnahme der Ware entstandene Verschlechterung zu leisten. Der Verbraucher darf die Ware vorsichtig und sorgsam prüfen. Den Wertverlust, der durch die über die reine Prüfung hinausgehende Nutzung dazu führt, dass die Ware nicht mehr als „neu“ verkauft werden kann, hat der Verbraucher zu tragen.

**Erläuterungen:**

Gemäß § 312 Abs. 1 Satz 2 BGB kann dem Verbraucher anstelle des Widerrufsrechts ein Rückgaberecht nach § 356 BGB eingeräumt werden, wenn zwischen dem Verbraucher und dem Unternehmer im Zusammenhang mit diesem oder einem späteren Geschäft auch eine ständige Verbindung aufrechterhalten werden soll. Zieht der Unternehmer ein Rückgaberecht dem Widerrufsrecht vor, so gilt das zu § 4 III Angemerkte entsprechend. Der Vorbehalt, wonach der Unternehmer erst dann zu erfüllen braucht, wenn die Widerrufsfrist bei Haustürgeschäften verstrichen ist, fällt im Falle der Einräumung eines Rückgaberechtes weg, da er mit dem Sinn und Zweck eines Rückgaberechtes nicht vereinbar ist. *zu Ziff. 1-3*

## § 5 Vergütung

§ 5

1. Der angebotene Kaufpreis ist bindend [ggf. befristet]. Im Kaufpreis ist die gesetzliche Umsatzsteuer enthalten.

   Beim Versendungskauf versteht sich der Kaufpreis zuzüglich einer Versandkostenpauschale in Höhe von EUR ...

   Dem Kunden entstehen bei Bestellung durch Nutzung der Fernkommunikationsmittel keine zusätzlichen Kosten.

   Der Kunde kann den Kaufpreis per Nachnahme, Rechnung oder Kreditkarte leisten.

2. Der Kunde verpflichtet sich, nach Erhalt der Ware innerhalb von 10 Tagen den Kaufpreis zu zahlen. Nach Ablauf dieser Frist kommt der Kunde in Zahlungsverzug.

   Der Verbraucher hat während des Verzugs die Geldschuld in Höhe von 5% über dem Basiszinssatz zu verzinsen.

   Der Unternehmer hat während des Verzugs die Geldschuld in Höhe von 8% über dem Basiszinssatz zu verzinsen. Gegenüber dem Unternehmer behalten wir uns vor, einen höheren Verzugsschaden nachzuweisen und geltend zu machen.

3. Der Kunde hat ein Recht zur Aufrechnung nur, wenn seine Gegenansprüche rechtskräftig festgestellt wurden oder durch uns anerkannt wurden.

   Der Kunde kann ein Zurückbehaltungsrecht nur ausüben, wenn sein Gegenanspruch auf demselben Vertragsverhältnis beruht.

**Erläuterungen:**

Ab dem 1.1.2002 ist der Euro gesetzliches Zahlungsmittel mit der Verpflichtung, Preise auf jeden Fall in Euro anzugeben. Da bis zum 28.2.2002 sowohl in DM als auch in Euro gezahlt werden kann, ist eine Doppelpreisauszeichnung vom 1.1. bis zum 28.2.2002 nicht zu beanstanden. Soweit ab dem 1.3.2002 noch eine Doppelpreisauszeichnung erfolgt, ist darauf zu achten, dass nicht der Eindruck erweckt wird, es könne noch mit Deutscher Mark bezahlt werden, da in diesem Fall ein Wettbewerbsverstoß wegen Irreführung gemäß § 3 UWG sowie des Erlangens eines Wettbewerbsvorteils gegenüber Mitbewerbern gemäß § 1 UWG anzunehmen wäre. Daneben ist darauf zu achten, dass die Umrechnung der DM-Preise in Euro-Preise unter strikter Beachtung des Umrechnungskurses (DM 1.95583 = 1 Euro) gemäß Art. 4, 5 VO Nr. 1103/97/EG vom 7.6.1997 zu erfolgen hat. Eine Rundung darf nur auf volle Cent/Pfennige erfolgen. Anderenfalls könnte auch hier eine Wettbewerbsverstoß gegen §§ 1, 3 UWG angenommen werden. *zu Ziff. 1*

Der Hinweis, dass der angebotene Kaufpreis „bindend" ist, erscheint mit Blick auf den Wegfall des Rabattgesetzes sowie dem Ausschluss einer Diskontierung angezeigt.

Der Grundsatz, dass Preise einschließlich der Umsatzsteuer oder sonstiger Preisbestandteile als sogenannte „Endpreise" gegenüber dem Verbraucher anzugeben sind, ergibt sich aus § 1 Abs. 1 PreisangabenVO, § 312c Abs. 1 Nr. 1 BGB i. V. m. § 1 Abs. 1 Nr. 6 InformationspflichtenVO (s. Materialien F II., S. 148). Daneben ist im Verhältnis zum Verbraucher § 2 PreisangabenVO zu beachten, wonach bei Waren, die nach Gewicht, Volumen, Länge oder Fläche angeboten werden, zusätzlich zum Endpreis auch der sogenannte Grundpreis zur Verbesserung der Preistransparenz anzugeben ist.

Soweit Waren nur an Unternehmer abgegeben werden, ist eine Nettopreisangabe ausreichend. Der Adressatenkreis des Angebots muss jedoch konkret und deutlich benannt sein, z.B. Industrie, Handel und freie Berufe. Darüber hinaus muss der Unternehmer gemäß § 9 Abs. 1 Nr. 1 PreisangabenVO sicherstellen, dass die Produkte nur an den Adressatenkreis verkauft werden.

Auf Liefer-/Versandkosten, die nicht im Kaufpreis enthalten sind, ist ausdrücklich hinzuweisen. Dies ergibt sich beim Fernabsatzkauf an einen Verbraucher nunmehr unmittelbar aus § 312c Abs. 1 Nr. 1 BGB i. V. m. § 1 Abs. 1 Nr. 7 InformationspflichtenVO. Ein einfacher Hinweis, wonach zuzüglich zum Kaufpreis eine Versendungskostenpauschale erhoben wird, reicht daher nicht mehr aus. Die Liefer-/Versandkosten sind gegenüber dem Verbraucher vom Unternehmer konkret zu bezeichnen. Hierbei handelt es sich um Bearbeitungskosten, Portokosten, Lieferkosten etc. Es liegt nahe, die Liefer-/Versandkosten als pauschalen Festpreis dem Verbraucher anzubieten. Soweit die neben dem Kaufpreis erhobenen Liefer-/Versandkosten zwischen Sammelbestellern und Einzelbestellern oder nach Bestellwert differenzieren, sind auch diese zusätzlichen Kostenvarianten konkret zu bezeichnen.

Aufgrund des § 1 Abs. 1 InformationspflichtenVO hat der Unternehmer weiterhin den Verbraucher über Einzelheiten hinsichtlich der Zahlung und der Lieferung oder Erfüllung (Nr. 8), sowie die Kosten, die dem Verbraucher durch die Nutzung der Fernkommunikationsmittel entstehen, sofern sie über die üblichen Grundtarife, mit denen der Verbraucher rechnen muss, hinausgehen (Nr. 10) und die Gültigkeitsdauer befristeter Angebote, insbesondere hinsichtlich des Preises (Nr. 11) zu informieren.

Zu beachten ist, dass dem Unternehmer infolge § 312c Abs. 1 BGB in Umsetzung des bisherigen § 2 FernabsatzG die Verpflichtung auferlegt wird, die vorgenannten Informationspflichten nach der InformationspflichtenVO rechtzeitig vor Vertragsschluss klar und verständlich sowie in einer dem eingesetzten Fernkommunikationsmittel entsprechenden Weise zur Kenntnis zu bringen. Infolgedessen kann es nicht ausreichend sein, die vorbezeichneten Informationspflichten ausschließlich in den AGB aufzunehmen, soweit diese dem Verbraucher vor Vertragsschluss nicht zur Kenntnis gebracht werden, sondern erst bei Lieferung dem Verbraucher in Textform vorliegen. In diesen Fällen ist dafür Sorge zu tragen, dass der Verbraucher neben den AGB in Erfüllung der InformationspflichtenVO ausdrücklich informiert wird, gegebenenfalls mit Bezugnahme auf die AGB, in denen die erforderlichen Informationen im einzelnen aufgeführt sind.

Die vorangegangenen Ausführungen gelten grundsätzlich auch für alle Kaufverträge, deren Abschluss im elektronischen Geschäftsverkehr durch Inanspruchnahme eines Tele- oder Mediendienstes erfolgt ist. Gemäß § 312e

Abs. 1 S. 1 Ziff. 2 BGB gelten auch für diese Verträge die Informationsverpflichtungen aufgrund der InformationspflichtenVO und zwar auch mit der Maßgabe, dass die Informationen rechtzeitig vor Abgabe von Bestellungen klar und verständlich dem Käufer mitzuteilen sind. Tele- und Mediendienste i. S. d. § 312e BGB sind nur solche Tele- und Mediendienste, die der Kunde individuell elektronisch und zum Zwecke einer Bestellung abrufen kann. Bloße „Verteildienste", d. h. Tele- und Mediendienste, die im Wege einer Übertragung von Daten ohne individuelle Anforderung gleichzeitig für eine unbegrenzte Zahl von Nutzern erbracht werden, fallen dagegen nicht in den Anwendungsbereich (siehe BT-Drucks. 14/6040, S. 171). Soweit diese weitgehenden Informationspflichten jedoch zwischen Unternehmern keine Geltung beanspruchen sollen, müssen sie gemäß § 312e Abs. 2 S. 2 BGB ausdrücklich vertraglich abbedungen werden. Da jedoch die Regelung des § 312e Abs. 1 S. 1 Ziff. 4 BGB zwischen den Parteien nicht abbedungen werden kann, – danach müssen die Vertragsbestimmungen einschließlich der Allgemeinen Geschäftsbedingungen bei Vertragsschluss abrufbar und in wiedergabefähiger Form speicherbar sein – , erscheint es als ausreichend, wenn die einzelnen Informationspflichten in den Allgemeinen Geschäftsbedingungen erfüllt werden oder vor Vertragsschluss ein Hinweis erfolgt, dass weitere Informationen im Sinne der InformationspflichtenVO auf ausdrükkliche Nachfrage erhältlich sind.

*zu Ziff. 2*

Der Gesetzgeber hat eine wesentliche Neuregelung des Verzuges ohne Mahnung in § 286 Abs. 2 Ziff. 2 BGB getroffen. Diese Regelung ist § 284 Abs. 2 Satz 2 BGB alt nachempfunden, wonach eine Mahnung in den Fällen entbehrlich war, in denen einer Leistung eine Kündigung vorauszugehen hatte und die Zeit für die Leistung kalendermäßig bestimmt war. Nunmehr genügt für die Entbehrlichkeit der Mahnung die Festlegung eines „Ereignisses" und die Bestimmung einer kalendermäßig bestimmbaren, angemessenen Zeit für die Leistung. Damit können auch andere Ereignisse als eine Kündigung, z.B. die Lieferung oder die Rechnungserteilung, als Anknüpfungspunkt für eine kalendermäßige Berechnung der Leistungszeit herangezogen werden. Statt des Zeitpunkts „Erhalt der Ware" beim Kunden, d. h. tatsächliche Ablieferung, wäre wohl auch Tag der Versendung der Ware beim Verkäufer als Anknüpfungspunkt denkbar. Denn auch dieses „Ereignis“ ließe sich zur kalendermäßigen Berechnung der Leistungszeit heranziehen. Voraussetzung dafür ist jedoch, dass der Kunde einen klaren und eindeutigen Hinweis auf den Versandtag erhält. Des weiteren ist erforderlich, dass in der Praxis hierdurch nicht gegen das gesetzliche Erfordernis der „angemessenen“ Leistungszeit verstoßen wird. Wann eine für die Leistung bestimmte Zeit „angemessen“ ist, lässt der Gesetzgeber offen. Unangemessen ist jedenfalls eine Forderung der Zahlung sofort nach Lieferung (siehe BT-Drucks. 14/6040, S. 146). Denn darin wäre keine Fristsetzung zu sehen, sondern lediglich eine Fälligkeitsbestimmung i. S. d. § 271 Abs. 1 BGB, ohne dass ein der Mahnung vergleichbares Element vorliegt, worauf der Eintritt des Verzuges gestützt werden kann. Als Kriterium für eine „angemessene“ Leistungsfrist kann gelten, dass der Kunde ausreichend Zeit erhält, um eine Überweisung in Auftrag zu geben. Wird folglich als „Ereignis“ das Datum der Versendung der Ware bestimmt, muss der Zeitraum bis zum Zugang der Ware beim Kunden bei der Bestimmung der „angemessenen“ Leistungsfrist Berücksichtigung finden.

Daneben ist auf die Neuregelung des § 286 Abs. 3 BGB hinzuweisen. Diese Regelung knüpft an die EU-Richtlinie zur Bekämpfung von Zahlungsverzug im Geschäftsverkehr (s. Materialien F IV.5, S. 205) unmittelbar an. Danach tritt Verzug spätestens innerhalb von 30 Tagen nach Fälligkeit und Zugang einer Rechnung beim Kunden ein. Im Verhältnis von Unternehmern untereinander gilt zudem, wenn der Zeitpunkt des Zugangs der Rechnung unsicher ist, dass der Verzug spätestens 30 Tage nach Fälligkeit und Empfang der Gegenleistung eintritt (§ 286 Abs. 3 Satz 2 BGB). Da es sich hierbei um gesetzliche Regelungen handelt, ist deren Aufnahme in die AGB bei Unternehmern entbehrlich, es sei denn, es soll eine Verknüpfung der 30-Tage-Zahlungsfrist herbeigeführt werden, was die Richtlinie im Geschäftsverkehr ausdrücklich zulässt.

Beim Verbraucherkauf ergibt sich eine Besonderheit insoweit, als der Verzug bei Nichtzahlung innerhalb von 30 Tagen nach Fälligkeit und Zugang der Rechnung nur dann eintritt, wenn der Verbraucher auf diese Folgen in der Rechnung oder einer gleichwertigen Zahlungsaufstellung besonders hingewiesen worden ist (§ 286 Abs. 3 Satz 1 a. E. BGB). Mithin wird eine ausschließliche Einbeziehung des Regelungsgehaltes des § 286 Abs. 3 Satz 1 BGB in den AGB nicht ausreichend sein, sondern zumindest daneben auf der Rechnung/Zahlungsaufstellung ein besonderer Hinweis auf die verzugauslösende 30-Tage-Zahlungsfrist anzubringen sein.

Die Höhe der Verzugszinsen für Verbraucherkäufe ergeben sich nunmehr aus § 288 Abs. 1 BGB. Danach beträgt der Verzugszinssatz 5 Prozentpunkte über dem Basiszinssatz p. a. Für Rechtsgeschäfte zwischen Unternehmern gilt gemäß § 288 Abs. 2 BGB ein Zinssatz von 8 Prozentpunkten über dem Basiszinssatz p. a. Das entspricht Art. 3 Abs. 1 lit. d) der EU-Richtlinie zur Bekämpfung des Zahlungsverzuges im Geschäftsverkehr (s. Materialien F IV.5, S. 205). Die Höhe und die sich verändernde Bezugsgröße des Basiszinssatzes ergibt sich aus § 247 Abs. 1 BGB. Die aktuellen Werte werden jeweils von der Deutschen Bundesbank bekanntgegeben, § 247 Abs. 2 BGB.

Zu beachten ist, dass der Gesetzgeber bewusst davon abgesehen hat, für den Käufer die Möglichkeit eines Nachweises vorzusehen, dass dem Verkäufer ein geringer Zinsschaden entstanden ist. Aus Sicht des Gesetzgebers hätte sich dies einseitig, insbesondere zu Lasten des Verbrauchers ausgewirkt. Ein Verbraucher hätte im Verhältnis zum Unternehmer kaum den Nachweis führen können, weil dieser in der Regel mit Bankkrediten arbeitet, die den gesetzlichen Zinssatz erreichen bzw. überschreiten. Im umgekehrten Fall, bei einem Rückzahlungsanspruch des Verbrauchers gegenüber dem Unternehmer, würde Letzterem eher der Nachweis eines geringeren Schadens des Verbrauchers gelingen (siehe BT-Drucks. 14/6040, S. 148).

Unabhängig davon bleibt die Möglichkeit eröffnet, im Geschäftsverkehr zwischen Unternehmern auch einen höheren Zinssatz zu vereinbaren.

Die gesetzlichen Regelungen zum Aufrechnungs- und Zurückbehaltungs- *zu Ziff. 3* recht hat der Gesetzgeber im Rahmen der Schuldrechtsmodernisierung unverändert gelassen. Insofern bedarf es hier keiner gesonderten Erläuterungen. Sie sind lediglich der Vollständigkeit halber in das AGB-Muster aufgenommen worden.

## § 6 Gefahrübergang

**§ 6**

1. **Ist der Käufer Unternehmer, geht die Gefahr des zufälligen Untergangs und der zufälligen Verschlechterung der Ware mit der Übergabe, beim Versendungskauf mit der Auslieferung der Sache an den Spediteur, den Frachtführer oder der sonst zur Ausführung der Versendung bestimmten Person oder Anstalt auf den Käufer über.**

2. **Ist der Käufer Verbraucher, geht die Gefahr des zufälligen Untergangs und der zufälligen Verschlechterung der verkauften Sache auch beim Versendungskauf erst mit der Übergabe der Sache auf den Käufer über.**

3. **Der Übergabe steht es gleich, wenn der Käufer im Verzug der Annahme ist.**

Erläuterungen:

*zu Ziff. 1* Bei Kaufverträgen, die keine Verbraucherverträge sind, können die bisher verwendeten Klauseln zum Gefahrübergang beibehalten werden. Die Bestimmungen über den Erfüllungsort (§ 269 BGB) sowie über den Gefahrübergang (§§ 446, 447 BGB) sind rechtlich unverändert geblieben. Nach dem gesetzlichen Leitbild soll die Gefahr beim Versendungskauf unter Unternehmern mit der Übergabe der Sache an die Transportperson auf den Käufer übergehen.

*zu Ziff. 2* Beim Verbrauchsgüterkauf findet gemäß § 474 Abs. 2 BGB die Gefahrtragungsregelung des § 447 BGB, wonach die Sache auf Gefahr des Käufers reist, keine Anwendung. Das bedeutet, dass im Falle des Versendungskaufs die Gefahr des zufälligen Untergangs und der zufälligen Verschlechterung erst mit der Übergabe der verkauften Sache auf den Käufer übergeht, da der in § 446 BGB niedergelegte Grundsatz einheitlich für alle

Verbrauchsgüterkaufverträge gilt, unabhängig davon, ob es sich um einen Versendungskauf oder um einen Kauf unter Anwesenden handelt.

Hintergrund dieser Neuregelung ist, dass das Beförderungsrisiko nach dem Willen des Gesetzgebers von derjenigen Vertragspartei getragen werden soll, die eher als die andere imstande ist, dieses Risiko abzuwenden oder zu verringern oder Vorsorge gegen die Schadensfolgen eines Untergangs oder einer Verschlechterung der Ware zu treffen. Das ist regelmäßig der Verkäufer, weil er über die Art und den Weg der Beförderung entscheiden, den Beförderer auswählen und die Ware aufgrund seiner Vertragsbeziehungen zu ihm noch während ihrer Beförderung umdisponieren kann. Vor allem ist der Verkäufer besser als der Käufer in der Lage, das Beförderungsrisiko in dem nach Sachlage gebotenen Umfang unter Versicherungsschutz zu bringen. Zudem wird das Auseinanderfallen vom Anspruchsinhaber bei Transportschäden (Verkäufer) und Geschädigtem, weil er die Gefahr trägt (Käufer), vermieden (RegE in BT-Drucks. 14/6040, S. 243 f.). Nach ausdrücklichem gesetzlichen Wortlaut soll die Sache beim Verbrauchsgüterkauf gemäß §§ 474 Abs. 2, 446 BGB nunmehr auf Gefahr des Verkäufers reisen.

Fraglich ist, ob die gesetzliche Neuregelung in AGB abbedungen werden kann. Die EU-Verbrauchsgüterkaufrichtlinie gibt keine Vorgabe zur Regelung des Gefahrübergangs beim Versendungskauf. Sie überlässt dies ausdrücklich den Mitgliedstaaten (RL 1999/44/EG, Erwägungsgrund Nr. 14 s. Materialien F IV.2, S. 162). Die Wortwahl in der Begründung des RegE zu § 474 Abs. 2 BGB würde, für sich betrachtet, eine Abbedingung des § 474 Abs. 2 BGB mit der Folge, dass § 447 BGB auch beim Verbrauchsgüterkauf gilt, grundsätzlich zulassen. Dort heißt es lediglich, dass beim Verbrauchsgüterkauf § 447 BGB nicht angewendet werden „sollte" (RegE in BT-Drucks. 14/6040, S. 244). Es existiert auch keine ausdrückliche AGB-rechtliche Vorgabe zu der Frage der Gefahrtragung bei Verbrauchsgüterkaufverträgen in §§ 305 ff BGB. Mithin wäre eine formularmäßige Abbedingung des § 447 BGB inhaltlich gemäß § 307 BGB daraufhin zu überprüfen, ob sie den Verbraucher unangemessen benachteiligt. Gegen eine unangemessene Benachteiligung spricht, dass eine Regelung, die 100 Jahre geltendes Recht war und allgemein als sachgerecht angesehen worden ist, den Verbraucher nicht unangemessen benachteiligt.

Es bestehen aber schwerwiegende Bedenken, ob eine formularmäßige Abbedingung der Gefahrtragungsregelung einer Überprüfung durch die Rechtsprechung standhält, da die Abbedingung zu einem Wertungswiderspruch zu den Zielen der verbraucherschützenden EU-Fernabsatzrichtlinie (s. Materialien F IV.3, S. 171) führen würde. Die EU-Fernabsatzrichtlinie gibt zwingend vor, den Verbrauchern beim Abschluss von Fernabsatzverträgen ein Widerrufsrecht einzuräumen. Das Widerrufsrecht soll dem Umstand Rechnung tragen, dass der Verbraucher in der Praxis keine Möglichkeit hat, vor Abschluss des Vertrages die Ware zu sehen (EU-Fernabsatzrichtlinie, Erwägungsgrund Nr. 14). Wird dem Verbraucher formularmäßig auferlegt, dass er die Gefahr des zufälligen Untergangs und der zufälligen Verschlechterung der bestellten Ware während des Transports, d.h. bereits vor Übergabe an ihn trägt, so würde dem Verbraucher die vom Richtlinien-Gesetzgeber zwingend vorgegebene Prüfmöglichkeit der Ware im Falle des Untergangs oder der Verschlechterung genommen. Das Widerrufsrecht würde in diesen Fällen leer laufen. Die gesetzliche Regelung in § 474 Abs. 2 BGB berücksichtigt diesen Umstand und vermeidet einen Wertungswiderspruch zu den Zielen der EU-Fernabsatzrichtlinie.

Da die Verfasser bei Abbedingung der Vorgabe des Bundesgesetzgebers zur Gefahrtragung beim Versendungskauf zu Lasten des Verbrauchers mit einer überwiegenden Wahrscheinlichkeit davon ausgehen, dass eine solche Klausel von der Rechtsprechung gemäß § 307 BGB als unwirksam angesehen wird, ist eine solche nicht in das AGB-Muster aufgenommen worden.

*zu Ziff. 3* Diese Klausel entspricht dem Wortlaut des neuen § 446 Abs. 3 BGB, der nun ausdrücklich klarstellt, dass es der Übergabe gleich steht, wenn der Kunde sich im Annahmeverzug befindet.

## § 7 Gewährleistung

§ 7

1. Ist der Käufer Unternehmer, leisten wir für Mängel der Ware zunächst nach unserer Wahl Gewähr durch Nachbesserung oder Ersatzlieferung.

2. Ist der Käufer Verbraucher, so wird unter Berücksichtigung unserer ökonomischen Interessen zur Behebung eines Mangels der Ware folgende Vorgehensweise vereinbart: Bei Produkten im Wert unter EUR ... kann der Verbraucher zunächst nur Ersatzlieferung verlangen. Übersteigt der Wert der Ware EUR ..., steht uns binnen angemessener Zeit zunächst ein Nachbesserungsversuch zu. Als angemessen gilt eine Nachbesserungsfrist von 20 Werktagen. Ist die Nachbesserung wirtschaftlich nicht zumutbar, erfolgt die Nacherfüllung durch Ersatzlieferung.

Alternative zu § 7 Ziff. 2

Ist der Käufer Verbraucher, so hat er zunächst die Wahl, ob die Nacherfüllung durch Nachbesserung oder Ersatzlieferung erfolgen soll. Wir sind jedoch berechtigt, die Art der gewählten Nacherfüllung zu verweigern, wenn sie nur mit unverhältnismäßigen Kosten möglich ist und die andere Art der Nacherfüllung ohne erhebliche Nachteile für den Verbraucher bleibt.

3. Schlägt die Nacherfüllung fehl, kann der Kunde grundsätzlich nach seiner Wahl Herabsetzung der Vergütung (Minderung) oder Rückgängigmachung des Vertrags (Rücktritt) verlangen. Bei einer nur geringfügigen Vertragswidrigkeit, insbesondere bei nur geringfügigen Mängeln, steht dem Kunden jedoch kein Rücktrittsrecht zu.

4. Unternehmer müssen uns offensichtliche Mängel innerhalb einer Frist von zwei Wochen ab Empfang der Ware schriftlich anzeigen; andern-

falls ist die Geltendmachung des Gewährleistungsanspruchs ausgeschlossen. Zur Fristwahrung genügt die rechtzeitige Absendung. Den Unternehmer trifft die volle Beweislast für sämtliche Anspruchsvoraussetzungen, insbesondere für den Mangel selbst, für den Zeitpunkt der Feststellung des Mangels und für die Rechtzeitigkeit der Mängelrüge.

Verbraucher müssen uns innerhalb einer Frist von zwei Monaten nach dem Zeitpunkt, zu dem der vertragswidrige Zustand der Ware festgestellt wurde, über offensichtliche Mängel schriftlich unterrichten. Maßgeblich für die Wahrung der Frist ist der Zugang der Unterrichtung bei uns. Unterlässt der Verbraucher diese Unterrichtung, erlöschen die Gewährleistungsrechte zwei Monate nach seiner Feststellung des Mangels. Dies gilt nicht bei Arglist des Verkäufers. Die Beweislast für den Zeitpunkt der Feststellung des Mangels trifft den Verbraucher. Wurde der Verbraucher durch unzutreffende Herstelleraussagen zum Kauf der Sache bewogen, trifft ihn für seine Kaufentscheidung die Beweislast. Bei gebrauchten Gütern trifft den Verbraucher die Beweislast für die Mangelhaftigkeit der Sache.

5. Wählt der Kunde wegen eines Rechts- oder Sachmangels nach gescheiterter Nacherfüllung den Rücktritt vom Vertrag, steht ihm daneben kein Schadensersatzanspruch wegen des Mangels zu.

   Wählt der Kunde nach gescheiteter Nacherfüllung Schadensersatz, verbleibt die Ware beim Kunden, wenn ihm dies zumutbar ist. Der Schadensersatz beschränkt sich auf die Differenz zwischen Kaufpreis und Wert der mangelhaften Sache. Dies gilt nicht, wenn wir die Vertragsverletzung arglistig verursacht haben.

6. Für Unternehmer beträgt die Gewährleistungsfrist ein Jahr ab Ablieferung der Ware. Für Verbraucher beträgt die Verjährungsfrist zwei Jahre ab Ablieferung der Ware. Bei gebrauchten Sachen beträgt die

Verjährungsfrist ein Jahr ab Ablieferung der Ware. Dies gilt nicht, wenn der Kunde uns den Mangel nicht rechtzeitig angezeigt hat (Ziff. 4 dieser Bestimmung).

7. Ist der Käufer Unternehmer, gilt als Beschaffenheit der Ware grundsätzlich nur die Produktbeschreibung des Herstellers als vereinbart. Öffentliche Äußerungen, Anpreisungen oder Werbung des Herstellers stellen daneben keine vertragsgemäße Beschaffenheitsangabe der Ware dar.

Alternativen zu § 7 Ziff. 7

(a) Ist der Käufer Unternehmer, gilt als Beschaffenheit der Ware grundsätzlich nur die Produktbeschreibung des Herstellers als vereinbart. Öffentliche Äußerungen, Anpreisungen oder Werbung des Herstellers stellen daneben keine vertragsgemäße Beschaffenheitsangabe der Ware dar.
Die Ware umfasst die nachfolgende Beschaffenheit, über die der Kunde hiermit aufgeklärt wird: ...[vom Verwender zu definieren]...

(b) Die Ware umfasst die nachfolgende Beschaffenheit, über die der Kunde hiermit aufgeklärt wird: ...[vom Verwender zu definieren]...

8. Erhält der Kunde eine mangelhafte Montageanleitung, sind wir lediglich zur Lieferung einer mangelfreien Montageanleitung verpflichtet und dies auch nur dann, wenn der Mangel der Montageanleitung der ordnungsgemäßen Montage entgegensteht.

9. Garantien im Rechtssinne erhält der Kunde durch uns nicht. Herstellergarantien bleiben hiervon unberührt.

**Erläuterungen:**

*zu Ziff. 1* Gemäß §§ 437 Nr. 1, 439 BGB steht dem Käufer bei Vorliegen von Mängeln auf erster Stufe nunmehr die sog. Nacherfüllung zu. Diese besteht gemäß § 439 Abs. 1 BGB alternativ in der Beseitigung des Mangels (Nachbesserung) oder in der Lieferung einer mangelfreien Sache (Ersatzlieferung). Keineswegs besteht nach dem Gesetz aber die in § 439 Abs. 1 BGB suggerierte freie Wahl des Käufers zwischen Ersatzlieferung oder Nachbesserung. Verhältnismäßigkeitserwägungen muss der Käufer im Interesse des Verkäufers ausdrücklich gegen sich gelten lassen. So bestimmt § 439 Abs. 3 BGB, dass der Verkäufer die vom Käufer gewählte Art der Nacherfüllung verweigern kann, wenn sie ihm nur mit unverhältnismäßigen Kosten möglich wäre. Außerdem sind insbesondere der Wert der Sache in mangelfreiem Zustand, die Bedeutung des Mangels und die Frage zu berücksichtigen, ob auf die andere Art der Nacherfüllung ohne erhebliche Nachteile für den Käufer zurückgegriffen werden könnte. Ist die andere Nacherfüllung ohne erhebliche Nachteile für den Käufer, so kann der Verkäufer diese gegen den Willen des Käufers wählen.

Ist der Käufer Unternehmer, erscheint es uns möglich, die vom Gesetz ursprünglich für den Käufer vorgesehene Wahl der Gewährleistungsrechte auf erster Stufe zu Gunsten des Verkäufers abzubedingen. Dafür spricht, dass es Kaufleuten untereinander nicht zugemutet werden kann, ihre Kalkulationen offen zu legen. Daher sollte es auch gegenüber Unternehmern möglich sein, ohne aufwendige Begründung im Rahmen der Verhältnismäßigkeit auftretende Mängel dadurch zu beseitigen, dass nach Wahl des Verkäufers entweder Nachbesserung oder Ersatzlieferung gewährt wird. § 309 Nr. 8 b, bb) BGB (Verbot der Beschränkung auf Nacherfüllung durch AGB) erklärt zwar Allgemeine Geschäftsbedingungen für unwirksam, die bei einem Scheitern der Nacherfüllung die weiteren Gewährleistungsrechte auf zweiter Stufe ausschließen – dies wird durch den vorliegenden Vorschlag jedoch nicht bezweckt.

*zu Ziff. 2* Ist der Käufer Verbraucher, so ist zu berücksichtigen, dass gemäß § 475 Abs. 1 BGB, die §§ 437, 439 BGB beim Verbrauchsgüterkauf zwingendes Recht darstellen. Dieser lässt eine Umkehrung des dem Käufer in § 439 Abs. 1 BGB zugestanden Wahlrechts der Gewährleistungsrechte auf erster Stufe zu

Gunsten des Verkäufers wohl nicht zu. Daher kann gegenüber Verbrauchern das Gesetz an dieser Stelle nur konkretisiert werden.

In der ersten Alternative wurde ausgehend vom Wert der Ware zu Gunsten des Verkäufers eine Entscheidung über die Gewährleistungsrechte erster Stufe vorweg genommen. Da hierdurch die „freie Wahl des Käufers" praktisch aufgehoben wird, stehen diesem Klauselvorschlag zwar Bedenken entgegen. Diese erscheinen den Verfassern aber im Ergebnis nicht durchgreifend, weil der Wille des Gesetzgebers dem nicht entgegen steht. So wird im RegE (BT-Drucks. 14/6040, Seite 80 ff) ausdrücklich auf die bisherige deutsche Vertragspraxis verwiesen, nach der bei hochwertigen Gütern die Ersatzlieferung ganz ausgeschlossen und Wandlung und Minderung nur zugelassen werde, wenn ein Nachbesserungsversuch gescheitert sei. Bei Massenprodukten werde aber üblicherweise uneingeschränkt nur das gesetzliche Recht auf Ersatzlieferung gewährt. Die Verhältnismäßigkeit in § 439 Abs. 3 BGB habe den Zweck, den hinter dieser Praxis stehenden ökonomischen Erwägungen gerecht zu werden – offenbar wollte der Gesetzgeber diese Praxis nicht abändern. Auch aus dem Richtlinienrecht folgen insoweit keine zwingenden Vorgaben. Art. 3 Abs. 3 der EU-Verbrauchsgüterkaufrichtlinie (s. Materialien F IV.2, S. 162) schränkt das Recht des Verbrauchers auf Auswahl der auf erster Stufe stehenden Gewährleistungsrechte ein, wenn die eine Alternative im Hinblick auf den Wert des Verbrauchsgutes ohne die Vertragswidrigkeit unverhältnismäßig erscheint bzw. dem Verkäufer bei Berücksichtigung der Bedeutung der Vertragswidrigkeit die alternative Abhilfemöglichkeit unzumutbar wäre. Daraus schließen die Verfasser, dass eine klare, am Wert der Ware orientierte und durch Allgemeine Geschäftsbedingungen konkretisierte Entscheidung für entweder Nachbesserung oder Ersatzlieferung rechtlich zulässig ist.

Die vom Einzelfall losgelöste pauschale Entscheidung über die Art der Nachbesserung wird freilich nicht jedem Verkäufer allein aufgrund des Kaufpreises möglich sein oder sinnvoll erscheinen. Für die ihm günstigste Wahl können im konkreten Einzelfall andere Kriterien wichtiger sein. Für diesen Fall wurde die zweite Alternative begründet. Rechtliche Bedenken gegen die zweite Alternative bestehen nicht, da diese im wesentlichen ledig- *zu Ziff. 2 (Alt)* lich den Wortlaut des § 439 Abs. 3 BGB wiederholt. Sie erscheint gleichwohl sinnvoll, da der Verbraucher ohne diese Klarstellung durch einen isolierten Blick in § 439 Abs. 1 BGB über den tatsächlichen Inhalt seiner Rechte in die Irre geführt werden könnte.

*zu Ziff. 3* Gemäß § 437 BGB kann der Käufer im Falle der gescheiterten Nacherfüllung nach den §§ 440, 323 und 326 Abs. 5 BGB vom Vertrag zurücktreten, nach § 441 BGB den Kaufpreis mindern und nach den §§ 440, 280, 281, 283 und 311a BGB Schadensersatz oder nach § 284 BGB Ersatz vergeblicher Aufwendungen verlangen. Das neue Gewährleistungsrecht sieht also im Falle des Scheiterns der Nacherfüllung auf zweiter Stufe eine Fülle von Rechtsfolgen vor. Neben der im Klauselvorschlag angesprochenen Möglichkeit der Minderung oder Rückgängigmachung des Vertrages stehen ihm insbesondere noch Schadensersatz und Ersatz der vergeblichen Aufwendungen zu. Für Verbraucher sind diese Handlungsvarianten auf zweiter Stufe gemäß § 475 Abs. 1 BGB zwar zwingendes Recht. Die EU-Verbrauchsgüterkaufrichtlinie (s. Materialien F IV.2, S. 162) sieht jedoch nur die im vorliegenden Klauselvorschlag benannten Rechte vor. Auch die hier vorgeschlagene Geringfügigkeitsschwelle wurde der Richtlinie entnommen. Gemäß Art. 3 Abs. 6 der EU-Verbrauchsgüterkaufrichtlinie hat der Verbraucher bei einer geringfügigen Vertragswidrigkeit keinen Anspruch auf Vertragsauflösung.

Vor diesem Hintergrund sind die Verfasser der Meinung, dass keinerlei Notwendigkeit besteht, den Verbraucher in Allgemeinen Geschäftsbedingungen auch auf die Rechte zum Schadensersatz oder auf Ersatz vergeblicher Aufwendungen hinzuweisen. Dem Harmonisierungsanspruch der EU-Verbrauchsgüterkaufrichtlinie wird dadurch Rechnung getragen, dass die darin vorgesehenen Rechte zweiter Stufe ausdrücklich benannt sind. Das BGB enthält wohl immer noch keine Aufklärungspflicht des Verkäufers über den vollen Umfang der Gewährleistungsrechte von Verbrauchern.

Nachdem die EU-Verbrauchsgüterkaufrichtlinie selbst eine Einschränkung des Rücktrittsrechts bei einer „geringfügigen Vertragswidrigkeit" vorsieht, sollte dieser in den Klauselvorschlag übernommene Rechtsgedanke auch im Recht der Allgemeinen Geschäftsbedingungen keine „unangemessene Benachteiligung" des Käufers im Sinne von § 307 Abs. 1 BGB bewirken.

Im kaufmännischen Verkehr wurden Gewährleistungsansprüche gegenüber dem Verkäufer schon vor der Schuldrechtsmodernisierung von der strikten Rügeverpflichtung der §§ 377, 378 HGB abhängig gemacht. Voraussetzung für das Eingreifen der §§ 377, 378 HGB ist ein Handelsgeschäft im Sinne der §§ 343, 344 HGB. Dann ist jedoch der Besteller verpflichtet, „unverzüglich" nach der „Ablieferung" die Ware auf Mängel zu untersuchen. In Konkretisierung des Kriteriums der „Unverzüglichkeit" wurden in der Klauselpraxis häufig wenige Tage – z.B. drei Arbeitstage – aufgenommen. Die Beweislast für den Zugang der rechtzeitig abgesandten Mängelrüge beim Verkäufer liegt nach Rechtsprechung des BGH beim Käufer (BGH NJW 1988, S. 1190 ff., strittig). *zu Ziff. 4*

Vorliegend wird zur Sicherheit eine Ausdehnung der Rügepflicht auf zwei Wochen vorgeschlagen, weil schon nach der bisherigen Rechtsprechung zu kurze Fristen in Einzelfällen zu einer „unangemessenen Benachteiligung" i.S.d. § 307 Abs. 1 BGB des Käufers führen konnten. Zur Vermeidung der Unangemessenheit wurde außerdem – wie schon bisher – die Rügepflicht auf erkennbare Mängel beschränkt. Im Gegenzug wird klargestellt, dass dem Unternehmer die volle Beweislast auch für den Zeitpunkt der Feststellung des Mangels trifft. Dies ist sachgerecht, weil es dem Verkäufer regelmäßig nicht möglich sein wird, diese tatsächliche Voraussetzung selbst zu beweisen.

Für Verbraucher haben die Verfasser sich für die Aufnahme einer Unterrichtungspflicht entschieden, obwohl in der Literatur hinsichtlich der Einführung der im deutschen Zivilkaufrecht bislang unbekannten „Rügeobliegenheit" zur Vorsicht gemahnt wird (z.B. N. Reich, NJW 1999, S. 2397 ff.). Zwar trifft es zu, dass der Gesetzgeber die ursprünglich geplante Aufnahme einer Rügeobliegenheit ins allgemeine Kaufrecht nicht für zwekkmäßig hielt (Drucks. 14/7052, S. 315) – dies jedoch aus prozessökonomischen Gründen und nicht zum Schutz des Verbrauchers. Die Rügeobliegenheit für Verbraucher könnte ferner gegen die §§ 437, 438, 475 Abs. 2 BGB verstoßen. Es könnte durchaus argumentiert werden, dass durch die vom Gesetz nicht vorgesehene Unterrichtungspflicht die Gewährleistung für Verbraucher „unangemessen" erschwert würde bzw. die gemäß § 475 Abs. 1 BGB zwingende Verjährungsfrist für Verbraucher verkürzt würde. Hiergegen könnte jedoch mit § 442 Abs. 1 S. 1, 2 BGB eingewendet werden, dass auch nach dem zwingenden Inhalt dieser Bestimmungen Mängelgewährleistungsansprüche entfallen, wenn der Verbraucher den Mangel kennt oder grob fahrlässig nicht kennt. Das Gesetz lastet dem Verbraucher folglich die Kenntnis von Mängeln an. Nichts anderes soll aber mit der Unterrichtungspflicht erreicht werden. Weiter lässt auch Art. 5 Abs. 2 der EU-Verbrauchsgüterkaufrichtlinie es ausdrücklich zu, dass zum Nachteil des Verbrauchers eine „Unterrichtungsfrist" von zwei Monaten nach dem Zeitpunkt, zu dem der vertragswidrige Zustand der Ware festgestellt wurde, eingeführt wird. Wenn dies aber den Mitgliedstaaten zugebilligt wird, sollten auch Verkäufer in ihre Allgemeine Geschäftsbedingungen eine entsprechende Klausel aufnehmen können. Bedenkt man weiterhin, dass durch die Schuldrechtsmodernisierung eine Angleichung an das UN-Kaufrecht erreicht werden soll und dieses in Art. 38 UN-Kaufrecht ebenfalls eine Untersuchungspflicht für Waren vorsieht, spricht dies doch dafür, die Rechtmäßigkeit einer Rügeobliegenheit auch für Verbraucher nicht von vornherein zu verneinen. Ob die Rügeobliegenheit für Verbraucher einer höchstrichterlichen Überprüfung stand hält, bleibt abzuwarten.

Die Dauer der Rügepflicht, d.h. binnen einer Frist von zwei Monaten folgt der Regelung des Art. 5 Abs. 2 der EU-Verbrauchsgüterkaufrichtlinien.

Hinsichtlich der Beweislastverteilung sieht § 476 BGB im Hinblick auf den Mangel zu Gunsten von Verbrauchern eine Beweislastumkehr innerhalb der ersten sechs Monate ab Gefahrübergang vor. Es wird vermutet, dass die Ware dann bereits bei Gefahrübergang mangelhaft war. Da diese Bestimmung im dritten Untertitel des Kaufrechts sich nach ihrer systematischen Stellung ausschließlich an Verbraucher richtet, kann sie zu Lasten von Unternehmern auch abbedungen werden. Auf den ersten Blick scheint die Beweislastumkehr zwar auch zum Nachteil von Verbrauchern möglich, zumal das in § 475 BGB aufgenommene Verbot von abweichenden Vereinbarungen eine Abänderung des § 476 BGB (Beweislastumkehr) nicht ausdrücklich vorsieht. Zu berüksichtigen ist jedoch, dass Art. 5 Abs. 3 der EU-Verbrauchsgüterkaufrichtlinie die Vermutung der Vertragswidrigkeit binnen der ersten sechs Monate nach Lieferung des Gutes ebenfalls vorsieht und nach Art. 7 der Richtlinie Vertragsklauseln oder Vereinbarungen, die von Rechten der Richtlinie absehen, für den Verbraucher nicht bindend sind. Folglich kann die gesetzliche

Vermutung zum Nachteil von Verbrauchern bei richtlinienkonformer Auslegung grundsätzlich nicht abbedungen werden. Eine Ausnahme besteht lediglich für gebrauchte und leicht verderbliche Sachen – (BT-Drucks. 14/6040, S. 245). Die Ausnahme wurde entsprechend berücksichtigt.

In § 434 Abs. 1 BGB wurde zum Nachteil der Verkäufer eine Bestimmung aufgenommen, wonach die Beschaffenheit der Ware nicht nur durch den Verkäufer definiert wird, sondern auch durch „öffentliche Äußerungen des Herstellers ... insbesondere in der Werbung ... es sei denn, dass ... [die Äußerung] ... die Kaufentscheidung nicht beeinflussen konnte". Diese Ausdehnung der vertraglich vereinbarten Beschaffenheit durch die Einbeziehung von z.B. Fernsehwerbung stellt gegenüber Verbrauchern zwingendes Recht dar (§ 475 Abs. 1 BGB). Jedoch muss es nach den allgemeinen Regeln zur Beweislastverteilung zulässig sein, dem Verbraucher die Beweislast für seine durch eine bestimmte Herstellerwerbung verursachte Kaufentscheidung aufzubürden, da der Verkäufer über die Motivation des Käufers zur Kaufentscheidung in der Regel keine Tatsachen vortragen kann.

Dieser Klauselvorschlag bezweckt eine Beschränkung der Gewährleistungsrechte auf zweiter Stufe, setzt also ein Scheitern der Nacherfüllung voraus. *zu Ziff. 5* Wählt der Kunde – gleich ob Verbraucher oder Unternehmer – den Rücktritt vom Vertrag, entfallen daneben Schadensersatzansprüche wegen des Mangels. Diese Regelung entsprach bis zum Inkrafttreten des Schuldrechtsmodernisierungsgesetzes der im Kaufrecht grundsätzlich vorgesehenen Alternativität zwischen Rücktritt einerseits und Schadensersatzansprüchen andererseits. Ausnahme hiervon war der sog. große Schadensersatz nach § 463 BGB alt. Eine „Wiedereinführung" des alten Systems zu Gunsten von Verkäufern erscheint möglich. Gemäß § 475 Abs. 3 BGB bezieht sich das Abweichungsverbot in § 475 BGB nicht auf Schadensersatzansprüche. Auch regelt die EU-Verbrauchsgüterkaufrichtlinie keinerlei Schadensersatzansprüche des Verbrauchers, die hier berücksichtigt werden müssten. Somit richtet sich die Zulässigkeit dieses Klauselvorschlages ausschließlich nach den besonderen Bestimmungen für Allgemeine Geschäftsbedingungen §§ 307 ff BGB. Diese enthalten insbesondere in § 309 BGB keinerlei ausdrückliche Beschränkung. Zwar könnte sich aus der Generalklausel des § 307 Abs. 1 Satz

1 BGB die Unwirksamkeit unseres Vorschlages ergeben, wenn dieser den Kunden „entgegen den Geboten von Treu und Glauben unangemessen benachteiligen“ würde. Es erscheint jedoch kaum vertretbar, dass eine Regelung, die über 100 Jahre bis zum 31.12.2001 Leitbild des deutschen Privatrechts war, für ab dem 1.1.2002 vereinbarte Kaufverträge eine „den Geboten von Treu und Glauben“ widersprechende „unangemessene Beteiligung“ darstellen soll.

Mit ähnlichen Erwägungen wurde auch der auf zweiter Gewährleistungsstufe vorgesehene sog. „Schadensersatzanspruch statt der Leistung“ auf den nach alter Terminologie sog. kleinen Schadensersatz reduziert. Der „Schadensersatz statt der Leistung“ gleicht dem großen Schadensersatz alter Terminologie insoweit, als der Verbraucher hier im Rahmen des Schadensersatzes kumulativ Rücktritt vom Vertrag und Ausgleich für über den Kaufpreis hinausreichende Schäden verlangen kann. Der kleine Schadensersatz schließt dagegen den Rücktritt aus und führt zu einer Anrechnung des Wertes der mangelhaften Sache, die beim Verbraucher verbleibt, auf seinen Schadensersatzanspruch gegen den Verkäufer. In vielen Fällen entspricht diese Vorgehensweise praktisch der „Minderung“. Da weder das BGB noch die Verbrauchsgüterkaufrichtlinie (diese enthält keine Bestimmungen zum Schadensersatz) dieser Beschränkung ausdrücklich entgegenstehen, kommt es auch hier darauf an, ob durch diese Regelung eine treuwidrige „unangemessene Benachteiligung“ des Kunden im Sinne von § 307 Abs. 1 BGB bewirkt wird. Dies ist nach Auffassung der Verfasser jedoch nicht der Fall, weil auch der sog. kleine Schadensersatz nach BGB alt, der hier praktisch übernommen wurde, über 100 Jahre dem geltenden Recht entsprach.

*zu Ziff. 6* Gemäß § 438 Abs. 1 Nr. 3 BGB verjähren Gewährleistungsrechte nunmehr grundsätzlich nach zwei Jahren. Eine Beschränkung der Gewährleistungsfrist ist für Verbraucher gemäß § 475 Abs. 2 BGB grundsätzlich nicht möglich. Dies entspricht auch Art. 5 Abs. 1 der EU-Verbrauchsgüterkaufrichtlinie, der ebenfalls eine mindestens zweijährige Verjährungsfrist der Gewährleistungsrechte zu Gunsten von Verbrauchern vorsieht. Lediglich für gebrauchte Güter darf gemäß Art. 7 Abs. 1 der EU-Verbrauchsgüterkaufrichtlinie die Gewährleistungsfrist auf ein Jahr verkürzt werden. § 475 Abs. 2 BGB hat diese

Verkürzungsmöglichkeit für gebrauchte Sachen umgesetzt.

Für Unternehmer gelten die zwingenden Vorgaben der EU-Verbrauchsgüterkaufrichtlinie und des § 475 BGB indes nicht. Hier richtet sich die Möglichkeit zur Verkürzung der Gewährleistung folglich ausschließlich nach § 438 Abs. 1 Nr. 3 i.V.m. § 309 Nr. 8 b ff. BGB. Nach diesen Vorschriften darf die Verjährung von Ansprüchen wegen Mängeln nicht weniger als ein Jahr betragen. Demgemäss wurde für Unternehmer eine einjährige Verjährungsfrist vorgeschlagen. Um Widersprüche auszuschließen, wurde zugleich klargestellt, dass die in Ziff. 4 geregelte Klausel zur Rügepflicht hiervon nicht beeinflusst wird.

Die gesetzlich nunmehr verankerte Lehre vom subjektiven Fehlerbegriff erfährt aus dogmatischer Sicht einige unerfreuliche Einschränkungen. § 434 Abs. 1 BGB sieht vor, dass zur vertraglich vereinbarten Beschaffenheit einer Ware insbesondere auch öffentliche Äußerungen des Verkäufers, des Herstellers oder seiner Gehilfen gehören, z.B. in der Werbung. Der Verkäufer kann diese Äußerungen von seiner Beschaffenheitsangabe nur ausschließen, wenn er sie bis zum Zeitpunkt des Vertragsschlusses in gleichwertiger Weise berichtigt. Ungeklärt ist noch die Frage, wie der Verkäufer gegenüber seinen Kunden rechtswirksam Aussagen „in gleichwertiger Weise berichtigen“ kann. Ist der Kunde Unternehmer, kann die „Werbe-Klausel“ mangels entgegenstehender Bestimmungen durch Allgemeine Geschäftsbedingungen ausgeschlossen werden. Der erste Klauselvorschlag bietet hierfür eine mögliche Formulierung an. *zu Ziff. 7*

Ist der Kunde dagegen Verbraucher, so ist gemäß § 475 Abs. 1 BGB auch der gesamte Inhalt von § 434 BGB zwingendes Recht und kann zum Nachteil von Verbrauchern nicht abbedungen werden. Der Herstellerklauselvorschlag für Unternehmer kann folglich nicht für Verbraucher verwendet werden.

Die Alternative (a) sollte für Unternehmer zulässig sein. Der Unternehmer sollte lediglich darauf achten, dass er durch abweichende Beschaffenheitsangaben der Herstellerklausel nicht widerspricht – in diesem Falle wäre Alternative (a) insgesamt unwirksam. *zu Ziff. 7 (Alt)*

Die Alternative (b) sollte für Verbraucher zulässig sein.

Für diese Alternativen spricht, dass sie die konsequente Umsetzung des nunmehr gesetzlich vorausgesetzten sog. „subjektiven Fehlerbegriffs“ darstellen. So ist gemäß § 434 Abs. 1 S. 1 BGB für die Beurteilung, ob ein Sachmangel vorliegt, die „vereinbarte Beschaffenheit“ maßgeblich. Nur wenn keine Beschaffenheit vereinbart ist, werden objektive Kriterien erforderlich, um beurteilen zu können, ob ein Sachmangel vorliegt. Konsequent hat der Gesetzgeber in § 442 Abs. 1 Satz 1 BGB die Gewährleistungsrechte des Käufers ausgeschlossen, wenn er bei Vertragsschluss den Mangel „kennt“. Auch Art. 2 Abs. 3 der EU-Verbrauchsgüterkaufrichtlinie schließt die dort vorgesehenen Gewährleistungsrechte aus, wenn der Verbraucher zum Zeitpunkt des Vertragsschlusses Kenntnis von der Vertragswidrigkeit hatte oder grob fahrlässig in Unkenntnis darüber blieb. Aus diesen Gründen halten es die Verfasser für sachgerecht, dass über typische „Mängel“ einer Ware auch in Allgemeinen Geschäftsbedingungen aufgeklärt werden darf mit der Folge, dass diese „Mängel“ dann zur vertraglich vereinbarten Beschaffenheit der Ware gehören und nicht mehr zur Ausübung von Gewährleistungsrechten berechtigen. Es muss z.B. beim Kauf eines PC möglich sein, darauf hinzuweisen, dass dieser auch mit dem modernsten Betriebssystem gelegentlich „abstürzen“ kann und dadurch ein schadensträchtiger Datenverlust droht. Es ist gerade im Lichte des subjektiven Fehlerbegriffs nicht einzusehen, warum es allein der richterlichen Würdigung obliegen soll, nach objektiven Kriterien im Sinne von § 434 Abs. 1 Nr. 2 BGB die gewöhnliche Beschaffenheit eines PC zu ermitteln. Ein extensiver, missbräuchlicher Gebrauch dieser Definitionsmöglichkeit durch den Verkäufer würde allerdings auch nach Auffassung der Verfasser zur Rechtswidrigkeit derartiger Klauseln führen. Ob der „Gewährleistungsausschluß durch Aufklärung“ vor Gerichten Bestand hat, wird wohl davon abhängen, ob sich der Verwender hier durch eine erkennbar missbräuchliche Gestaltung der Allgemeinen Geschäftsbedingungen seiner Verantwortung entziehen möchte oder ob es auch aus objektiver Sicht nachvollziehbar und vernünftig erscheint, bestimmte typische „Mängel“ der Ware zu benennen und dadurch die damit verbundenen Gewährleistungsrechte auszuschließen.

§ 434 Abs. 2 BGB erweitert den Sachmangelbegriff auch auf fehlerhafte Montageanleitungen (sog. IKEA-Klausel), wenn die Ware fehlerhaft montiert wurde. Die Verfasser sind der Ansicht, dass eine teleologische Reduktion des Wortlautes von § 434 Abs. 2 Satz 2 BGB („es sei denn, die Sache ist fehlerfrei montiert worden") geboten ist. Nach dem Sinn und Zweck dieser Bestimmung soll die fehlerhafte Montageanleitung wohl lediglich dann einen Sachmangel darstellen, wenn sie für die fehlerhafte Montage der Sache auch ursächlich wird. Könnte der Käufer Gewährleistungsansprüche dagegen aufgrund einer fehlerhaften Montageanleitung geltend machen, obwohl deren Fehler keinerlei Zusammenhang zur fehlerhaften Montage aufweist, wäre die Geltendmachung der Ansprüche aus § 437 BGB nach unserer Auffassung entgegen § 242 BGB unverhältnismäßig und infolgedessen rechtsmissbräuchlich. Die mit der Klausel vorgeschlagene Einschränkung erscheint uns daher für Verbraucher und Unternehmer sachlich angemessen. *zu Ziff. 8*

Die deutsche Schuldrechtsdogmatik unterscheidet zwischen verschuldensabhängiger Gewährleistung einerseits und verschuldensunabhängigen Garantieverträgen andererseits. Echte Garantieerklärungen sollen dem Käufer gegenüber der gesetzlichen Gewährleistung also ein „Mehr" an Rechten bieten, weil der Verkäufer in jedem Fall „ohne wenn und aber" für die vertragsgemäße Beschaffenheit seines Produktes einstehen will. Echte Garantieverträge wurden – entgegen § 306 BGB alt – bislang selbst dann für wirksam erachtet, wenn die garantierte Leistung dem Schuldner von Anfang an unmöglich war (RGZ 137, S. 84 ff.; BGHZ 93, S. 145 ff.) Häufig wurden in der Geschäftspraxis Allgemeine Geschäftsbedingungen von Verkäufern gleichwohl auch dann mit „Garantie" überschrieben, wenn deren Inhalt lediglich dem verschuldensabhängigen Gewährleistungsrecht entsprach. Nach dem Grundsatz „falsa demonstratio non nocet" hatte diese Falschbezeichnung nach früherer Rechtslage jedoch keine Auswirkungen auf den Umfang der geschuldeten Gewährleistung, obwohl dadurch bei Kunden der falsche Eindruck erweckt wurde, besonders günstige Konditionen erhalten zu haben. *zu Ziff. 9*

Nach Art. 6 Abs. 5 der EU-Verbrauchsgüterkaufrichtlinie 1999/44/EG und dem darauf beruhenden § 477 Abs. 3 BGB muss sich nunmehr an einer

„Garantie" festhalten lassen, wer diesen Begriff in seiner Gewährleistung gebraucht (BT-Drucks. 14/6040, S. 81). Gemäß §§ 442, 443 BGB werden die Rechte des Verkäufers im Falle einer Garantie aber nicht nur unerheblich verkürzt – so haftet der Verkäufer selbst dann, wenn der Käufer die als Mangel gerügte Beschaffenheit der Ware hätte kennen müssen und infolgedessen die gesetzliche Gewährleistung ohne Garantieerklärung ausgeschlossen wäre. Um ab dem 1.1.2002 nicht versehentlich in eine uneingeschränkte Haftung gegenüber dem Käufer zu geraten, sollten Verkäufer in ihre Allgemeinen Verkaufsbedingungen daher entweder gar keinen Hinweis auf „Garantien" aufnehmen oder – wie im vorliegenden Klauselvorschlag – klarstellen, dass die Gewährleistung gerade keine Garantie im Rechtssinne enthalten soll.

Der Bestand von Herstellergarantien muss von jedem Klauselvorschlag unberührt bleiben, weil der Verkäufer nicht über die Rechte verfügen kann, die ein Dritter (Hersteller) dem Kunden einräumt. Um einen Verstoß gegen das Transparenzgebot auszuschließen, sollte dies in Allgemeinen Geschäftsbedingungen ausdrücklich erwähnt werden. Diese Klausel hat jedoch keine Auswirkung auf das durch § 434 Abs. 1 BGB verursachte „Problem" der für den Verkäufer grundsätzlich verbindlichen öffentlichen Beschaffenheitsangaben des Herstellers nach § 434 Abs. 1 BGB (dazu Erläuterungen zu Ziff. 4).

## § 8 Haftungsbeschränkungen

§ 8

1. Bei leicht fahrlässigen Pflichtverletzungen beschränkt sich unsere Haftung auf den nach der Art der Ware vorhersehbaren, vertragstypischen, unmittelbaren Durchschnittsschaden. Dies gilt auch bei leicht fahrlässigen Pflichtverletzungen unserer gesetzlichen Vertreter oder Erfüllungsgehilfen.

   Gegenüber Unternehmern haften wir bei leicht fahrlässiger Verletzung unwesentlicher Vertragspflichten nicht.

2. Die vorstehenden Haftungsbeschränkungen betreffen nicht Ansprüche des Kunden aus Produkthaftung. Weiter gelten die Haftungsbeschränkungen nicht bei uns zurechenbaren Körper- und Gesundheitsschäden oder bei Verlust des Lebens des Kunden.

3. Schadensersatzansprüche des Kunden wegen eines Mangels verjähren nach einem Jahr ab Ablieferung der Ware. Dies gilt nicht, wenn uns Arglist vorwerfbar ist.

Alternative zu § 8 Ziff. 3

Schadensersatzansprüche des Kunden wegen eines Mangels verjähren nach einem Jahr ab Ablieferung der Ware. Dies gilt nicht, wenn uns grobes Verschulden vorwerfbar ist, sowie im Falle von uns zurechenbaren Körper- und Gesundheitsschäden oder bei Verlust des Lebens des Kunden.

**Erläuterungen:**

*zu Ziff. 1*

Schon vor der Schuldrechtsmodernisierung konnte im Geschäftsverkehr mit Verbrauchern die Haftung des Verwenders wegen der Verletzung vertraglicher Pflichten bei grobem Verschulden durch Allgemeine Geschäftsbedingungen weder ausgeschlossen noch eingeschränkt werden (§ 11 Nr. 7 AGBG). Nach der Rechtsprechung des Bundesgerichtshofs besteht ein Freizeichnungsverbot für grobes Verschulden auch im Geschäftsverkehr mit Unternehmern (BGH NJW 1988, S. 1785 ff.; BGH NJW 1999, S. 942 f.). § 11 AGBG alt habe eine Indizwirkung für den kaufmännischen Verkehr (BGH NJW 1996, S. 389 ff.; BGH NJW 1998, S. 677 ff.). Das Verschulden seiner Erfüllungsgehilfen bzw. Angestellten wird dem Verwender zugerechnet (BGH NJW 1984, S. 1350 ff.; BGH NJW 1985, S. 914 ff.). Hieran hat sich auch nach der Schuldrechtsmodernisierung nichts geändert, so dass ein Klauselvorschlag für die Abbedingung von grob fahrlässig verursachten Schäden weder gegenüber Verbrauchern, noch gegenüber Unternehmern in Betracht kommt.

Die Verfasser haben auch darauf verzichtet, vorliegend einen allgemeinen Haftungsausschluss für leichte Fahrlässigkeit vorzuschlagen. Dies aus folgenden Gründen:

Der dem Grunde nach vorgenommene Haftungsausschluss für leichte Fahrlässigkeit durch Allgemeine Geschäftsbedingungen war bereits nach alter Rechtslage sehr problematisch. So wird in Kommentaren (z.B. Ulmer Brandner Hensen, AGBG-Kommentar, 9. Aufl. 2001, § 9 Rdn. 149) eindringlich davor gewarnt, aus dem Verbot des Haftungsausschlusses für grobe Fahrlässigkeit in § 11 Nr. 7 AGBG alt im Wege des Umkehrschlusses die Zulässigkeit des Haftungsausschlusses für leichte Fahrlässigkeit zu folgern (so aber z.B. Schmidt-Salzer, NJW 1995, S. 1641 ff.; Hager, JZ 1996, S. 175 ff.; missverständlich BGH NJW-RR 1998, S. 1426 ff.). Nach alter Rechtslage war bei leicht fahrlässigen Vertragsverletzungen in den Fällen der §§ 11 Nr. 8 und 11 AGBG alt (Verzug, Unmöglichkeit, zugesicherte Eigenschaften) der dem Grunde nach vorgenommene Haftungsausschluss durch AGB unwirksam. Die höchstrichterliche Rechtsprechung neigte zu einer Ausdehnung des Verbots auf weitere „wesentliche" Pflichtverletzungstatbestände und erklärte bei einem zu weit gefassten Ausschluss der Haftung für leichtes Verschulden entsprechende Klauseln insgesamt für unwirksam (z. B. BGH NJW 1990, 761 ff.).

Nach einer in der Klauselpraxis stark beachteten Interpretation der Rechtsprechung durch das Schrifttum sollte – nach alter Rechtslage – der Haftungsausschluss für leichte Fahrlässigkeit nur dann unzulässig sein, wenn durch den Verwender sog. Kardinalpflichten verletzt wurden (Nachweise bei Ulmer Brandner Hensen, a.a.O., § 11 Rn. 26). Unter Kardinalpflichten sind dabei die „wesentlichen" Vorbereitungs- und Verhaltenspflichten zu verstehen, ohne deren Erfüllung die Leistung scheitern muss – mit einer gewissen „Schieflage" könnte insoweit auch auf die anderenorts übliche Unterscheidung zwischen Haupt- und Nebenpflichten verwiesen werden. Es ist jedoch äußerst zweifelhaft, ob die Unterscheidung zwischen „wesentlichen" und „unwesentlichen" Vertragspflichten im Lichte der neuen Rechtslage noch Bestand haben kann. § 309 Ziff. 8 lit. a), bb) BGB verbietet nunmehr bei jeder vom Verwender zu vertretenen Pflichtverletzung solche Allgemeine Geschäftsbedingungen, die das Recht des Käufers auf Schadensersatz statt der Leistung ausschließen. Dogmatisch stellt nach neuem Recht auch die Schlechtleistung eine echte Pflichtverletzung dar (vgl. zum neuen System der Leistungsstörungen – noch auf der Grundlage des Diskussionsentwurfes – umfassend Huber, in Zimmermann, S. 31, 93). Nebenpflicht- und Hauptpflichtverletzungen ziehen nunmehr grundsätzlich unterschiedslos die gleichen, dem allgemeinen Leistungsstörungsrecht zu entnehmenden Rechtsfolgen nach sich, auf das auch das Kaufrecht verweist. Nach Auffassung der Verfasser könnte damit auch der Unterscheidung zwischen Kardinal- bzw. wesentlichen und unwesentlichen Vertragspflichten der Boden entzogen werden, soweit in Abhängigkeit von der Art der Pflichtverletzung die Zulässigkeit des Haftungsausschlusses für einfache Fahrlässigkeit bejaht oder verneint wird.

Da gegenüber Unternehmern bei der leicht fahrlässigen Verletzung „unwesentlicher" Vertragspflichten die Rechtsprechung unter Zustimmung von Teilen des Schrifttums die Freizeichnung in einigen Fällen akzeptiert hat (BGH NJW 1985, S. 3016; BGH NJW 1993, S. 335; zustimmend Ulmer Brandner Hensen, a.a.O., § 11 Nr. 7, Rn. 33 f.), haben die Verfasser eine entsprechende Freizeichnungsklausel gleichwohl aufgenommen. Es wird jedoch darauf hingewiesen, dass eine klare Unterscheidung zwischen Klauseln gegenüber Verbrauchern oder Unternehmern der vorhandenen Rechtsprechung nicht entnommen werden kann (so auch Ulmer Brandner Hensen, a.a.O., § 11 Nr. 7, Rn. 24 ff.). Eine vollständige Freizeichnung bei leicht fahrlässiger Verletzung oder Nichterfüllung „wesentlicher Pflichten" wurde vom BGH in mehreren Fällen für unwirksam erklärt (BGH NJW 1985, S. 3016 ff.; BGH

NJW 1994, S. 1060 ff.; BGH NJW-RR 1996, S. 783 ff.; BGH NJW 1998, S. 1403 ff.). Es wird daher davon abgesehen, den Klauselvorschlag auszudehnen.

Die auch gegenüber Verbrauchern vorgeschlagene Klausel bewirkt dagegen eine Haftungsbeschränkung für auf die nach der Art der Ware vertragstypischen, vorhersehbaren, unmittelbaren Durchschnittsschäden. Von der höchstrichterlichen Rechtsprechung wurden insoweit schon vor der Schuldrechtsreform Haftungsbeschränkungen für wirksam erachtet, die bei leichter Fahrlässigkeit untypische und exzessive Schadensrisiken ausschließen (BGH WM 1985 S. 1535 ff.; BGH WM 1991, 459 ff.; BGH NJW 1994, S. 335 ff.; BGH NJW-RR 1998, S. 1426 ff.; BGH NJW 1993, S. 335 ff.; zustimmend Ulmer Brandner Hensen, a.a.O.; § 11 Nr. 7, Rn. 27).

Unzulässig ist nach der höchstrichterlichen Rechtsprechung die Haftungsbeschränkung auf pauschale Beträge ohne Rücksicht auf den Verschuldensgrad (OLG Düsseldorf VersR 1991, S. 240 ff.).

*zu Ziff. 2* Der in Ziff. 2 aufgenommene Verweis auf die von diesem Vorschlag unberührt bleibende Haftung des Herstellers nach dem Produkthaftungsgesetz (ProdHaftG) dient im Lichte des Transparenzgebotes des § 307 Abs. 1 S. 2 BGB nur der Klarstellung – schon nach § 14 ProdHaftG war jede Haftungsbeschränkung insoweit unwirksam. Der frühere § 11 Ziff. 7 AGBG enthielt für den Verkäufer dagegen kein ausdrückliches Haftungsbeschränkungsverbot für Körper- und Gesundheitsschäden sowie für den Verlust des Lebens. § 309 Nr. 7 i. V. m. Nr. 8 lit. a), bb) BGB erweitert nunmehr das Verbot der Haftungsbeschränkung „bei einer vom Verwender zu vertretenden Pflichtverletzung" auch ausdrücklich auf Verletzungen von Leben, Körper und Gesundheit des Kunden. Um eine Unwirksamkeit der in Ziff. 1 vorgeschlagenen Haftungsbeschränkung zu vermeiden, sollte in den Allgemeinen Geschäftsbedingungen ein Hinweis aufgenommen werden, dass in diesen Fällen die Haftung nie ausgeschlossen oder eingeschränkt ist.

*zu Ziff. 3 u. zu. Ziff.3 (Alt)* Ein Kernanliegen der Schuldrechtsmodernisierung war die umfassende Neuregelung des Verjährungsrechts (vgl. einführend Leenen, JZ 2001, S. 552 ff.). Die in etwa 130 Vorschriften verteilten Verjährungsbestimmungen trugen nicht zu dessen Übersichtlichkeit bei (Däubler-Gmelin, NJW 2001, S. 2281 ff. [2282]). Außerdem führte die unterschiedliche Verjährungsdauer von Ansprüchen vielfach zu sachlich nicht zu rechtfertigenden Ergebnissen, weshalb die Rechtsprechung zur Vermeidung von Wertungswidersprüchen gerade im Kaufrecht eigene Wege ging. Da sich Gesetzeswortlaut und Gewohnheitsrecht in einigen Konstellationen kaum noch in Einklang bringen ließen, entstand selbst für Juristen eine kaum noch transparente Rechtslage. Ob dieser Missstand durch die Schuldrechtsmodernisierung wirklich beseitigt wird, bleibt zweifelhaft. Bei der Anfertigung des vorliegenden Klauselvorschlages stießen die Verfasser jedenfalls auf neue Unklarheiten. Daher wurden im vorliegenden Zusammenhang zwei Klauselvorschläge aufgenommen, wovon der erste die Rechtsauffassung der Verfasser wiedergibt und der zweite eine „konservativere" Literaturmeinung. Sollte sich die konservativere Meinung durchsetzen, wäre der erste Vorschlag unwirksam.

Auch nach der Schuldrechtsmodernisierung ist im Hinblick auf die Verjährung von Ansprüchen zwischen Schadensersatz und Gewährleistung zu unterscheiden. Gemäß der zwingenden Bestimmung in § 475 Abs. 2 BGB müssen Unternehmer Verbrauchern beim Kauf neuwertiger Ware eine Gewährleistungsfrist von mindestens zwei Jahren einräumen (vgl. dazu Erläuterungen zu § 7 Ziff. 6). Diese Bestimmung gilt jedoch gemäß § 475 Abs. 3 BGB nicht für Schadensersatzansprüche des Verbrauchers gegenüber Unternehmern. Hintergrund hierfür ist wohl, dass die EU-Verbrauchsgüterkaufrichtlinie keinerlei Vorgaben für das nationale Schadensersatzrecht enthält, auch nicht im Rahmen der Gewährleistung.

§ 438 Abs. 1 Ziff. 1 BGB sieht bei beweglichen Sachen, die nicht für ein Bauwerk verwendet wurden, eine Verjährungsfrist von zwei Jahren vor. Gemäß § 309 Ziff. 8 b, ff) BGB darf diese Frist durch Allgemeine Geschäftsbedingungen ausdrücklich verkürzt werden, sofern dies nicht „zu einer weniger als ein Jahr betragenden Verjährungsfrist ab dem gesetzlichen Verjährungsbeginn führt". Fristbeginn ist dabei die Ablieferung der Ware. Daraus schließen die Verfasser, dass die hier vorgeschlagene Verjährungsverkürzung auf ein Jahr grundsätzlich zulässig ist. Eine Ausnahme gilt unzweifelhaft nach § 438 Abs. 3 BGB für arglistiges Verhalten des Verkäufers. Hier richtet sich die Verjährung nach den allgemeinen Vorschriften.

Folgerichtig umfasst auch § 309 Ziff. 8 b, ff) BGB diesen Fall nicht. Um eine Unwirksamkeit des Klauselvorschlages zu vermeiden, muss in Allgemeinen Geschäftsbedingungen auf jeden Fall ein entsprechender Hinweis auf den Sonderfall „Arglist" aufgenommen werden.

Eine Literaturmeinung (Leenen, JZ 2001, S. 552 ff., [557 f.]) versteht die Verkürzung der Verjährungsfrist auf ein Jahr als unwirksame „Begrenzung der Haftung" im Sinne von § 309 Ziff. 7 BGB. Sie beruft sich insoweit auf die zur alten Rechtslage ergangene Rechtsprechung des BGH (BGHZ 38, S.150 ff. [155]; BGH NJW-RR 1987, S. 1252 ff. [1253 f.]). Da eine geltungserhaltende Reduktion von unzulässigen Allgemeinen Geschäftsbedingungen bislang nicht anerkannt wurde, müssten diese insgesamt als unwirksam betrachtet werden, wenn die in § 309 Ziff. 7 BGB vorgegebene Differenzierung in entsprechende Haftungsbeschränkungen nicht übernommen werde. Diese Auffassung übersieht aber, dass im AGBG noch keine dem § 309 Ziff. 8 b, ff) BGB (Erleichterung der Verjährung) entsprechende Beschränkungsmöglichkeit der Haftung auf ein Jahr vorgesehen war. Untersagt war nach § 11 Ziff. 10 AGBG alt lediglich die Verkürzung der alten Gewährleistungsfrist von sechs Monaten. Es fragt sich somit, welchen Sinn § 309 Ziff. 8 b, ff) BGB haben soll, wenn die darin ausdrücklich vorgesehene Verkürzungsmöglichkeit der Verjährungsfrist aufgrund des allgemeiner gefassten § 309 Ziff. 7 BGB doch wieder unzulässig sein soll. Nach allgemeiner Auslegungslehre ist im übrigen seit jeher anerkannt, dass die speziellere Vorschrift der allgemeineren Bestimmung vorgeht.

## § 9 Schlussbestimmungen

**§ 9**

1. **Es gilt das Recht der Bundesrepublik Deutschland. Die Bestimmungen des UN-Kaufrechts finden keine Anwendung.**

2. **Ist der Kunde Kaufmann, juristische Person des öffentlichen Rechts oder öffentlich-rechtliches Sondervermögen, ist ausschließlicher Gerichtsstand für alle Streitigkeiten aus diesem Vertrag unser Geschäftssitz. Dasselbe gilt, wenn der Kunde keinen allgemeinen Gerichtsstand in Deutschland hat oder Wohnsitz oder gewöhnlicher Aufenthalt im Zeitpunkt der Klageerhebung nicht bekannt sind.**

3. **Sollten einzelne Bestimmungen des Vertrages mit dem Kunden einschließlich dieser Allgemeinen Geschäftsbedingungen ganz oder teilweise unwirksam sein oder werden, so wird hierdurch die Gültigkeit der übrigen Bestimmungen nicht berührt. Die ganz oder teilweise unwirksame Regelung soll durch eine Regelung ersetzt werden, deren wirtschaftlicher Erfolg dem der unwirksamen möglichst nahe kommt.**

**Erläuterungen:**

Die Vereinbarung der Geltung des Rechts der Bundesrepublik Deutschland *zu Ziff. 1* gewinnt eine zusätzliche Qualität, sofern die AGB im Bereich des E-Commerce zur Anwendung kommen. Aufgrund des Art. 3 E-Commerce-Richtlinie (s. Materialien F IV.4, S. 183) gilt bei der Prüfung des anzuwendenden Rechts das „Herkunftslandprinzip". Dies gewinnt insbesondere im wettbewerbsrechtlichen Bereich Bedeutung. Denn die Rechtmäßigkeit einer Handlung ist danach stets nach dem Recht des Landes zu beurteilen, in dem sie ihren Ursprung hat. Mit der Vereinbarung der Geltung des Rechts der Bundesrepublik Deutschland ist damit zugleich die Anwendbarkeit des deutschen Wettbewerbsrechts vorgegeben.

Obwohl durch das Gesetz zur Modernisierung des Schuldrechts das deutsche Leistungsstörungs- und Kaufrecht an das UN-Kaufrecht angeglichen wird, erscheint ein Ausschluss des UN-Kaufrechts weiterhin angezeigt. Denn eine wesentliche Abweichung des BGB vom UN-Kaufrecht bleibt bestehen, da das UN-Kaufrecht für den Kauf vom Garantieprinzip ausgeht, das in Art. 79 des UN-Kaufrechts eingeschränkt wird, während nach dem BGB traditionell und auch nach der Schuldrechtsmodernisierung weiterhin vom Verschuldensprinzip ausgegangen wird.

*zu Ziff. 2* Das Gesetz zur Modernisierung des Schuldrechts hat keine Änderungen hinsichtlich der Zulässigkeit von Gerichtsstandsklauseln bewirkt. Auch weiterhin sind Gerichtsstandsvereinbarungen nur unter Vollkaufleuten gemäß § 38 Abs. 1 ZPO zugelassen. Gleiches gilt für den Fall, dass die Gerichtsstandsvereinbarung an den Erfüllungsort angeknüpft wird, da § 29 Abs. 2 ZPO auch diese Vereinbarung nur zwischen Vollkaufleuten gestattet. Die sich jetzt in § 310 BGB befindende Regelung zum persönlichen Anwendungsbereich der Vorschriften bei Allgemeinen Geschäftsbedingungen, die eine Privilegierung des „Unternehmers" i. S. d. § 14 BGB schafft, ändert daran nichts.

Ziff. 2 Satz 2 des AGB-Musters beruht auf der Ausnahmeregelung des § 38 Abs. 2 ZPO, die auch im nicht-kaufmännischen Bereich Geltung beansprucht.

Neu sind jedoch die internetspezifischen Änderungen in Art. 15 Abs. 1 lit. c) EuGV VO. Art. 15 EuGV VO bestimmt, in welchen Fällen die Gerichtsstandregeln des Art. 16 EuGV VO zur Anwendung gelangen. Danach kann der Verbraucher zwischen dem Gericht an seinem Wohnsitz und dem Sitz seines Vertragspartners wählen. Dieser Gerichtsstand kann nur zugunsten des Verbrauchers und auch nur nach Entstehen der Streitigkeit vertraglich abgeändert werden. Zu beachten ist, dass Verbraucher i.S.d. § 15 EuGV VO nicht mehr derjenige ist, der Verträge zum Zwecke der Ausübung einer zukünftigen beruflichen oder gewerblichen Tätigkeit abschließt. Des weiteren liegt eine Neuregelung des Art. 15 Abs. 1 lit. c) EuGV VO der Verbrauchergerichsstand nach Art. 16 EuGV VO vor, wenn die gewerbliche Tätigkeit auf den Wohnsitzstaat des Verbrauchers „ausgerichtet" ist. Damit ist die alleinige Ausrichtung der Tätigkeit auf den Wohnsitzstaat des Verbrauchers schon zuständigkeitsbegründend. Im Bereich des E-Commerce wird dadurch die Frage aufgeworfen, wann eine Webseite eines Anbieters auf den Wohnsitzstaat des Verbrauchers i. S. d. Art. 15 Abs. 1 lit. c) EuGV VO „ausgerichtet" ist. Der Legislativvorschlag des EU-Parlaments in der Version des Rechtsausschusses vom 18.9.2000 weist darauf hin, dass ein „ausgerichtet sein" schon angenommen werden kann, wenn ein Internetangebot im Wohnsitzstaat des Verbrauchers abrufbar ist und dieses nicht erkennbar Verträge mit Verbrauchern aus diesem Land ausschließt. Daraus folgt für den Verkäufer, der einen Gerichtsstand im Europäischen Ausland vermeiden will, dass er ausdrücklich sein Angebot auf seinen Mitgliedsstaat eingrenzt, z.B. durch einen Disclaimer. Auf der Grundlage des Transparenzgebotes des § 307 Abs. 1 Satz 2 BGB sollte ein derartiger Disclaimer auf der Webseite gut sichtbar platziert sein und in § 1 der AGB durch Fettdruck hervorgehoben werden.

Salvatorische Klauseln stehen weiterhin im Wertungswiderspruch zum Regelungsgehalt des jetzigen § 306 Abs. 2 BGB, wonach sich der Inhalt des Vertrages nach den gesetzlichen Vorschriften richtet, soweit Bestimmungen nicht Vertragsbestandteil geworden oder unwirksam sind. Da salvatorische Klauseln die in § 306 Abs. 2 BGB vorgesehene Geltung des dispositiven Rechts zu verdrängen suchen, sind diese als vorformulierte salvatorische Klauseln aufgrund des jetzigen § 307 Abs. 2 Ziff. 1 BGB als unwirksam anzusehen. Mithin können salvatorische Klauseln nur dann Wirkung entfalten, wenn das dispositive Recht keine entsprechenden Regelungen für die als unwirksam qualifizierte Regelung schafft. Für diese Fälle empfiehlt sich die Aufnahme der salvatorischen Klausel. *zu Ziff. 3*

# F. Materialien

## I. Synopse Kaufrecht (BGB)

### Neues Recht

**§ 121 Anfechtungsfrist**
(1) Die Anfechtung muss in den Fällen der §§ 119, 120 ohne schuldhaftes Zögern (unverzüglich) erfolgen, nachdem der Anfechtungsberechtigte von dem Anfechtungsgrund Kenntnis erlangt hat. Die einem Abwesenden gegenüber erfolgte Anfechtung gilt als rechtzeitig erfolgt, wenn die Anfechtungserklärung unverzüglich abgesendet worden ist.
(2) Die Anfechtung ist ausgeschlossen, wenn seit der Abgabe der Willenserklärung zehn Jahre verstrichen sind.

**§§ 122 – 123**

**§ 124 Anfechtungsfrist**
(1) Die Anfechtung einer nach § 123 anfechtbaren Willenserklärung kann nur binnen Jahresfrist erfolgen.
(2) Die Frist beginnt im Falle der arglistigen Täuschung mit dem Zeitpunkt, in welchem der Anfechtungsberechtigte die Täuschung entdeckt, im Fall der Drohung mit dem Zeitpunkt, in welchem die Zwangslage aufhört. Auf den Lauf der Frist finden die für die Verjährung geltenden Vorschriften der §§ 206, 210 und 211 entsprechende Anwendung.
(3) Die Anfechtung ist ausgeschlossen, wenn seit der Abgabe der Willenserklärung zehn Jahre verstrichen sind.

**§§ 125 – 193**

**§ 194 Gegenstand der Verjährung**
(1) Das Recht, von einem anderen ein Tun oder Unterlassen zu verlangen (Anspruch), unterliegt der Verjährung.
(2) Ansprüche aus einem familienrechtlichen Verhältnis unterliegen der Verjährung nicht, soweit sie auf die Herstellung des dem Verhältnis entsprechenden Zustandes für die Zukunft gerichtet sind.

**§ 195 Regelmäßige Verjährungsfrist**
Die regelmäßige Verjährungsfrist beträgt drei Jahre.

### Altes Recht

**§ 121 [Anfechtungsfrist]**
(1) Die Anfechtung muss in den Fällen der §§ 119, 120 ohne schuldhaftes Zögern (unverzüglich) erfolgen, nachdem der Anfechtungsberechtigte von dem Anfechtungsgrund Kenntnis erlangt hat. Die einem Abwesenden gegenüber erfolgte Anfechtung gilt als rechtzeitig erfolgt, wenn die Anfechtungserklärung unverzüglich abgesendet worden ist.
(2) Die Anfechtung ist ausgeschlossen, wenn seit der Abgabe der Willenserklärung dreißig Jahre verstrichen sind.

**§§ 122, 123 gelten unverändert fort.**

**§ 124 [Anfechtungsfrist]**
(1) Die Anfechtung einer nach § 123 anfechtbaren Willenserklärung kann nur binnen Jahresfrist erfolgen.
(2) Die Frist beginnt im Falle der arglistigen Täuschung mit dem Zeitpunkt, in welchem der Anfechtungsberechtigte die Täuschung entdeckt, im Falle der Drohung mit dem Zeitpunkt, in welchem die Zwangslage aufhört. Auf den Lauf der Frist finden die für die Verjährung geltenden Vorschriften des § 203 Abs. 2 und der §§ 206, 207 entsprechende Anwendung.
(3) Die Anfechtung ist ausgeschlossen, wenn seit der Abgabe der Willenserklärung dreißig Jahre verstrichen sind.

**§§ 125 – 193 gelten unverändert fort.**

**§ 194 [Verjährung, Gegenstand; Anspruch]**
(1) Das Recht, von einem anderen ein Tun oder ein Unterlassen zu verlangen (Anspruch), unterliegt der Verjährung.
(2) Der Anspruch aus einem familienrechtlichen Verhältnis unterliegt der Verjährung nicht, soweit er auf die Herstellung des dem Verhältnis entsprechenden Zustandes für die Zukunft gerichtet ist.

**§ 195 [Verjährungsfrist, Regelmäßige]**
Die regelmäßige Verjährungsfrist beträgt dreißig Jahre.

**§ 196 Verjährungsfrist bei Rechten an einem Grundstück**

Ansprüche auf Übertragung des Eigentums an einem Grundstück sowie auf Begründung, Übertragung oder Aufhebung eines Rechts an einem Grundstück oder auf Änderung des Inhalts eines solchen Rechts sowie Ansprüche auf die Gegenleistung verjähren in zehn Jahren.

**§ 196 [Verjährungsfrist, Zweijährige; Verjährungsfrist, Vierjährige]**

(1) In zwei Jahren verjähren die Ansprüche:

1. der Kaufleute, Fabrikanten, Handwerker und derjenigen, welche ein Kunstgewerbe betreiben, für Lieferung von Waren, Ausführung von Arbeiten und Besorgung fremder Geschäfte, mit Einschluss der Auslagen, es sei denn, dass die Leistung für den Gewerbebetrieb des Schuldners erfolgt;
2. derjenigen, welche Land- oder Forstwirtschaft betreiben, für Lieferung von land- oder forstwirtschaftlichen Erzeugnissen, sofern die Lieferung zur Verwendung im Haushalt des Schuldners erfolgt;
3. der Eisenbahnunternehmungen, Magnetschwebebahnunternehmen, Frachtfuhrleute, Schiffer, Lohnkutscher und Boten wegen des Fahrgeldes, der Fracht, des Fuhr- und Botenlohns, mit Einschluss der Auslagen;
4. der Gastwirte und derjenigen, welche Speisen oder Getränke gewerbsmäßig verabreichen, für Gewährung von Wohnung und Beköstigung sowie für andere den Gästen zur Befriedigung ihrer Bedürfnisse gewährte Leistungen, mit Einschluss der Auslagen;
5. derjenigen, welche Lotterielose vertreiben, aus dem Vertrieb der Lose, es sei denn, dass die Lose zum Weitervertrieb geliefert werden;
6. derjenigen, welche bewegliche Sachen gewerbsmäßig vermieten, wegen der Miete;
7. derjenigen, welche, ohne zu den in Nummer 1 bezeichneten Personen zu gehören, die Besorgung fremder Geschäfte oder die Leistung von Diensten gewerbsmäßig betreiben, wegen der ihnen aus dem Gewerbebetrieb gebührenden Vergütungen, mit Einschluss der Auslagen;
8. derjenigen, welche im Privatdienst stehen, wegen des Gehalts, Lohnes oder anderer Dienstbezüge, mit Einschluss der Auslagen, sowie der Dienstberechtigten wegen der auf solche Ansprüche gewährten Vorschüsse;
9. der gewerblichen Arbeiter - Gesellen, Gehilfen, Lehrlinge, Fabrikarbeiter -, der Tagelöhner und Handarbeiter wegen des Lohnes und anderer an Stelle oder als Teil des Lohnes vereinbarter Leistungen, mit Einschluss der Auslagen, sowie der Arbeitgeber wegen der auf solche Ansprüche gewährten Vorschüsse;
10. der Lehrherren und Lehrmeister wegen des Lehrgeldes und anderer im Lehrvertrag verein-

barter Leistungen sowie wegen der für die Lehrlinge bestrittenen Auslagen;
11. der öffentlichen Anstalten, welche dem Unterricht, der Erziehung, Verpflegung oder Heilung dienen, sowie der Inhaber von Privatanstalten solcher Art für Gewährung von Unterricht, Verpflegung oder Heilung und für die damit zusammenhängenden Aufwendungen;
12. derjenigen, welche Personen zur Verpflegung oder zur Erziehung aufnehmen, für Leistungen und Aufwendungen der in Nummer 11 bezeichneten Art;
13. der öffentlichen Lehrer und der Privatlehrer wegen ihrer Honorare, die Ansprüche der öffentlichen Lehrer jedoch nicht, wenn sie auf Grund besonderer Einrichtungen gestundet sind;
14. der Ärzte, insbesondere auch der Wundärzte, Geburtshelfer, Zahnärzte und Tierärzte, sowie der Hebammen für ihre Dienstleistungen, mit Einschluss der Auslagen;
15. der Rechtsanwälte, Notare sowie aller Personen, die zur Besorgung gewisser Geschäfte öffentlich bestellt oder zugelassen sind, wegen ihrer Gebühren und Auslagen, soweit nicht diese zur Staatskasse fließen;
16. der Parteien wegen der ihren Rechtsanwälten geleisteten Vorschüsse;
17. der Zeugen und Sachverständigen wegen ihrer Gebühren und Auslagen.
(2) Soweit die im Absatz 1 Nr. 1, 2, 5 bezeichneten Ansprüche nicht der Verjährung von zwei Jahren unterliegen, verjähren sie in vier Jahren.

**§ 197 Dreißigjährige Verjährungsfrist**
(1) In 30 Jahren verjähren, soweit nicht ein anderes bestimmt ist,
1. Herausgabeansprüche aus Eigentum und anderen dinglichen Rechten,
2. familien- und erbrechtliche Ansprüche,
3. rechtskräftig festgestellte Ansprüche,
4. Ansprüche aus vollstreckbaren Vergleichen oder vollstreckbaren Urkunden und
5. Ansprüche, die durch die im Insolvenzverfahren erfolgte Feststellung vollstreckbar geworden sind.
(2) Soweit Ansprüche nach Absatz 1 Nr. 2 regelmäßig wiederkehrende Leistungen oder Unterhaltsleistungen und

**§ 218 [Rechtskräftig festgestellter Anspruch, Verjährung]**
(1) Ein rechtskräftig festgestellter Anspruch verjährt in dreißig Jahren, auch wenn er an sich einer kürzeren Verjährung unterliegt. Das Gleiche gilt von dem Anspruch aus einem vollstreckbaren Vergleich oder einer vollstreckbaren Urkunde sowie von einem Anspruch, welcher durch die im Insolvenzverfahren erfolgte Feststellung vollstreckbar geworden ist.
(2) Soweit sich die Feststellung auf regelmäßig wiederkehrende, erst künftig fällig werdende Leistungen bezieht, bewendet es bei der kürzeren Verjährungsfrist.

Ansprüche nach Absatz 1 Nr. 3 bis 5 künftig fällig werdende regelmäßig wiederkehrende Leistungen zum Inhalt haben, tritt an die Stelle der Verjährungsfrist von 30 Jahren die regelmäßige Verjährungsfrist.

**§ 197 [Verjährungsfrist, Vierjährige]**
In vier Jahren verjähren die Ansprüche auf Rückstände von Zinsen, mit Einschluss der als Zuschlag zu den Zinsen zum Zwecke allmählicher Tilgung des Kapitals zu entrichtenden Beträge, die Ansprüche auf Rückstände von Miete und Pacht, soweit sie nicht unter die Vorschrift des § 196 Abs. 1 Nr. 6 fallen, und die Ansprüche auf Rückstände von Renten, Auszugsleistungen, Besoldungen, Wartegeldern, Ruhegehalten, Unterhaltsbeiträgen und allen anderen regelmäßig wiederkehrenden Leistungen.

**§ 198 Verjährung bei Rechtsnachfolge**

Gelangt eine Sache, hinsichtlich derer ein dinglicher Anspruch besteht, durch Rechtsnachfolge in den Besitz eines Dritten, so kommt die während des Besitzes des Rechtsvorgängers verstrichene Verjährungszeit dem Rechtsnachfolger zugute.

**§ 221 [Verjährungszeit bei Rechtsnachfolge, Anrechnung]**
Gelangt eine Sache, in Ansehung deren ein dinglicher Anspruch besteht, durch Rechtsnachfolge in den Besitz eines Dritten, so kommt die während des Besitzes des Rechtsvorgängers verstrichene Verjährungszeit dem Rechtsnachfolger zustatten.

**§ 199 Beginn der regelmäßigen Verjährungsfrist und Höchstfristen**
(1) Die regelmäßige Verjährungsfrist beginnt mit dem Schluß des Jahres, in dem

1. der Anspruch entstanden ist, und

2. der Gläubiger von den den Anspruch begründenden Umständen und der Person des Schuldners Kenntnis erlangt oder ohne grobe Fahrlässigkeit erlangen müsste.

(2) Schadensersatzansprüche, die auf der Verletzung des Lebens, des Körpers, der Gesundheit oder der Freiheit beruhen, verjähren ohne Rücksicht auf ihre Entstehung und die

**§ 198 [Verjährung, Regelmäßiger Beginn]**

Die Verjährung beginnt mit der Entstehung des Anspruchs.

**§ 199 [Erforderliche Kündigung, Verjährungsbeginn]**
Kann der Berechtigte die Leistung erst verlangen, wenn er dem Verpflichteten gekündigt hat, so beginnt die Verjährung mit dem Zeitpunkt, von welchem an die Kündigung zulässig ist. Hat der Verpflichtete die Leistung erst zu bewirken, wenn seit der Kündigung eine bestimmte Frist verstrichen ist, so wird der Beginn der Verjährung um die Dauer der Frist hinausgeschoben.

**§ 852 [Verjährung]**
(1) Der Anspruch auf Ersatz des aus einer unerlaubten Handlung entstandenen Schadens verjährt in drei Jahren von dem Zeitpunkt an, in welchem der Verletzte von dem Schaden und der Person des Ersatzpflichtigen Kenntnis erlangt, ohne Rücksicht auf diese Kenntnis in dreißig Jahren von der Begehung der Handlung an.

| | |
|---|---|
| Kenntnis oder grob fahrlässige Unkenntnis in 30 Jahren von der Begehung der Handlung, der Pflichtverletzung oder dem sonstigen, den Schaden auslösenden Ereignis an.<br>(3) Sonstige Schadensersatzansprüche verjähren<br>1. ohne Rücksicht auf die Kenntnis oder grob fahrlässige Unkenntnis in zehn Jahren von ihrer Entstehung an, und<br>2. ohne Rücksicht auf ihre Entstehung und die Kenntnis oder grob fahrlässige Unkenntnis in 30 Jahren von der Begehung der Handlung, der Pflichtverletzung oder dem sonstigen, den Schaden auslösenden Ereignis an. Maßgeblich ist die früher endende Frist.<br>(4) Andere Ansprüche als Schadensersatzansprüche verjähren ohne Rücksicht auf die Kenntnis oder grob fahrlässige Unkenntnis in zehn Jahren von ihrer Entstehung an. | |
| (5) Geht der Anspruch auf ein Unterlassen, so tritt an die Stelle der Entstehung die Zuwiderhandlung. | **§ 198 [Verjährung, Regelmäßiger Beginn]**<br>[Satz 2:] Geht der Anspruch auf ein Unterlassen, so beginnt die Verjährung mit der Zuwiderhandlung. |
| **§ 200 Beginn anderer Verjährungsfristen**<br>Die Verjährungsfrist von Ansprüchen, die nicht der regelmäßigen Verjährungsfrist unterliegen, beginnt mit der Entstehung des Anspruchs, soweit nicht ein anderer Verjährungsbeginn bestimmt ist. § 199 Abs. 5 findet entsprechende Anwendung. | |
| **§ 201 Beginn der Verjährungsfrist von festgestellten Ansprüchen**<br>Die Verjährung von Ansprüchen der in § 197 Abs. 1 Nr. 3 bis 5 bezeichneten Art beginnt mit der Rechtskraft der Entscheidung, der Errichtung des vollstreckbaren Titels oder der Feststellung im Insolvenzverfahren, nicht jedoch vor der Entstehung des Anspruchs. § 199 Abs. 5 findet entsprechende Anwendung. | |
| **§ 202 Unzulässigkeit von Vereinbarungen über die Verjährung**<br>(1) Die Verjährung kann bei Haftung wegen Vorsatzes nicht im Voraus durch Rechtsgeschäft erleichtert werden.<br>(2) Die Verjährung kann durch Rechtsgeschäft nicht über eine Verjährungsfrist von 30 Jahren ab dem gesetzlichen Verjährungsbeginn hinaus erschwert werden. | **§ 225 [Vereinbarung über Verjährung]**<br>Die Verjährung kann durch Rechtsgeschäft weder ausgeschlossen noch erschwert werden. Erleichterung der Verjährung, insbesondere Abkürzung der Verjährungsfrist, ist zulässig. |

**§ 203 Hemmung der Verjährung bei Verhandlungen**
Schweben zwischen dem Schuldner und dem Gläubiger Verhandlungen über den Anspruch oder die den Anspruch begründenden Umstände, so ist die Verjährung gehemmt, bis der eine oder der andere Teil die Fortsetzung der Verhandlungen verweigert. Die Verjährung tritt frühestens drei Monate nach dem Ende der Hemmung ein.

**§ 852 [Verjährung]**

(2) Schweben zwischen dem Ersatzpflichtigen und dem Ersatzberechtigten Verhandlungen über den zu leistenden Schadensersatz, so ist die Verjährung gehemmt, bis der eine oder der andere Teil die Fortsetzung der Verhandlung verweigert.

**§ 204 Hemmung der Verjährung durch Rechtsverfolgung**
(1) Die Verjährung wird gehemmt durch
1. die Erhebung der Klage auf Leistung oder auf Feststellung des Anspruchs, auf Erteilung der Vollstreckungsklausel oder auf Erlass des Vollstreckungsurteils,
2. die Zustellung des Antrags im vereinfachten Verfahren über den Unterhalt Minderjähriger,

3. die Zustellung des Mahnbescheids im Mahnverfahren,

4. die Veranlassung der Bekanntgabe des Güteantrags, der bei einer durch die Landesjustizverwaltung eingerichteten oder anerkannten Gütestelle oder, wenn die Parteien den Einigungsversuch einvernehmlich unternehmen, bei einer sonstigen Gütestelle, die Streitbeilegungen betreibt, eingereicht ist; wird die Bekanntgabe demnächst nach der Einreichung des Antrags veranlasst, so tritt die Hemmung der Verjährung bereits mit der Einreichung ein,
5.die Geltendmachung der Aufrechnung des Anspruchs im Prozess,
6. die Zustellung der Streitverkündung,

7.die Zustellung des Antrags auf Durchführung eines selbständigen Beweisverfahrens,
8.den Beginn eines vereinbarten Begutachtungsverfahrens oder die Beauftragung des Gutachters in dem Verfahren nach § 641a,
9. die Zustellung des Antrags auf Erlass eines Arrestes, einer einstweiligen Verfügung oder einer einstweiligen Anordnung, oder, wenn der Antrag nicht zugestellt wird, dessen Einreichung, wenn der Arrestbefehl, die einstweilige Verfügung oder die einstweilige Anordnung innerhalb eines Monats seit Verkündung oder Zustellung an den Gläubiger dem Schuldner zugestellt wird,

**§ 209 [Unterbrechung der Verjährung, gerichtliche Geltendmachung]**
(1) Die Verjährung wird unterbrochen, wenn der Berechtigte auf Befriedigung oder auf Feststellung des Anspruchs, auf Erteilung der Vollstreckungsklausel oder auf Erlassung des Vollstreckungsurteils Klage erhebt.
(2) Der Erhebung der Klage stehen gleich:
1b. die Zustellung eines Antrags im vereinfachten Verfahren zur Festsetzung von Unterhalt;
(2) Der Erhebung der Klage stehen gleich:
1. die Zustellung eines Mahnbescheids im Mahnverfahren;

**§ 639 [Verjährung, Hemmung und Unterbrechung]**
(1) Auf die Verjährung der im § 638 bezeichneten Ansprüche des Bestellers finden die für die Verjährung der Ansprüche des Käufers geltenden Vorschriften des § 477 Abs. 2, 3 und der §§ 478, 479 entsprechende Anwendung.

10. die Anmeldung des Anspruchs im Insolvenzverfahren oder im Schifffahrtsrechtlichen Verteilungsverfahren,

11. den Beginn des schiedsrichterlichen Verfahrens,

12. die Einreichung des Antrags bei einer Behörde, wenn die Zulässigkeit der Klage von der Vorentscheidung dieser Behörde abhängt und innerhalb von drei Monaten nach Erledigung des Gesuchs die Klage erhoben wird; dies gilt entsprechend für bei einem Gericht oder bei einer in Nummer 4 bezeichneten Gütestelle zu stellende Anträge, deren Zulässigkeit von der Vorentscheidung einer Behörde abhängt,

13. die Einreichung des Antrags bei dem höheren Gericht, wenn dieses das zuständige Gericht zu bestimmen hat und innerhalb von drei Monaten nach Erledigung des Gesuchs die Klage erhoben oder der Antrag, für den die Gerichtsstandsbestimmung zu erfolgen hat, gestellt wird, und

14. die Veranlassung der Bekanntgabe des erstmaligen Antrags auf Gewährung von Prozesskostenhilfe; wird die Bekanntgabe demnächst nach der Einreichung des Antrags veranlasst, so tritt die Hemmung der Verjährung bereits mit der Einreichung ein.

(2) Die Hemmung nach Absatz 1 endet sechs Monate nach der rechtskräftigen Entscheidung oder anderweitigen Beendigung des eingeleiteten Verfahrens.

**§ 220 [Verjährung, Anspruch sonstiges Verfahren]**

(1) Ist der Anspruch vor einem Schiedsgericht oder einem besonderen Gericht, vor einem Verwaltungsgericht oder einer Verwaltungsbehörde geltend zu machen, so finden die Vorschriften der §§ 209 bis 213, 215, 216, 218, 219 entsprechende Anwendung.

**§ 211 [Unterbrechung der Verjährung, Klageerhebung]**

(1) Die Unterbrechung durch Klageerhebung dauert fort, bis der Prozess rechtskräftig entschieden oder anderweit erledigt ist.

**§ 212a [Unterbrechung der Verjährung, Güteantrag]**

Die Unterbrechung durch Anbringung des Güteantrags dauert bis zur Erledigung des Güteverfahrens und, wenn an dieses Verfahren sich ein Streitverfahren unmittelbar anschließt, nach Maßgabe der §§ 211, 212 fort. Gerät das Güteverfahren dadurch, dass es nicht betrieben wird, in Stillstand, so finden die Vorschriften des § 211 Abs. 2 entsprechende Anwendung. Wird der Güteantrag zurückgenommen, so gilt die Unterbrechung der Verjährung als nicht erfolgt.

**§ 213 [Unterbrechung der Verjährung, Mahnbescheid]**

Auf die Unterbrechung durch Zustellung eines

Mahnbescheids im Mahnverfahren finden die Vorschriften des § 212a entsprechende Anwendung. Die Unterbrechung gilt als nicht erfolgt, wenn der Mahnbescheid seine Kraft verliert (§ 701 ZPO).

**§ 214 [Unterbrechung der Verjährung, Forderungsanmeldung im Insolvenzverfahren]**

(1) Die Unterbrechung durch Anmeldung im Insolvenzverfahren dauert fort, bis das Insolvenzverfahren beendigt ist.

(2) Die Unterbrechung gilt als nicht erfolgt, wenn die Anmeldung zurückgenommen wird.

(3) Wird bei der Beendigung des Konkurses für eine Forderung, die infolge eines bei der Prüfung erhobenen Widerspruchs in Prozess befangen ist, ein Betrag zurückbehalten, so dauert die Unterbrechung auch nach der Beendigung des Insolvenzverfahrens fort; das Ende der Unterbrechung bestimmt sich nach den Vorschriften des § 211.

(4) Auf die Unterbrechung durch Anmeldung im Seerechtlichen Verteilungsverfahren sind die Absätze 1 bis 3 entsprechend anzuwenden.

**§ 215 [Unterbrechung der Verjährung, Aufrechnung im Prozess, Streitverkündung]**

(1) Die Unterbrechung durch Geltendmachung der Aufrechnung im Prozess oder durch Streitverkündung dauert fort, bis der Prozess rechtskräftig entschieden oder anderweit erledigt ist; die Vorschriften des § 211 Abs. 2 finden Anwendung.

(2) Die Unterbrechung gilt als nicht erfolgt, wenn nicht binnen sechs Monaten nach der Beendigung des Prozesses Klage auf Befriedigung oder Feststellung des Anspruchs erhoben wird. Auf diese Frist finden die Vorschriften der §§ 203, 206, 207 entsprechende Anwendung.

Gerät das Verfahren dadurch in Stillstand, dass die Parteien es nicht betreiben, so tritt an die Stelle der Beendigung des Verfahrens die letzte Verfahrenshandlung der Parteien, des Gerichts oder der sonst mit dem Verfahren befassten Stelle. Die Hemmung beginnt erneut, wenn eine der Parteien das Verfahren weiter betreibt.

(3) Auf die Frist nach Absatz 1 Nr. 9, 12 und 13 finden die §§ 206, 210 und 211 entsprechende Anwendung.

**§ 211 [Unterbrechung der Verjährung, Klageerhebung]**

(2) Gerät der Prozess infolge einer Vereinbarung oder dadurch, dass er nicht betrieben wird, in Stillstand, so endigt die Unterbrechung mit der letzten Prozesshandlung der Parteien oder des Gerichts. Die nach der Beendigung der Unterbrechung beginnende neue Verjährung wird dadurch, dass eine der Parteien den Prozess weiterbetreibt, in gleicher Weise wie durch Klageerhebung unterbrochen.

**§ 205 Hemmung der Verjährung bei Leistungsverweigerungsrecht**
Die Verjährung ist gehemmt, solange der Schuldner auf Grund einer Vereinbarung mit dem Gläubiger vorübergehend zur Verweigerung der Leistung berechtigt ist.

**§ 202 [Hemmung der Verjährung, Rechtsgründe]**
(1) Die Verjährung ist gehemmt, solange die Leistung gestundet oder der Verpflichtete aus einem anderen Grund vorübergehend zur Verweigerung der Leistung berechtigt ist.
(2) Diese Vorschrift findet keine Anwendung auf die Einrede des Zurückbehaltungsrechts, des nicht erfüllten Vertrags, der mangelnden Sicherheitsleistung, der Vorausklage sowie auf die nach § 770 dem Bürgen und nach den §§ 2014, 2015 dem Erben zustehenden Einreden.

**§ 206 Hemmung der Verjährung bei höherer Gewalt**
Die Verjährung ist gehemmt, solange der Gläubiger innerhalb der letzten sechs Monate der Verjährungsfrist durch höhere Gewalt an der Rechtsverfolgung gehindert ist.

**§ 203 [Hemmung der Verjährung, Stillstand der Rechtspflege, Höhere Gewalt]**
(1) Die Verjährung ist gehemmt, solange der Berechtigte durch Stillstand der Rechtspflege innerhalb der letzten sechs Monate der Verjährungsfrist an der Rechtsverfolgung verhindert ist.
(2) Das gleiche gilt, wenn eine solche Verhinderung in anderer Weise durch höhere Gewalt herbeigeführt wird.

**§ 207 Hemmung der Verjährung aus familiären und ähnlichen Gründen**
(1) Die Verjährung von Ansprüchen zwischen Ehegatten ist gehemmt, solange die Ehe besteht. Das Gleiche gilt für Ansprüche zwischen
1. Lebenspartnern, solange die Lebenspartnerschaft besteht,
2. Eltern und Kindern und dem Ehegatten eines Elternteils und dessen Kindern während der Minderjährigkeit der Kinder,
3. dem Vormund und dem Mündel während der Dauer des Vormundschaftsverhältnisses,
4. dem Betreuten und dem Betreuer während der Dauer des Betreuungsverhältnisses, und
5. dem Pflegling und dem Pfleger während der Dauer der Pflegschaft. Die Verjährung von Ansprüchen des Kindes gegen den Beistand ist während der Dauer der Beistandschaft gehemmt.
(2) § 208 bleibt unberührt.

**§ 204 [Hemmung der Verjährung, Familienrechtliche Beziehungen]**
Die Verjährung von Ansprüchen zwischen Ehegatten ist gehemmt, solange die Ehe besteht. Das Gleiche gilt von Ansprüchen zwischen Eltern und Kindern während der Minderjährigkeit der Kinder und von Ansprüchen zwischen dem Vormund und dem Mündel während der Dauer des Vormundschaftsverhältnisses. Satz 1 gilt entsprechend für Ansprüche zwischen Lebenspartnern, solange die Lebenspartnerschaft besteht.

**§ 208 Hemmung der Verjährung bei Ansprüchen wegen Verletzung der sexuellen Selbstbestimmung**
Die Verjährung von Ansprüchen wegen Verletzung der sexuellen Selbstbestimmung ist bis zur Vollendung des 21. Lebensjahres des Gläubigers gehemmt. Lebt der Gläubiger von Ansprüchen wegen Verletzung der sexuellen Selbstbestimmung bei Beginn der Verjährung

**keine Entsprechung**

mit dem Schuldner in häuslicher Gemeinschaft, so ist die Verjährung auch bis zur Beendigung der häuslichen Gemeinschaft gehemmt.

**§ 209 Wirkung der Hemmung**
Der Zeitraum, während dessen die Verjährung gehemmt ist, wird in die Verjährungsfrist nicht eingerechnet.

**§ 205 [Hemmung der Verjährung, Wirkung]**
Der Zeitraum, während dessen die Verjährung gehemmt ist, wird in die Verjährungsfrist nicht eingerechnet.

**§ 210 Ablaufhemmung bei nicht voll Geschäftsfähigen**
(1) Ist eine geschäftsunfähige oder in der Geschäftsfähigkeit beschränkte Person ohne gesetzlichen Vertreter, so tritt eine für oder gegen sie laufende Verjährung nicht vor dem Ablauf von sechs Monaten nach dem Zeitpunkt ein, in dem die Person unbeschränkt geschäftsfähig oder der Mangel der Vertretung behoben wird. Ist die Verjährungsfrist kürzer als sechs Monate, so tritt der für die Verjährung bestimmte Zeitraum an die Stelle der sechs Monate.
(2) Absatz 1 findet keine Anwendung, soweit eine in der Geschäftsfähigkeit beschränkte Person prozessfähig ist.

**§ 206 [Ablaufhemmung, Mangelnde Geschäftsfähigkeit]**
(1) Ist eine geschäftsunfähige oder in der Geschäftsfähigkeit beschränkte Person ohne gesetzlichen Vertreter, so wird die gegen sie laufende Verjährung nicht vor dem Ablauf von sechs Monaten nach dem Zeitpunkt vollendet, in welchem die Person unbeschränkt geschäftsfähig wird oder der Mangel der Vertretung aufhört. Ist die Verjährungsfrist kürzer als sechs Monate, so tritt der für die Verjährung bestimmte Zeitraum an die Stelle der sechs Monate.
(2) Diese Vorschriften finden keine Anwendung, soweit eine in der Geschäftsfähigkeit beschränkte Person prozessfähig ist.

**§ 211 Ablaufhemmung in Nachlassfällen**

Die Verjährung eines Anspruchs, der zu einem Nachlass gehört oder sich gegen einen Nachlass richtet, tritt nicht vor dem Ablauf von sechs Monaten nach dem Zeitpunkt ein, in dem die Erbschaft von dem Erben angenommen oder das Insolvenzverfahren über den Nachlass eröffnet wird oder von dem an der Anspruch von einem oder gegen einen Vertreter geltend gemacht werden kann. Ist die Verjährungsfrist kürzer als sechs Monate, so tritt der für die Verjährung bestimmte Zeitraum an die Stelle der sechs Monate.

**§ 207 [Ablaufhemmung, Nachlassangelegenheiten]**
Die Verjährung eines Anspruchs, der zu einem Nachlass gehört oder sich gegen einen Nachlass richtet, wird nicht vor dem Ablauf von sechs Monaten nach dem Zeitpunkt vollendet, in welchem die Erbschaft von dem Erben angenommen oder das Insolvenzverfahren über den Nachlass eröffnet wird oder von welchem an der Anspruch von einem Vertreter oder gegen einen Vertreter geltend gemacht werden kann. Ist die Verjährungsfrist kürzer als sechs Monate, so tritt der für die Verjährung bestimmte Zeitraum an die Stelle der sechs Monate.

**§ 212 Neubeginn der Verjährung**

(1) Die Verjährung beginnt erneut, wenn
1. der Schuldner dem Gläubiger gegenüber den Anspruch durch Abschlagszahlung, Zinszahlung, Sicherheitsleistung oder in anderer Weise anerkennt, oder

**§ 208 [Unterbrechung der Verjährung, Anerkenntnis]**
Die Verjährung wird unterbrochen, wenn der Verpflichtete dem Berechtigten gegenüber den Anspruch durch Abschlagzahlung, Zinszahlung, Sicherheitsleistung oder in anderer Weise anerkennt.

2. eine gerichtliche oder behördliche Vollstreckungshandlung vorgenommen oder beantragt wird.

**§ 217 [Unterbrechung der Verjährung, Wirkung]**
Wird die Verjährung unterbrochen, so kommt die bis zur Unterbrechung verstrichene Zeit nicht in Betracht;

(2) Der erneute Beginn der Verjährung infolge einer Vollstreckungshandlung gilt als nicht eingetreten, wenn die Vollstreckungshandlung auf Antrag des Gläubigers oder wegen Mangels der gesetzlichen Voraussetzungen aufgehoben wird.
(3) Der erneute Beginn der Verjährung durch den Antrag auf Vornahme einer Vollstreckungshandlung gilt als nicht eingetreten, wenn dem Antrag nicht stattgegeben oder der Antrag vor der Vollstreckungshandlung zurükkgenommen oder die erwirkte Vollstreckungshandlung nach Absatz 2 aufgehoben wird.

**§ 216 [Unterbrechung der Verjährung, Vornahme von Vollstreckungshandlungen]**
(1) Die Unterbrechung durch Vornahme einer Vollstreckungshandlung gilt als nicht erfolgt, wenn die Vollstreckungsmaßregel auf Antrag des Berechtigten oder wegen Mangels der gesetzlichen Voraussetzungen aufgehoben wird.
(2) Die Unterbrechung durch Stellung des Antrags auf Zwangsvollstreckung gilt als nicht erfolgt, wenn dem Antrag nicht stattgegeben oder der Antrag vor der Vornahme der Vollstreckungshandlung zurückgenommen oder die erwirkte Vollstreckungsmaßregel nach Absatz 1 aufgehoben wird.

**§ 213 Hemmung, Ablaufhemmung und erneuter Beginn der Verjährung bei anderen Ansprüchen**
Die Hemmung, die Ablaufhemmung und der erneute Beginn der Verjährung gelten auch für Ansprüche, die aus demselben Grund wahlweise neben dem Anspruch oder an seiner Stelle gegeben sind.

**§ 214 Wirkung der Verjährung**
(1) Nach Eintritt der Verjährung ist der Schuldner berechtigt, die Leistung zu verweigern.
(2) Das zur Befriedigung eines verjährten Anspruchs Geleistete kann nicht zurückgefordert werden, auch wenn in Unkenntnis der Verjährung geleistet worden ist. Das gleiche gilt von einem vertragsmäßigen Anerkenntnis sowie einer Sicherheitsleistung des Schuldners.

**§ 222 [Verjährung, Wirkung]**
(1) Nach der Vollendung der Verjährung ist der Verpflichtete berechtigt, die Leistung zu verweigern.
(2) Das zur Befriedigung eines verjährten Anspruchs Geleistete kann nicht zurückgefordert werden, auch wenn die Leistung in Unkenntnis der Verjährung bewirkt worden ist. Das Gleiche gilt von einem vertragsmäßigen Anerkenntnis sowie einer Sicherheitsleistung des Verpflichteten.

**§ 215 Aufrechnung und Zurückbehaltungsrecht nach Eintritt der Verjährung**
Die Verjährung schließt die Aufrechnung und die Geltendmachung eines Zurückbehaltungsrechts nicht aus, wenn der Anspruch in dem Zeitpunkt noch nicht verjährt war, in dem erstmals aufgerechnet oder die Leistung verweigert werden konnte.

**§ 390 [Aufrechnung, Ausschluss bei einredebehafteter Forderung]**
[Satz 2:] Die Verjährung schließt die Aufrechnung nicht aus, wenn die verjährte Forderung zu der Zeit, zu welcher sie gegen die andere Forderung aufgerechnet werden konnte, noch nicht verjährt war.

**§ 216 Wirkung der Verjährung bei gesicherten Ansprüchen**
(1) Die Verjährung eines Anspruchs, für den eine Hypothek, eine Schiffshypothek oder ein Pfandrecht besteht, hindert den Gläubiger nicht, seine Befriedigung aus dem belasteten Gegenstand zu suchen.

**§ 223 [Sicherungsrechte, Auswirkung der Verjährung]**
(1) Die Verjährung eines Anspruchs, für den eine Hypothek, eine Schiffshypothek oder ein Pfandrecht besteht, hindert den Berechtigten nicht, seine Befriedigung aus dem verhafteten Gegenstand zu suchen.

| | |
|---|---|
| (2) Ist zur Sicherung eines Anspruchs ein Recht verschafft worden, so kann die Rückübertragung nicht auf Grund der Verjährung des Anspruchs gefordert werden. Ist das Eigentum vorbehalten, so kann der Rücktritt vom Vertrag auch erfolgen, wenn der gesicherte Anspruch verjährt ist. | (2) Ist zur Sicherung eines Anspruchs ein Recht übertragen worden, so kann die Rückübertragung nicht auf Grund der Verjährung des Anspruchs gefordert werden. |
| (3) Die Absätze 1 und 2 finden keine Anwendung auf die Verjährung von Ansprüchen auf Zinsen und andere wiederkehrende Leistungen. | (3) Diese Vorschriften finden keine Anwendung bei der Verjährung von Ansprüchen auf Rückstände von Zinsen oder anderen wiederkehrenden Leistungen. |
| **§ 217 Verjährung von Nebenleistungen** | **§ 224 [Ansprüche auf Nebenleistungen, Verjährung]** |
| Mit dem Hauptanspruch verjährt der Anspruch auf die von ihm abhängenden Nebenleistungen, auch wenn die für diesen Anspruch geltende besondere Verjährung noch nicht eingetreten ist. | Mit dem Hauptanspruch verjährt der Anspruch auf die von ihm abhängenden Nebenleistungen, auch wenn die für diesen Anspruch geltende besondere Verjährung noch nicht vollendet ist. |
| **§ 218 Unwirksamkeit des Rücktritts**<br>(1) Der Rücktritt wegen nicht oder nicht vertragsgemäß erbrachter Leistung ist unwirksam, wenn der Anspruch auf die Leistung oder der Nacherfüllungsanspruch verjährt ist und der Schuldner sich hierauf beruft. Dies gilt auch, wenn der Schuldner nach § 275 Abs. 1 bis 3, § 439 Abs. 3 oder § 635 Abs. 3 nicht zu leisten braucht und der Anspruch auf die Leistung oder der Nacherfüllungsanspruch verjährt wäre. § 216 Abs. 2 Satz 2 bleibt unberührt.<br>(2) § 214 Abs. 2 findet entsprechende Anwendung. | **keine Entsprechung** |
| **§§ 219 – 225** | **§§ 219 - 225 sind weggefallen.** |
| **§§ 226 – 240** | **§§ 226 - 240 gelten unverändert fort.** |
| **§ 241 Schuldverhältnis und Leistungspflicht**<br>(1) Kraft des Schuldverhältnisses ist der Gläubiger berechtigt, von dem Schuldner eine Leistung zu fordern. Die Leistung kann auch in einem Unterlassen bestehen.<br>(2) Das Schuldverhältnis kann nach seinem Inhalt jeden Teil zur Rücksicht auf die Rechte, Rechtssgüter und Interessen des anderen Teils verpflichten. | **§ 241 [Schuldverhältnis, Begriff, Inhalt]**<br>Kraft des Schuldverhältnisses ist der Gläubiger berechtigt, von dem Schuldner eine Leistung zu fordern. Die Leistung kann auch in einem Unterlassen bestehen. |
| **§§ 241a – 243** | **§§ 241a - 243 gelten unverändert fort.** |
| **§ 244 Geldschuld** | **§ 244 [Geldschuld in ausländischer Währung]** |
| (1) Ist eine in einer anderen Währung als Euro ausgedrückte Geldschuld im Inland zu zahlen, so | (1) Ist eine in ausländischer Währung ausgedrückte Geldschuld im Inland zu zahlen, so kann |

kann die Zahlung in Euro erfolgen, es sei denn, dass Zahlung in der anderen Währung ausdrücklich vereinbart ist.
(2) Die Umrechnung erfolgt nach dem Kurswerte, der zur Zeit der Zahlung für den Zahlungsort maßgeblich ist.

die Zahlung in Reichswährung erfolgen, es sei denn, dass Zahlung in ausländischer Währung ausdrücklich bedungen ist.
(2) Die Umrechnung erfolgt nach dem Kurswert, der zur Zeit der Zahlung für den Zahlungsort maßgebend ist.

**§§ 245 – 246**

**§§ 245 - 246 gelten unverändert fort.**

**§ 247 Basiszinssatz**
(1) Der Basiszinssatz beträgt 3,62 Prozent. Er verändert sich zum 1. Januar und 1. Juli eines jeden Jahres um die Prozentpunkte, um welche die Bezugsgröße seit der letzten Veränderung des Basiszinssatzes gestiegen oder gefallen ist. Bezugsgröße ist der Zinssatz für die jüngste Hauptrefinanzierungsoperation der Europäischen Zentralbank vor dem ersten Kalendertag des betreffenden Halbjahres.
(2) Die Deutsche Bundesbank gibt den geltenden Basiszinssatz unverzüglich nach den in Absatz 1 Satz 2 genannten Zeitpunkten im Bundesanzeiger bekannt.

**keine Entsprechung**

**§§ 248 – 274**

**§§ 248 - 274 gelten unverändert fort.**

**§ 275 Ausschluss der Leistungspflicht**

(1) Der Anspruch auf Leistung ist ausgeschlossen, soweit diese für den Schuldner oder für jedermann unmöglich ist.

(2) Der Schuldner kann die Leistung verweigern, soweit diese einen Aufwand erfordert, der unter Beachtung des Inhalts des Schuldverhältnisses und der Gebote von Treu und Glauben in einem groben Missverhältnis zu dem Leistungsinteresse des Gläubigers steht. Bei der Bestimmung der dem Schuldner zuzumutenden Anstrengungen ist auch zu berücksichtigen, ob der Schuldner das Leistungshindernis zu vertreten hat.
(3) Der Schuldner kann die Leistung ferner verweigern, wenn er die Leistung persönlich zu erbringen hat und sie ihm unter Abwägung des seiner Leistung entgegenstehenden Hindernisses mit dem Leistungsinteresse des Gläubigers nicht zugemutet werden kann.
(4) Die Rechte des Gläubigers bestimmen sich nach den §§ 280, 283 bis 285, 311a und 326.

**§ 275 [Unmöglichkeit, Nachträgliche nicht zu vertretende]**
(1) Der Schuldner wird von der Verpflichtung zur Leistung frei, soweit die Leistung infolge eines nach der Entstehung des Schuldverhältnisses eintretenden Umstandes, den er nicht zu vertreten hat, unmöglich wird.
(2) Einer nach der Entstehung des Schuldverhältnisses eintretenden Unmöglichkeit steht das nachträglich eintretende Unvermögen des Schuldners zur Leistung gleich.

**§ 276 Verantwortlichkeit des Schuldners**
(1) Der Schuldner hat Vorsatz und Fahrlässigkeit zu vertreten,

**§ 276 [Haftung des Schuldners, Maßstab]**
(1) Der Schuldner hat, sofern nicht ein anderes bestimmt ist, Vorsatz und Fahrlässigkeit zu vertreten.

| | |
|---|---|
| | **§ 279 [Nachträgliches Unvermögen bei Gattungsschuld]**<br>Ist der geschuldete Gegenstand nur der Gattung nach bestimmt, so hat der Schuldner, solange die Leistung aus der Gattung möglich ist, sein Unvermögen zur Leistung auch dann zu vertreten, wenn ihm ein Verschulden nicht zur Last fällt. |
| wenn eine strengere oder mildere Haftung weder bestimmt noch aus dem sonstigen Inhalt des Schuldverhältnisses, insbesondere aus der Übernahme einer Garantie oder eines Beschaffungsrisikos zu entnehmen ist. | **§ 276 [Haftung des Schuldners, Maßstab]** |
| Die Vorschriften der §§ 827 und 828 finden entsprechende Anwendung. | (1) [Satz 3:] Die Vorschriften der §§ 827, 828 finden Anwendung. |
| (2) Fahrlässig handelt, wer die im Verkehr erforderliche Sorgfalt außer Acht lässt. | (1) [Satz 2:] Fahrlässig handelt, wer die im Verkehr erforderliche Sorgfalt außer Acht lässt. |
| (3) Die Haftung wegen Vorsatzes kann dem Schuldner nicht im Voraus erlassen werden. | (2) Die Haftung wegen Vorsatzes kann dem Schuldner nicht im Voraus erlassen werden. |
| **§ 277** | **§ 277 gilt unverändert fort.** |
| **§ 278**<br>Der Schuldner hat ein Verschulden seines gesetzlichen Vertreters und der Personen, deren er sich zur Erfüllung seiner Verbindlichkeit bedient, in gleichem Umfange zu vertreten wie eigenes Verschulden. Die Vorschrift des § 276 Abs. 3 findet keine Anwendung. | **§ 278 [Fremdes Verschulden, Zurechnung]**<br>Der Schuldner hat ein Verschulden seines gesetzlichen Vertreters und der Personen, deren er sich zur Erfüllung seiner Verbindlichkeit bedient, in gleichem Umfang zu vertreten wie eigenes Verschulden. Die Vorschrift des § 276 Abs. 2 findet keine Anwendung. |
| **§ 279** | **§ 279 ist weggefallen.** |
| **§ 280 Schadensersatz wegen Pflichtverletzung**<br>(1) Verletzt der Schuldner eine Pflicht aus dem Schuldverhältnis, so kann der Gläubiger Ersatz des hierdurch entstehenden Schadens verlangen. | **§ 280 [Haftung bei zu vertretender Unmöglichkeit]**<br>(1) Soweit die Leistung infolge eines von dem Schuldner zu vertretenden Umstandes unmöglich wird, hat der Schuldner dem Gläubiger den durch die Nichterfüllung entstehenden Schaden zu ersetzen. |
| Dies gilt nicht, wenn der Schuldner die Pflichtverletzung nicht zu vertreten hat. | **§ 282 [Vertretenmüssen, Beweislast]**<br>Ist streitig, ob die Unmöglichkeit der Leistung die Folge eines von dem Schuldner zu vertretenden Umstandes ist, so trifft die Beweislast den Schuldner. |
| (2) Schadensersatz wegen Verzögerung der Leistung kann der Gläubiger nur unter der zusätzlichen Voraussetzung des § 286 verlangen.<br>(3) Schadensersatz statt der Leistung kann der Gläubiger nur unter den zusätzlichen Voraussetzungen des § 281, des § 282 oder des § 283 verlangen. | |
| **§ 281 Schadensersatz statt der Leistung wegen nicht oder nicht wie geschuldet erbrachter Leistung**<br>(1) Soweit der Schuldner die fällige Leistung nicht oder nicht wie geschuldet erbringt, kann | **§ 280 [Haftung bei zu vertretender Unmöglichkeit]**<br>(2) Im Falle teilweiser Unmöglichkeit kann der Gläubiger unter Ablehnung des noch möglichen Teiles der Leistung Schadensersatz wegen |

der Gläubiger unter den Voraussetzungen des § 280 Abs. 1 Schadensersatz statt der Leistung verlangen, wenn er dem Schuldner erfolglos eine angemessene Frist zur Leistung oder Nacherfüllung bestimmt hat. Hat der Schuldner eine Teilleistung bewirkt, so kann der Gläubiger Schadensersatz statt der ganzen Leistung nur verlangen, wenn er an der Teilleistung kein Interesse hat. Hat der Schuldner die Leistung nicht wie geschuldet bewirkt, so kann der Gläubiger Schadensersatz statt der ganzen Leistung nicht verlangen, wenn die Pflichtverletzung unerheblich ist.

(2) Die Fristsetzung ist entbehrlich, wenn der Schuldner die Leistung ernsthaft und endgültig verweigert oder wenn besondere Umstände vorliegen, die unter Abwägung der beiderseitigen Interessen die sofortige Geltendmachung des Schadensersatzanspruchs rechtfertigen.

(3) Kommt nach der Art der Pflichtverletzung eine Fristsetzung nicht in Betracht, so tritt an deren Stelle eine Abmahnung.
(4) Der Anspruch auf die Leistung ist ausgeschlossen, sobald der Gläubiger statt der Leistung Schadensersatz verlangt hat.
(5) Verlangt der Gläubiger Schadensersatz statt der ganzen Leistung, so ist der Schuldner zur Rückforderung des Geleisteten nach den §§ 346 bis 348 berechtigt.

**§ 282 Schadensersatz statt der Leistung wegen Verletzung einer Pflicht nach § 241 Abs. 2**
Verletzt der Schuldner eine Pflicht nach § 241 Abs. 2, kann der Gläubiger unter den

Nichterfüllung der ganzen Verbindlichkeit verlangen, wenn die teilweise Erfüllung für ihn kein Interesse hat. Die für das vertragsmäßige Rücktrittsrecht geltenden Vorschriften der §§ 346 bis 356 finden entsprechende Anwendung.

**§ 283 [Verurteilung zur Leistung, Übergang zu Schadenersatz]**
(1) Ist der Schuldner rechtskräftig verurteilt, so kann der Gläubiger ihm zur Bewirkung der Leistung eine angemessene Frist mit der Erklärung bestimmen, dass er die Annahme der Leistung nach dem Ablauf der Frist ablehne. Nach dem Ablauf der Frist kann der Gläubiger Schadensersatz wegen Nichterfüllung verlangen, soweit nicht die Leistung rechtzeitig bewirkt wird; der Anspruch auf Erfüllung ist ausgeschlossen. Die Verpflichtung zum Schadensersatz tritt nicht ein, wenn die Leistung infolge eines Umstandes unmöglich wird, den der Schuldner nicht zu vertreten hat.
(2) Wird die Leistung bis zum Ablauf der Frist nur teilweise nicht bewirkt, so steht dem Gläubiger auch das im § 280 Abs. 2 bestimmte Recht zu.

**§ 286 [Verzugsschaden, Ersatz]**
(1) Der Schuldner hat dem Gläubiger den durch den Verzug entstehenden Schaden zu ersetzen.

(2) Hat die Leistung infolge des Verzugs für den Gläubiger kein Interesse, so kann dieser unter Ablehnung der Leistung Schadensersatz wegen Nichterfüllung verlangen. Die für das vertragsmäßige Rücktrittsrecht geltenden Vorschriften der §§ 346 bis 356 finden entsprechende Anwendung.

Voraussetzungen des § 280 Abs. 1 Schadensersatz statt der Leistung verlangen, wenn ihm die Leistung durch den Schuldner nicht mehr zuzumuten ist.

**§ 283 Schadensersatz statt der Leistung bei Ausschluss der Leistungspflicht**
Braucht der Schuldner nach § 275 Abs. 1 bis 3 nicht zu leisten, kann der Gläubiger unter den Voraussetzungen des § 280 Abs. 1 Schadensersatz statt der Leistung verlangen. § 281 Abs. 1 Satz 2 und 3 und Abs. 5 finden entsprechende Anwendung.

**§ 284 Ersatz vergeblicher Aufwendungen**
Anstelle des Schadensersatzes statt der Leistung kann der Gläubiger Ersatz der Aufwendungen verlangen, die er im Vertrauen auf den Erhalt der Leistung gemacht hat und billigerweise machen durfte, es sei denn, deren Zweck wäre auch ohne die Pflichtverletzung des Schuldners nicht erreicht worden.

**§ 285 Herausgabe des Ersatzes**

(1) Erlangt der Schuldner infolge des Umstandes, auf Grund dessen er die Leistung nach § 275 Abs. 1 bis 3 nicht zu erbringen braucht, für den geschuldeten Gegenstand einen Ersatz oder einen Ersatzanspruch, so kann der Gläubiger Herausgabe des als Ersatz Empfangenen oder Abtretung des Ersatzanspruchs verlangen.
(2) Kann der Gläubiger statt der Leistung Schadensersatz verlangen, so mindert sich dieser, wenn er von dem in Absatz 1 bestimmten Recht Gebrauch macht, um den Wert des erlangten Ersatzes oder Ersatzanspruchs.

**§ 281 [Herausgabe infolge Unmöglichkeit erlangten Vorteils]**
(1) Erlangt der Schuldner infolge des Umstandes, welcher die Leistung unmöglich macht, für den geschuldeten Gegenstand einen Ersatz oder einen Ersatzanspruch, so kann der Gläubiger Herausgabe des als Ersatz Empfangenen oder Abtretung des Ersatzanspruchs verlangen.

(2) Hat der Gläubiger Anspruch auf Schadensersatz wegen Nichterfüllung, so mindert sich, wenn er von dem im Absatz 1 bestimmten Recht Gebrauch macht, die ihm zu leistende Entschädigung um den Wert des erlangten Ersatzes oder Ersatzanspruchs.

**§ 286 Verzug des Schuldners**
(1) Leistet der Schuldner auf eine Mahnung des Gläubigers nicht, die nach dem Eintritt der Fälligkeit erfolgt, so kommt er durch die Mahnung in Verzug. Der Mahnung stehen die Erhebung der Klage auf die Leistung sowie die Zustellung eines Mahnbescheids im Mahnverfahren gleich.
(2) Der Mahnung bedarf es nicht, wenn
1. für die Leistung eine Zeit nach dem Kalender bestimmt ist,
2. der Leistung ein Ereignis vorauszugehen hat und eine angemessene Zeit für die Leistung in

**§ 284 [Schuldnerverzug, Voraussetzung]**
(1) Leistet der Schuldner auf eine Mahnung des Gläubigers nicht, die nach dem Eintritt der Fälligkeit erfolgt, so kommt er durch die Mahnung in Verzug. Der Mahnung steht die Erhebung der Klage auf die Leistung sowie die Zustellung eines Mahnbescheids im Mahnverfahren gleich.
(2) Ist für die Leistung eine Zeit nach dem Kalender bestimmt, so kommt der Schuldner ohne Mahnung in Verzug, wenn er nicht zu der bestimmten Zeit leistet.
Das Gleiche gilt, wenn der Leistung eine

| | |
|---|---|
| der Weise bestimmt ist, dass sie sich von dem Ereignis an nach dem Kalender berechnen lässt,<br>3. der Schuldner die Leistung ernsthaft und endgültig verweigert,<br>4. aus besonderen Gründen unter Abwägung der beiderseitigen Interessen der sofortige Eintritt des Verzugs gerechtfertigt ist. | Kündigung vorauszugehen hat und die Zeit für die Leistung in der Weise bestimmt ist, dass sie sich von der Kündigung ab nach dem Kalender berechnen lässt. |
| (3) Der Schuldner einer Entgeltforderung kommt spätestens in Verzug, wenn er nicht innerhalb von 30 Tagen nach Fälligkeit und Zugang einer Rechnung oder gleichwertigen Zahlungsaufstellung leistet; dies gilt gegenüber einem Schuldner, der Verbraucher ist, nur, wenn auf diese Folgen in der Rechnung oder Zahlungsaufstellung besonders hingewiesen worden ist. Wenn der Zeitpunkt des Zugangs der Rechnung oder Zahlungsaufstellung unsicher ist, kommt der Schuldner, der nicht Verbraucher ist, spätestens 30 Tage nach Fälligkeit und Empfang der Gegenleistung in Verzug. | (3) Abweichend von den Absätzen 1 und 2 kommt der Schuldner einer Geldforderung 30 Tage nach Fälligkeit und Zugang einer Rechnung oder einer gleichwertigen Zahlungsaufforderung in Verzug. Bei Schuldverhältnissen, die wiederkehrende Geldleistungen zum Gegenstand haben, bleibt Absatz 2 unberührt. |
| | **§ 285 [Schuldnerverzug, Voraussetzung; Verschulden]** |
| (4) Der Schuldner kommt nicht in Verzug, solange die Leistung infolge eines Umstandes unterbleibt, den er nicht zu vertreten hat. | Der Schuldner kommt nicht in Verzug, solange die Leistung infolge eines Umstandes unterbleibt, den er nicht zu vertreten hat. |
| **§ 287 Verantwortlichkeit während des Verzugs** | **§ 287 [Verzug, Erweiterung des Haftungsmaßstabs]** |
| Der Schuldner hat während des Verzugs jede Fahrlässigkeit zu vertreten. Er haftet wegen der Leistung auch für Zufall, es sei denn, dass der Schaden auch bei rechtzeitiger Leistung eingetreten sein würde. | Der Schuldner hat während des Verzugs jede Fahrlässigkeit zu vertreten. Er ist auch für die während des Verzugs durch Zufall eintretende Unmöglichkeit der Leistung verantwortlich, es sei denn, dass der Schaden auch bei rechtzeitiger Leistung eingetreten sein würde. |
| **§ 288 Verzugszinsen** | **§ 288 [Verzugszinsen]** |
| (1) Eine Geldschuld ist während des Verzugs zu verzinsen. Der Verzugszinssatz beträgt für das Jahr fünf Prozentpunkte über dem Basiszinssatz. | (1) Eine Geldschuld ist während des Verzugs für das Jahr mit fünf Prozentpunkten über dem Basiszinssatz nach § 1 des Diskontsatz-Überleitungs-Gesetzes vom 9. Juni 1998 (BGBl. I S. 1242) zu verzinsen. |
| (2) Bei Rechtsgeschäften, an denen ein Verbraucher nicht beteiligt ist, beträgt der Zinssatz für Entgeltforderungen acht Prozentpunkte über dem Basiszinssatz. | |
| (3) Der Gläubiger kann aus einem anderen Rechtsgrund höhere Zinsen verlangen. | Kann der Gläubiger aus einem anderen Rechtsgrunde höhere Zinsen verlangen, so sind diese fortzuentrichten. |
| (4) Die Geltendmachung eines weiteren Schadens ist nicht ausgeschlossen. | (2) Die Geltendmachung eines weiteren Schadens ist nicht ausgeschlossen. |
| **§ 289 – 290** | **§§ 289 - 290 gelten unverändert fort.** |

**§ 291 Prozesszinsen Verzugszinsen**
Eine Geldschuld hat der Schuldner von dem Eintritte der Rechtshängigkeit an zu verzinsen. auch wenn er nicht im Verzug ist; wird die Schuld erst später fällig, so ist sie von der Fälligkeit an zu verzinsen. Die Vorschriften des § 288 Abs. 1 Satz 2, Abs. 2, Abs. 3 und des § 289 Satz 1 finden entsprechende Anwendung.

**§ 289 [Verbot von Zinsen auf Verzugszinsen]**
Von Zinsen sind Verzugszinsen nicht zu entrichten. Das Recht des Gläubigers auf Ersatz des durch den Verzug entstehenden Schadens bleibt unberührt.

**§§ 292 – 295**

**§§ 292 - 295 gelten unverändert fort.**

**§ 296 Entbehrlichkeit des Angebots**

Ist für die von dem Gläubiger vorzunehmende Handlung eine Zeit nach dem Kalender bestimmt, so bedarf es des Angebots nur, wenn der Gläubiger die Handlung rechtzeitig vornimmt. Das gleiche gilt, wenn der Handlung ein Ereignis vorauszugehen hat und eine angemessene Zeit für die Handlung in der Weise bestimmt ist, dass sie sich von dem Ereignis an nach dem Kalender berechnen lässt.

**§ 296 [Entbehrlichkeit des Angebots bei bestimmter Leistungszeit]**
Ist für die von dem Gläubiger vorzunehmende Handlung eine Zeit nach dem Kalender bestimmt, so bedarf es des Angebots nur, wenn der Gläubiger die Handlung rechtzeitig vornimmt. Das Gleiche gilt, wenn der Handlung eine Kündigung vorauszugehen hat und die Zeit für die Handlung in der Weise bestimmt ist, dass sie sich von der Kündigung ab nach dem Kalender berechnen lässt.

**§§ 297 – 304**

**§§ 297 - 304 gelten unverändert fort.**

**§ 305 Einbeziehung Allgemeiner Geschäftsbedingungen in den Vertrag**
(1) Allgemeine Geschäftsbedingungen sind alle für eine Vielzahl von Verträgen vorformulierten Vertragsbedingungen, die eine Vertragspartei (Verwender) der anderen Vertragspartei bei Abschluss eines Vertrags stellt. Gleichgültig ist, ob die Bestimmungen einen äußerlich gesonderten Bestandteil des Vertrags bilden oder in die Vertragsurkunde selbst aufgenommen werden, welchen Umfang sie haben, in welcher Schriftart sie verfasst sind und welche Form der Vertrag hat. Allgemeine Geschäftsbedingungen liegen nicht vor, soweit die Vertragsbedingungen zwischen den Vertragsparteien im einzelnen ausgehandelt sind.

(2) Allgemeine Geschäftsbedingungen werden nur dann Bestandteil eines Vertrags, wenn der Verwender bei Vertragsschluss
1. die andere Vertragspartei ausdrücklich oder, wenn ein ausdrücklicher Hinweis wegen der Art des Vertragsschlusses nur unter unverhältnismäßigen Schwierigkeiten möglich ist, durch deutlich sichtbaren Aushang am Ort des Vertragsschlusses auf sie hinweist und

**§ 1 AGBG - Begriffsbestimmung**

(1) Allgemeine Geschäftsbedingungen sind alle für eine Vielzahl von Verträgen vorformulierten Vertragsbedingungen, die eine Vertragspartei (Verwender) der anderen Vertragspartei bei Abschluss eines Vertrages stellt. Gleichgültig ist, ob die Bestimmungen einen äußerlich gesonderten Bestandteil des Vertrages bilden oder in die Vertragsurkunde selbst aufgenommen werden, welchen Umfang sie haben, in welcher Schriftart sie verfasst sind und welche Form der Vertrag hat.
(2) Allgemeine Geschäftsbedingungen liegen nicht vor, soweit die Vertragsbedingungen zwischen den Vertragsparteien im Einzelnen ausgehandelt sind.

**§ 2 AGBG - Einbeziehung in den Vertrag**
(1) Allgemeine Geschäftsbedingungen werden nur dann Bestandteil eines Vertrages, wenn der Verwender bei Vertragsabschluss
1. die andere Vertragspartei ausdrücklich oder, wenn ein ausdrücklicher Hinweis wegen der Art des Vertragsabschlusses nur unter unverhältnismäßigen Schwierigkeiten möglich ist, durch deutlich sichtbaren Aushang am Ort des Vertragsabschlusses auf sie hinweist und

2. der anderen Vertragspartei die Möglichkeit verschafft, in zumutbarer Weise, die auch eine für den Verwender erkennbare körperliche Behinderung der anderen Vertragspartei angemessen berücksichtigt, von ihrem Inhalt Kenntnis zu nehmen, und wenn die andere Vertragspartei mit ihrer Geltung einverstanden ist.
(3) Die Vertragsparteien können für eine bestimmte Art von Rechtsgeschäften die Geltung bestimmter Allgemeiner Geschäftsbedingungen unter Beachtung der in Absatz 2 bezeichneten Erfordernisse im Voraus vereinbaren.

**§ 305a Einbeziehung in besonderen Fällen**
Auch ohne Einhaltung der in § 305 Abs. 2 Nr. 1 und 2 bezeichneten Erfordernisse werden einbezogen, wenn die andere Vertragspartei mit ihrer Geltung einverstanden ist,

1. die mit Genehmigung der zuständigen Verkehrsbehörde oder auf Grund von internationalen Übereinkommen erlassenen Tarife und Ausführungsbestimmungen der Eisenbahnen und die nach Maßgabe des Personenbeförderungsgesetzes genehmigten Beförderungsbedingungen der Straßenbahnen, Obusse und Kraftfahrzeuge im Linienverkehr in den Beförderungsvertrag,
2. die im Amtsblatt der Regulierungsbehörde für Telekommunikation und Post veröffentlichten und in den Geschäftsstellen des Verwenders bereitgehaltenen Allgemeinen Geschäftsbedingungen
a) in Beförderungsverträge, die außerhalb von Geschäftsräumen durch den Einwurf von Postsendungen in Briefkästen abgeschlossen werden,

b) in Verträge über Telekommunikations-, Informations- und andere Dienstleistungen, die unmittelbar durch Einsatz von Fernkommunikationsmitteln und während der Erbringung einer Telekommunikationsdienstleistung in einem Mal erbracht werden, wenn die Allgemeinen Geschäftsbedingungen der anderen Vertragspartei nur unter unverhältnismäßigen Schwierigkeiten vor dem Vertragsschluss zugänglich gemacht werden können.

**§ 305b Vorrang der Individualabrede**
Individuelle Vertragsabreden haben Vorrang vor Allgemeinen Geschäftsbedingungen.

2. der anderen Vertragspartei die Möglichkeit verschafft, in zumutbarer Weise von ihrem Inhalt Kenntnis zu nehmen, und wenn die andere Vertragspartei mit ihrer Geltung einverstanden ist.

(2) Die Vertragsparteien können für eine bestimmte Art von Rechtsgeschäften die Geltung bestimmter Allgemeiner Geschäftsbedingungen unter Beachtung der in Absatz 1 bezeichneten Erfordernisse im Voraus vereinbaren.

**§ 23 AGBG - Sachlicher Anwendungsbereich**
(2) Keine Anwendung finden ferner
1. § 2 für die mit Genehmigung der zuständigen Verkehrsbehörde oder auf Grund von internationalen Übereinkommen erlassenen Tarife und Ausführungsbestimmungen der Eisenbahnen und die nach Maßgabe des Personenbeförderungsgesetzes genehmigten Beförderungsbedingungen der Straßenbahnen, Obusse und Kraftfahrzeuge im Linienverkehr;
1a. § 2 für die Allgemeinen Geschäftsbedingungen und Entgelte der Anbieter von Telekommunikationsdienstleistungen über das Angebot von Telekommunikationsdienstleistungen für die Öffentlichkeit nach dem Telekommunikationsgesetz, sofern sie in ihrem Wortlaut im Amtsblatt der Regulierungsbehörde veröffentlicht worden sind und bei den Geschäftsstellen der Anbieter zur Einsichtnahme bereitgehalten werden;
1b. § 2 für die Allgemeinen Geschäftsbedingungen der Deutschen Post AG für Leistungen im Rahmen des Beförderungsvorbehalts nach dem Postgesetz, sofern sie in ihrem Wortlaut im Amtsblatt der Regulierungsbehörde veröffentlicht worden sind und bei den Geschäftsstellen der Deutschen Post AG zur Einsichtnahme bereitgehalten werden;

**§ 4 AGBG - Vorrang der Individualabrede**
Individuelle Vertragsabreden haben Vorrang vor Allgemeinen Geschäftsbedingungen.

**§ 305c Überraschende und mehrdeutige Klauseln**
(1) Bestimmungen in Allgemeinen Geschäftsbedingungen, die nach den Umständen, insbesondere nach dem äußeren Erscheinungsbild des Vertrags, so ungewöhnlich sind, dass der Vertragspartner des Verwenders mit ihnen nicht zu rechnen braucht, werden nicht Vertragsbestandteil.

(2) Zweifel bei der Auslegung Allgemeiner Geschäftsbedingungen gehen zu Lasten des Verwenders.

**§ 306 Rechtsfolgen bei Nichteinbeziehung und Unwirksamkeit**
(1) Sind Allgemeine Geschäftsbedingungen ganz oder teilweise nicht Vertragsbestandteil geworden oder unwirksam, so bleibt der Vertrag im Übrigen wirksam.
(2) Soweit die Bestimmungen nicht Vertragsbestandteil geworden oder unwirksam sind, richtet sich der Inhalt des Vertrags nach den gesetzlichen Vorschriften.
(3) Der Vertrag ist unwirksam, wenn das Festhalten an ihm auch unter Berücksichtigung der nach Absatz 2 vorgesehenen Änderung eine unzumutbare Härte für eine Vertragspartei darstellen würde.

**§ 306a Umgehungsverbot**
Die Vorschriften dieses Abschnitts finden auch Anwendung, wenn sie durch anderweitige Gestaltungen umgangen werden.

**§ 307 Inhaltskontrolle**
(1) Bestimmungen in Allgemeinen Geschäftsbedingungen sind unwirksam, wenn sie den Vertragspartner des Verwenders entgegen den Geboten von Treu und Glauben unangemessen benachteiligen. Eine unangemessene Benachteiligung kann sich auch daraus ergeben, dass die Bestimmung nicht klar und verständlich ist.
(2) Eine unangemessene Benachteiligung ist im Zweifel anzunehmen, wenn eine Bestimmung
1. mit wesentlichen Grundgedanken der gesetzlichen Regelung, von der abgewichen wird, nicht zu vereinbaren ist, oder
2. wesentliche Rechte oder Pflichten, die sich aus der Natur des Vertrags ergeben, so einschränkt, dass die Erreichung des Vertragszwecks gefährdet ist.

**§ 3 AGBG - Überraschende Klauseln**

Bestimmungen in Allgemeinen Geschäftsbedingungen, die nach den Umständen, insbesondere nach dem äußeren Erscheinungsbild des Vertrags, so ungewöhnlich sind, dass der Vertragspartner des Verwenders mit ihnen nicht zu rechnen braucht, werden nicht Vertragsbestandteil.

**§ 5 AGBG - Unklarheitenregel**
Zweifel bei der Auslegung Allgemeiner Geschäftsbedingungen gehen zu Lasten des Verwenders.

**§ 6 AGBG - Rechtsfolgen bei Nichteinbeziehung und Unwirksamkeit**
(1) Sind Allgemeine Geschäftsbedingungen ganz oder teilweise nicht Vertragsbestandteil geworden oder unwirksam, so bleibt der Vertrag im Übrigen wirksam.
(2) Soweit die Bestimmungen nicht Vertragsbestandteil geworden oder unwirksam sind, richtet sich der Inhalt des Vertrages nach den gesetzlichen Vorschriften.
(3) Der Vertrag ist unwirksam, wenn das Festhalten an ihm auch unter Berücksichtigung der nach Absatz 2 vorgesehenen Änderung eine unzumutbare Härte für eine Vertragspartei darstellen würde.

**§ 7 AGBG - Umgehungsverbot**
Dieses Gesetz findet auch Anwendung, wenn seine Vorschriften durch anderweitige Gestaltungen umgangen werden.

**§ 9 AGBG - Generalklausel**
(1) Bestimmungen in Allgemeinen Geschäftsbedingungen sind unwirksam, wenn sie den Vertragspartner des Verwenders entgegen den Geboten von Treu und Glauben unangemessen benachteiligen.

(2) Eine unangemessene Benachteiligung ist im Zweifel anzunehmen, wenn eine Bestimmung
1. mit wesentlichen Grundgedanken der gesetzlichen Regelung, von der abgewichen wird, nicht zu vereinbaren ist, oder
2. wesentliche Rechte oder Pflichten, die sich aus der Natur des Vertrages ergeben, so einschränkt, dass die Erreichung des Vertragszwecks gefährdet ist.

(3) Die Absätze 1 und 2 sowie die §§ 308 und 309 gelten nur für Bestimmungen in Allgemeinen Geschäftsbedingungen, durch die von Rechtsvorschriften abweichende oder diese ergänzende Regelungen vereinbart werden. Andere Bestimmungen können nach Absatz 1 Satz 2 in Verbindung mit Absatz 1 Satz 1 unwirksam sein.

**§ 8 AGBG - Schranken der Inhaltskontrolle**
Die §§ 9 bis 11 gelten nur für Bestimmungen in Allgemeinen Geschäftsbedingungen, durch die von Rechtsvorschriften abweichende oder diese ergänzende Regelungen vereinbart werden.

**§ 308 Klauselverbote mit Wertungsmöglichkeit**
In Allgemeinen Geschäftsbedingungen ist insbesondere unwirksam
**1. (Annahme- und Leistungsfrist)** eine Bestimmung, durch die sich der Verwender unangemessen lange oder nicht hinreichend bestimmte Fristen für die Annahme oder Ablehnung eines Angebots oder die Erbringung einer Leistung vorbehält; ausgenommen hiervon ist der Vorbehalt, erst nach Ablauf der Widerrufs- oder Rückgabefrist nach § 355 Abs. 1 und 2 und § 356 zu leisten;
**2. (Nachfrist)** eine Bestimmung, durch die sich der Verwender für die von ihm zu bewirkende Leistung abweichend von Rechtsvorschriften eine unangemessen lange oder nicht hinreichend bestimmte Nachfrist vorbehält;
**3. (Rücktrittsvorbehalt)** die Vereinbarung eines Rechts des Verwenders, sich ohne sachlich gerechtfertigten und im Vertrag angegebenen Grund von seiner Leistungspflicht zu lösen; dies gilt nicht für Dauerschuldverhältnisse;
**4. (Änderungsvorbehalt)** die Vereinbarung eines Rechts des Verwenders, die versprochene Leistung zu ändern oder von ihr abzuweichen, wenn nicht die Vereinbarung der Änderung oder Abweichung unter Berücksichtigung der Interessen des Verwenders für den anderen Vertragsteil zumutbar ist;
**5. (Fingierte Erklärungen)** eine Bestimmung, wonach eine Erklärung des Vertragspartners des Verwenders bei Vornahme oder Unterlassung einer bestimmten Handlung als von ihm abgegeben oder nicht abgegeben gilt, es sei denn, dass
a) dem Vertragspartner eine angemessene Frist zur Abgabe einer ausdrücklichen Erklärung eingeräumt ist und
b) der Verwender sich verpflichtet, den Vertragspartner bei Beginn der Frist auf die vorgesehene Bedeutung seines Verhaltens besonders hinzuweisen; dies gilt nicht für Verträge, in die Teil B

**§ 10 AGBG - Klauselverbote mit Wertungsmöglichkeit**
In Allgemeinen Geschäftsbedingungen ist insbesondere unwirksam
**1. (Annahme- und Leistungsfrist)** eine Bestimmung, durch die sich der Verwender unangemessen lange oder nicht hinreichend bestimmte Fristen für die Annahme oder Ablehnung eines Angebots oder die Erbringung einer Leistung vorbehält; ausgenommen hiervon ist der Vorbehalt, erst nach Ablauf der Widerrufs- oder Rückgabefrist nach § 361a Abs. 1, § 361b Abs. 2 BGB zu leisten;
**2. (Nachfrist)** eine Bestimmung, durch die sich der Verwender für die von ihm zu bewirkende Leistung entgegen § 326 Abs. 1 BGB eine unangemessen lange oder nicht hinreichend bestimmte Nachfrist vorbehält;
**3. (Rücktrittsvorbehalt)** die Vereinbarung eines Rechts des Verwenders, sich ohne sachlich gerechtfertigten und im Vertrag angegebenen Grund von seiner Leistungspflicht zu lösen; dies gilt nicht für Dauerschuldverhältnisse;
**4. (Änderungsvorbehalt)** die Vereinbarung eines Rechts des Verwenders, die versprochene Leistung zu ändern oder von ihr abzuweichen, wenn nicht die Vereinbarung der Änderung oder Abweichung unter Berücksichtigung der Interessen des Verwenders für den anderen Vertragsteil zumutbar ist;
**5. (Fingierte Erklärungen)** eine Bestimmung, wonach eine Erklärung des Vertragspartners des Verwenders bei Vornahme oder Unterlassung einer bestimmten Handlung als von ihm abgegeben oder nicht abgegeben gilt, es sei denn, dass
a) dem Vertragspartner eine angemessene Frist zur Abgabe einer ausdrücklichen Erklärung eingeräumt ist und
b) der Verwender sich verpflichtet, den Vertragspartner bei Beginn der Frist auf die vorgesehene Bedeutung seines Verhaltens besonders hinzuweisen;

der Verdingungsordnung für Bauleistungen insgesamt einbezogen ist;

6. **(Fiktion des Zugangs)** eine Bestimmung, die vorsieht, dass eine Erklärung des Verwenders von besonderer Bedeutung dem anderen Vertragsteil als zugegangen gilt;
7. **(Abwicklung von Verträgen)** eine Bestimmung, nach der der Verwender für den Fall, dass eine Vertragspartei vom Vertrag zurücktritt oder den Vertrag kündigt,
a) eine unangemessen hohe Vergütung für die Nutzung oder den Gebrauch einer Sache oder eines Rechts oder für erbrachte Leistungen oder
b) einen unangemessen hohen Ersatz von Aufwendungen verlangen kann;
8. **(Nichtverfügbarkeit der Leistung)** die nach Nummer 3 zulässige Vereinbarung eines Vorbehalts des Verwenders, sich von der Verpflichtung zur Erfüllung des Vertrags bei Nichtverfügbarkeit der Leistung zu lösen, wenn sich der Verwender nicht verpflichtet,
a) den Vertragspartner unverzüglich über die Nichtverfügbarkeit zu informieren und
b) Gegenleistungen des Vertragspartners unverzüglich zu erstatten.

**§ 309 Klauselverbote ohne Wertungsmöglichkeit**
Auch soweit eine Abweichung von den gesetzlichen Vorschriften zulässig ist, ist in Allgemeinen Geschäftsbedingungen unwirksam
1. **(Kurzfristige Preiserhöhungen)** eine Bestimmung, welche die Erhöhung des Entgelts für Waren oder Leistungen vorsieht, die innerhalb von vier Monaten nach Vertragsschluss geliefert oder erbracht werden sollen; dies gilt nicht bei Waren oder Leistungen, die im Rahmen von Dauerschuldverhältnissen geliefert oder erbracht werden;
2. **(Leistungsverweigerungsrechte)** eine Bestimmung, durch die
a) das Leistungsverweigerungsrecht, das dem Vertragspartner des Verwenders nach § 320 zusteht, ausgeschlossen oder eingeschränkt wird, oder

**§ 23 AGBG - Sachlicher Anwendungsbereich**
(2) Keine Anwendung finden ferner
[...]
5. § 10 Nr. 5 und § 11 Nr. 10 Buchstabe f für Leistungen, für die die Verdingungsordnung für Bauleistungen (VOB) Vertragsgrundlage ist;

**§ 10 AGBG - Klauselverbote mit Wertungsmöglichkeit**
6. **(Fiktion des Zugangs)** eine Bestimmung, die vorsieht, dass eine Erklärung des Verwenders von besonderer Bedeutung dem anderen Vertragsteil als zugegangen gilt;
7. **(Abwicklung von Verträgen)** eine Bestimmung, nach der der Verwender für den Fall, dass eine Vertragspartei vom Vertrag zurücktritt oder den Vertrag kündigt,
a) eine unangemessen hohe Vergütung für die Nutzung oder den Gebrauch einer Sache oder eines Rechts oder für erbrachte Leistungen oder
b) einen unangemessen hohen Ersatz von Aufwendungen verlangen kann;
8. **(Nichtverfügbarkeit der Leistung)** die nach Nummer 3 zulässige Vereinbarung eines Vorbehalts des Verwenders, sich von der Verpflichtung zur Erfüllung des Vertrags bei Nichtverfügbarkeit der Leistung zu lösen, wenn sich der Verwender nicht verpflichtet,
a) den Vertragspartner unverzüglich über die Nichtverfügbarkeit zu informieren und
b) Gegenleistungen des Vertragspartners unverzüglich zu erstatten.

**§ 11 AGBG - Klauselverbote ohne Wertungsmöglichkeit**
In Allgemeinen Geschäftsbedingungen ist unwirksam

1. **(Kurzfristige Preiserhöhungen)** eine Bestimmung, welche die Erhöhung des Entgelts für Waren oder Leistungen vorsieht, die innerhalb von vier Monaten nach Vertragsabschluss geliefert oder erbracht werden sollen; dies gilt nicht bei Waren oder Leistungen, die im Rahmen von Dauerschuldverhältnissen geliefert oder erbracht werden;
2. **(Leistungsverweigerungsrechte)** eine Bestimmung, durch die
a) das Leistungsverweigerungsrecht, das dem Vertragspartner des Verwenders nach § 320 BGB zusteht, ausgeschlossen oder eingeschränkt wird,

b) ein dem Vertragspartner des Verwenders zustehendes Zurückbehaltungsrecht, soweit es auf demselben Vertragsverhältnis beruht, ausgeschlossen oder eingeschränkt, insbesondere von der Anerkennung von Mängeln durch den Verwender abhängig gemacht wird;

**3. (Aufrechnungsverbot)** eine Bestimmung, durch die dem Vertragspartner des Verwenders die Befugnis genommen wird, mit einer unbestrittenen oder rechtskräftig festgestellten Forderung aufzurechnen;

**4. (Mahnung, Fristsetzung)** eine Bestimmung, durch die der Verwender von der gesetzlichen Obliegenheit freigestellt wird, den anderen Vertragsteil zu mahnen oder ihm eine Frist für die Leistung oder Nacherfüllung zu setzen;

**5. (Pauschalierung von Schadensersatzansprüchen)** die Vereinbarung eines pauschalierten Anspruchs des Verwenders auf Schadensersatz oder Ersatz einer Wertminderung, wenn

a) die Pauschale den in den geregelten Fällen nach dem gewöhnlichen Lauf der Dinge zu erwartenden Schaden oder die gewöhnlich eintretende Wertminderung übersteigt, oder

b) dem anderen Vertragsteil nicht ausdrücklich der Nachweis gestattet wird, ein Schaden oder eine Wertminderung sei überhaupt nicht entstanden oder wesentlich niedriger als die Pauschale;

**6. (Vertragsstrafe)** eine Bestimmung, durch die dem Verwender für den Fall der Nichtabnahme oder verspäteten Abnahme der Leistung, des Zahlungsverzugs oder für den Fall, dass der andere Vertragsteil sich vom Vertrag löst, Zahlung einer Vertragsstrafe versprochen wird;

**7. (Haftungsausschluss bei Verletzung von Leben, Körper, Gesundheit und bei grobem Verschulden)**

**a) (Verletzung von Leben, Körper, Gesundheit)** ein Ausschluss oder eine Begrenzung der Haftung für Schäden aus der Verletzung des Lebens, des Körpers oder der Gesundheit, die auf einer fahrlässigen Pflichtverletzung des Verwenders oder einer vorsätzlichen oder fahrlässigen Pflichtverletzung eines gesetzlichen Vertreters oder Erfüllungsgehilfen des Verwenders beruhen;

**b) (grobes Verschulden)** ein Ausschluss oder eine Begrenzung der Haftung für sonstige Schäden, die auf einer grob fahrlässigen Pflichtverletzung des Verwenders oder auf einer

oder

b) ein dem Vertragspartner des Verwenders zustehendes Zurückbehaltungsrecht, soweit es auf demselben Vertragsverhältnis beruht, ausgeschlossen oder eingeschränkt, insbesondere von der Anerkennung von Mängeln durch den Verwender abhängig gemacht wird;

**3. (Aufrechnungsverbot)** eine Bestimmung, durch die dem Vertragspartner des Verwenders die Befugnis genommen wird, mit einer unbestrittenen oder rechtskräftig festgestellten Forderung aufzurechnen;

**4. (Mahnung, Fristsetzung)** eine Bestimmung, durch die der Verwender von der gesetzlichen Obliegenheit freigestellt wird, den anderen Vertragsteil zu mahnen oder ihm eine Nachfrist zu setzen;

**5. (Pauschalierung von Schadensersatzansprüchen)** die Vereinbarung eines pauschalierten Anspruchs des Verwenders auf Schadensersatz oder Ersatz einer Wertminderung, wenn

a) die Pauschale den in den geregelten Fällen nach dem gewöhnlichen Lauf der Dinge zu erwartenden Schaden oder die gewöhnlich eintretende Wertminderung übersteigt, oder

b) dem anderen Vertragsteil der Nachweis abgeschnitten wird, ein Schaden oder eine Wertminderung sei überhaupt nicht entstanden oder wesentlich niedriger als die Pauschale;

**6. (Vertragsstrafe)** eine Bestimmung, durch die dem Verwender für den Fall der Nichtabnahme oder verspäteten Abnahme der Leistung, des Zahlungsverzugs oder für den Fall, dass der andere Vertragsteil sich vom Vertrag löst, Zahlung einer Vertragsstrafe versprochen wird;

**7. (Haftung bei grobem Verschulden)** ein Ausschluss oder eine Begrenzung der Haftung für einen Schaden, der auf einer grob fahrlässigen Vertragsverletzung des Verwenders oder auf einer vorsätzlichen oder grob fahrlässigen Pflichtverletzung eines gesetzlichen Vertreters oder Erfüllungsgehilfen des Verwenders beruhen;

die Buchstaben a und b gelten nicht für Haftungsbeschränkungen in den nach Maßgabe des Personenbeförderungsgesetzes genehmigten Beförderungsbedingungen und Tarifvorschriften der Straßenbahnen, Obusse und Kraftfahrzeuge im Linienverkehr, soweit sie nicht zum Nachteil des Fahrgastes von der Verordnung über die Allgemeinen Beförderungsbedingungen für den Straßenbahn- und Obusverkehr sowie den Linienverkehr mit Kraftfahrzeugen vom 27. Februar 1970 abweichen; Buchstabe b gilt nicht für Haftungsbeschränkungen für staatlich genehmigte Lotterie- oder Ausspielverträge;

**8. (Sonstige Haftungsausschlüsse bei Pflichtverletzung)**
**a) (Ausschluss des Rechts, sich vom Vertrag zu lösen)** eine Bestimmung, die bei einer vom Verwender zu vertretenden, nicht in einem Mangel der Kaufsache oder des Werks bestehenden Pflichtverletzung das Recht des anderen Vertragsteils, sich vom Vertrag zu lösen, ausschließt oder einschränkt;
dies gilt nicht für die in der Nummer 7 bezeichneten Beförderungsbedingungen und Tarifvorschriften unter den dort genannten Voraussetzungen;

**b) (Mängel)** eine Bestimmung, durch die bei Verträgen über Lieferungen neu hergestellter Sachen und über Werkleistungen
**aa) (Ausschluss und Verweisung auf Dritte)** die Ansprüche gegen den Verwender wegen eines Mangels insgesamt oder bezüglich einzelner Teile ausgeschlossen, auf die Einräumung von Ansprüchen gegen Dritte beschränkt oder von

vorsätzlichen oder grob fahrlässigen Vertragsverletzung eines gesetzlichen Vertreters oder Erfüllungsgehilfen des Verwenders beruht; dies gilt auch für Schäden aus der Verletzung von Pflichten bei den Vertragsverhandlungen;

**§ 23 AGBG - Sachlicher Anwendungsbereich**
(2) Keine Anwendung finden ferner
[...]
3. § 11 Nr. 7 und 8 für die nach Maßgabe des Personenbeförderungsgesetzes genehmigten Beförderungsbedingungen und Tarifvorschriften der Straßenbahnen, Obusse und Kraftfahrzeuge im Linienverkehr, soweit sie nicht zum Nachteil des Fahrgastes von der Verordnung über die Allgemeinen Beförderungsbedingungen für den Straßenbahn- und Obusverkehr sowie den Linienverkehr mit Kraftfahrzeugen vom 27. Februar 1970 abweichen;
4. § 11 Nr. 7 für staatlich genehmigte Lotterieverträge oder Ausspielverträge;

**§ 11 AGBG - Klauselverbote ohne Wertungsmöglichkeit**
**8. (Verzug, Unmöglichkeit)** eine Bestimmung, durch die für den Fall des Leistungsverzugs des Verwenders oder der von ihm zu vertretenden Unmöglichkeit der Leistung
a) das Recht des anderen Vertragsteils, sich vom Vertrag zu lösen, ausgeschlossen oder eingeschränkt oder
b) das Recht des anderen Vertragsteils, Schadensersatz zu verlangen, ausgeschlossen oder entgegen Nummer 7 eingeschränkt wird;

**9. (Teilverzug, Teilunmöglichkeit)** eine Bestimmung, die für den Fall des teilweisen Leistungsverzugs des Verwenders oder bei von ihm zu vertretender teilweiser Unmöglichkeit der Leistung das Recht der anderen Vertragspartei ausschließt, Schadensersatz wegen Nichterfüllung der ganzen Verbindlichkeit zu verlangen oder von dem ganzen Vertrag zurückzutreten, wenn die teilweise Erfüllung des Vertrages für ihn kein Interesse hat;
**10. (Gewährleistung)** eine Bestimmung, durch die bei Verträgen über Lieferungen neu hergestellter Sachen und Leistungen
**a) (Ausschluss und Verweisung auf Dritte)** die Gewährleistungsansprüche gegen den Verwender einschließlich etwaiger Nachbesserungs- und Ersatzlieferungsansprüche insgesamt oder bezüglich einzelner Teile ausgeschlossen, auf die

der vorherigen gerichtlichen Inanspruchnahme Dritter abhängig gemacht werden;

**bb) (Beschränkung auf Nacherfüllung)** die Ansprüche gegen den Verwender insgesamt oder bezüglich einzelner Teile auf ein Recht auf Nacherfüllung beschränkt werden, sofern dem anderen Vertragsteil nicht ausdrücklich das Recht vorbehalten wird, bei Fehlschlagen der Nacherfüllung zu mindern oder, wenn nicht eine Bauleistung Gegenstand der Mängelhaftung ist, nach seiner Wahl vom Vertrag zurückzutreten;

**cc) (Aufwendungen bei Nacherfüllung)** die Verpflichtung des Verwenders ausgeschlossen oder beschränkt wird, die zum Zwecke der Nacherfüllung erforderlichen Aufwendungen, insbesondere Transport-, Wege-, Arbeits- und Materialkosten, zu tragen;

**dd) (Vorenthalten der Nacherfüllung)** der Verwender die Nacherfüllung von der vorherigen Zahlung des vollständigen Entgelts oder eines unter Berücksichtigung des Mangels unverhältnismäßig hohen Teils des Entgelts abhängig macht;

**ee) (Ausschlussfrist für Mängelanzeige)** der Verwender dem anderen Vertragsteil für die Anzeige nicht offensichtlicher Mängel eine Ausschlussfrist setzt, die kürzer ist als die nach dem Doppelbuchstaben ff zulässige Frist;

**ff) (Erleichterung der Verjährung)** die Verjährung von Ansprüchen gegen den Verwender wegen eines Mangels in den Fällen des § 438 Abs. 1 Nr. 2 und des § 634a Abs. 1 Nr. 2 erleichtert oder in den sonstigen Fällen eine weniger als ein Jahr betragende Verjährungsfrist ab dem gesetzlichen Verjährungsbeginn erreicht wird; dies gilt nicht für Verträge, in die Teil B der Verdingungsordnung für Bauleistungen insgesamt einbezogen ist;

**9. (Laufzeit bei Dauerschuldverhältnissen)** bei einem Vertragsverhältnis, das die regelmäßige Lieferung von Waren oder die regelmäßige Erbringung von Dienst- oder Werkleistungen durch den Verwender zum Gegenstand hat,
a) eine den anderen Vertragsteil länger als zwei Jahre bindende Laufzeit des Vertrags,

Einräumung von Ansprüchen gegen Dritte beschränkt oder von der vorherigen gerichtlichen Inanspruchnahme Dritter abhängig gemacht werden;

**b) (Beschränkung auf Nachbesserung)** die Gewährleistungsansprüche gegen den Verwender insgesamt oder bezüglich einzelner Teile auf ein Recht auf Nachbesserung oder Ersatzlieferung beschränkt werden, sofern dem anderen Vertragsteil nicht ausdrücklich das Recht vorbehalten wird, bei Fehlschlagen der Nachbesserung oder Ersatzlieferung Herabsetzung der Vergütung oder, wenn nicht eine Bauleistung Gegenstand der Gewährleistung ist, nach seiner Wahl Rückgängigmachung des Vertrags zu verlangen;

**c) (Aufwendungen bei Nachbesserung)** die Verpflichtung des gewährleistungspflichtigen Verwenders ausgeschlossen oder beschränkt wird, die Aufwendungen zu tragen, die zum Zweck der Nachbesserung erforderlich werden, insbesondere Transport-, Wege-, Arbeits- und Materialkosten;

**d) (Vorenthalten der Mängelbeseitigung)** der Verwender die Beseitigung eines Mangels oder die Ersatzlieferung einer mangelfreien Sache von der vorherigen Zahlung des vollständigen Entgelts oder eines unter Berücksichtigung des Mangels unverhältnismäßig hohen Teils des Entgelts abhängig macht;

**e) (Ausschlussfrist für Mängelanzeige)** der Verwender dem anderen Vertragsteil für die Anzeige nicht offensichtlicher Mängel eine Ausschlussfrist setzt, die kürzer ist als die Verjährungsfrist für den gesetzlichen Gewährleistungsanspruch;

**f) (Verkürzung von Gewährleistungsfristen)** die gesetzlichen Gewährleistungsfristen verkürzt werden;

**12. (Laufzeit bei Dauerschuldverhältnissen)** bei einem Vertragsverhältnis, das die regelmäßige Lieferung von Waren oder die regelmäßige Erbringung von Dienst- oder Werkleistungen durch den Verwender zum Gegenstand hat,
a) eine den anderen Vertragsteil länger als zwei Jahre bindende Laufzeit des Vertrags,

b) eine den anderen Vertragsteil bindende stillschweigende Verlängerung des Vertragsverhältnisses um jeweils mehr als ein Jahr, oder
c) zu Lasten des anderen Vertragsteils eine längere Kündigungsfrist als drei Monate vor Ablauf der zunächst vorgesehenen oder stillschweigend verlängerten Vertragsdauer; dies gilt nicht für Verträge über die Lieferung als zusammengehörig verkaufter Sachen, für Versicherungsverträge sowie für Verträge zwischen den Inhabern urheberrechtlicher Rechte und Ansprüche und Verwertungsgesellschaften im Sinne des Gesetzes über die Wahrnehmung von Urheberrechten und verwandten Schutzrechten;

**10. (Wechsel des Vertragspartners)** eine Bestimmung, wonach bei Kauf-, Dienst- oder Werkverträgen ein Dritter anstelle des Verwenders in die sich aus dem Vertrag ergebenden Rechte und Pflichten eintritt oder eintreten kann, es sei denn, in der Bestimmung wird
a) der Dritte namentlich bezeichnet, oder
b) dem anderen Vertragsteil das Recht eingeräumt, sich vom Vertrag zu lösen;
**11. (Haftung des Abschlussvertreters)** eine Bestimmung, durch die der Verwender einem Vertreter, der den Vertrag für den anderen Vertragsteil abschließt,
a) ohne hierauf gerichtete ausdrückliche und gesonderte Erklärung eine eigene Haftung oder Einstandspflicht, oder
b) im Fall vollmachtsloser Vertretung eine über § 179 hinausgehende Haftung auferlegt;
**12. (Beweislast)** eine Bestimmung, durch die der Verwender die Beweislast zum Nachteil des anderen Vertragsteils ändert, insbesondere indem er
a) diesem die Beweislast für Umstände auferlegt, die im Verantwortungsbereich des Verwenders liegen, oder
b) den anderen Vertragsteil bestimmte Tatsachen bestätigen lässt; Buchstabe b gilt nicht für Empfangsbekenntnisse, die gesondert unterschrieben oder mit einer gesonderten qualifizierten elektronischen Signatur versehen sind;

b) eine den anderen Vertragsteil bindende stillschweigende Verlängerung des Vertragsverhältnisses um jeweils mehr als ein Jahr oder
c) zu Lasten des anderen Vertragsteils eine längere Kündigungsfrist als drei Monate vor Ablauf der zunächst vorgesehenen oder stillschweigend verlängerten Vertragsdauer;

**§ 23 AGBG - Sachlicher Anwendungsbereich**
(2) Keine Anwendung finden ferner
[...]
6. § 11 Nr. 12 für Verträge über die Lieferung als zusammengehörig verkaufter Sachen, für Versicherungsverträge sowie für Verträge zwischen den Inhabern urheberrechtlicher Rechte und Ansprüche und Verwertungsgesellschaften im Sinne des Gesetzes über die Wahrnehmung von Urheberrechten und verwandten Schutzrechten.

**§ 11 AGBG - Klauselverbote ohne Wertungsmöglichkeit**
**13. (Wechsel des Vertragspartners)** eine Bestimmung, wonach bei Kauf-, Dienst- oder Werkverträgen ein Dritter an Stelle des Verwenders in die sich aus dem Vertrag ergebenden Rechte und Pflichten eintritt oder eintreten kann, es sei denn, in der Bestimmung wird
a) der Dritte namentlich bezeichnet, oder
b) dem anderen Vertragsteil das Recht eingeräumt, sich vom Vertrag zu lösen;
**14. (Haftung des Abschlussvertreters)** eine Bestimmung, durch die der Verwender einem Vertreter, der den Vertrag für den anderen Vertragsteil abschließt,
a) ohne hierauf gerichtete ausdrückliche und gesonderte Erklärung eine eigene Haftung oder Einstandspflicht oder
b) im Falle voll machtsloser Vertretung eine über § 179 BGB hinausgehende Haftung auferlegt;
**15. (Beweislast)** eine Bestimmung, durch die der Verwender die Beweislast zum Nachteil des anderen Vertragsteils ändert, insbesondere indem er
a) diesem die Beweislast für Umstände auferlegt, die im Verantwortungsbereich des Verwenders liegen;
b) den anderen Vertragsteil bestimmte Tatsachen bestätigen lässt. Buchstabe b gilt nicht für gesondert unterschriebene oder gesondert qualifiziert elektronisch signierte Empfangsbekenntnisse;

**13. (Form von Anzeigen und Erklärungen)** eine Bestimmung, durch die Anzeigen oder Erklärungen, die dem Verwender oder einem Dritten gegenüber abzugeben sind, an eine strengere Form als die Schriftform oder an besondere Zugangserfordernisse gebunden werden.

**§ 310 Anwendungsbereich**

(1) § 305 Abs. 2 und 3 und die §§ 308 und 309 finden keine Anwendung auf Allgemeine Geschäftsbedingungen, die gegenüber einem Unternehmer, einer juristischen Person des öffentlichen Rechts oder einem öffentlich-rechtlichen Sondervermögen verwendet werden. § 307 Abs. 1 und 2 findet in den Fällen des Satzes 1 auch insoweit Anwendung, als dies zur Unwirksamkeit von in den §§ 308 und 309 genannten Vertragsbestimmungen führt; auf die im Handelsverkehr geltenden Gewohnheiten und Gebräuche ist angemessen Rücksicht zu nehmen.

(2) Die §§ 308 und 309 finden keine Anwendung auf Verträge der Elektrizitäts-, Gas-, Fernwärme- und Wasserversorgungsunternehmen über die Versorgung von Sonderabnehmern mit elektrischer Energie, Gas, Fernwärme und Wasser aus dem Versorgungsnetz, soweit die Versorgungsbedingungen nicht zum Nachteil der Abnehmer von Verordnungen über Allgemeine Bedingungen für die Versorgung von Tarifkunden mit elektrischer Energie, Gas, Fernwärme und Wasser abweichen. Satz 1 gilt entsprechend für Verträge über die Entsorgung von Abwasser.

(3) Bei Verträgen zwischen einem Unternehmer und einem Verbraucher (Verbraucherverträge) finden die Vorschriften dieses Abschnitts mit folgenden Maßgaben Anwendung:

1. Allgemeine Geschäftsbedingungen gelten als vom Unternehmer gestellt, es sei denn, dass sie durch den Verbraucher in den Vertrag eingeführt wurden;
2. § 305c Abs. 2 und die §§ 306 und 307 bis 309 dieses Gesetzes sowie Artikel 29a EGBGB finden auf vorformulierte Vertragsbedingungen auch dann Anwendung, wenn diese nur zur einmaligen Verwendung bestimmt sind und soweit der Verbraucher auf Grund der Vorformulierung auf

**16. (Form von Anzeigen und Erklärungen)** eine Bestimmung, durch die Anzeigen oder Erklärungen, die dem Verwender oder einem Dritten gegenüber abzugeben sind, an eine strengere Form als die Schriftform oder an besondere Zugangserfordernisse gebunden werden.

**§ 24 AGBG - Persönlicher Anwendungsbereich**

Die Vorschriften der §§ 2, 10 und 11 dieses Gesetzes sowie Artikel 29a EGBGB finden keine Anwendungen auf Allgemeine Geschäftsbedingungen, die gegenüber einem Unternehmer, einer juristischen Person des öffentlichen Rechts oder einem öffentlich-rechtlichen Sondervermögen verwendet werden. § 9 ist in den Fällen des Satzes 1 auch insoweit anzuwenden, als dies zur Unwirksamkeit von in den §§ 10 und 11 genannten Vertragsbestimmungen führt; auf die im Handelsverkehr geltenden Gewohnheiten und Gebräuche ist angemessen Rücksicht zu nehmen.

**§ 23 AGBG - Sachlicher Anwendungsbereich**

(2) Keine Anwendung finden ferner
[...]
3. § 11 Nr. 7 und 8 für die nach Maßgabe des Personenbeförderungsgesetzes genehmigten Beförderungsbedingungen und Tarifvorschriften der Straßenbahnen, Obusse und Kraftfahrzeuge im Linienverkehr, soweit sie nicht zum Nachteil des Fahrgastes von der Verordnung über die Allgemeinen Beförderungsbedingungen für den Straßenbahn- und Obusverkehr sowie den Linienverkehr mit Kraftfahrzeugen vom 27. Februar 1970 abweichen;

**§ 24a AGBG - Verbraucherverträge**

Bei Verträgen zwischen einem Unternehmer und einem Verbraucher sind die Vorschriften dieses Gesetzes mit folgenden Maßgaben anzuwenden:

1. Allgemeine Geschäftsbedingungen gelten als vom Unternehmer gestellt, es sei denn, dass sie durch den Verbraucher in den Vertrag eingeführt wurden;
2. die §§ 5, 6, und 8 bis 11 dieses Gesetzes sowie Artikel 29a EGBGB sind auf vorformulierte Vertragsbedingungen auch dann anzuwenden, wenn diese nur zur einmaligen Verwendung bestimmt sind und soweit der Verbraucher auf Grund der Vorformulierung auf ihren Inhalt kei-

ihren Inhalt keinen Einfluss nehmen konnte;
3. bei der Beurteilung der unangemessenen Benachteiligung nach § 307 Abs. 1 und 2 sind auch die den Vertragsschluss begleitenden Umstände zu berücksichtigen.

nen Einfluss nehmen konnte;
3. bei der Beurteilung der unangemessenen Benachteiligung nach § 9 sind auch die den Vertragsabschluss begleitenden Umstände zu berücksichtigen.

(4) Dieser Abschnitt findet keine Anwendung bei Verträgen auf dem Gebiet des Erb-, Familien- und Gesellschaftsrechts sowie auf Tarifverträge, Betriebs- und Dienstvereinbarungen. Bei der Anwendung auf Arbeitsverträge sind die im Arbeitsrecht geltenden Besonderheiten angemessen zu berücksichtigen; § 305 Abs. 2 und 3 ist nicht anzuwenden. Tarifverträge, Betriebs- und Dienstvereinbarungen stehen Rechtsvorschriften im Sinne von § 307 Abs. 3 gleich.

**§ 23 AGBG - Sachlicher Anwendungsbereich**
(1) Dieses Gesetz findet keine Anwendung bei Verträgen auf dem Gebiet des Arbeits-, Erb-, Familien- und Gesellschaftsrechts.

**§ 311 Rechtsgeschäftliche und rechtsgeschäftsähnliche Schuldverhältnisse**
(1) Zur Begründung eines Schuldverhältnisses durch Rechtsgeschäft sowie zur Änderung des Inhalts eines Schuldverhältnisses ist ein Vertrag zwischen den Beteiligten erforderlich, soweit nicht das Gesetz ein anderes vorschreibt.
(2) Ein Schuldverhältnis mit Pflichten nach § 241 Abs. 2 entsteht auch durch
1. die Aufnahme von Vertragsverhandlungen,
2. die Anbahnung eines Vertrags, bei welcher der eine Teil im Hinblick auf eine etwaige rechtsgeschäftliche Beziehung dem anderen Teil die Möglichkeit zur Einwirkung auf seine Rechte, Rechtsgüter und Interessen gewährt oder ihm diese anvertraut, oder
3. ähnliche geschäftliche Kontakte.
(3) Ein Schuldverhältnis mit Pflichten nach § 241 Abs. 2 kann auch zu Personen entstehen, die nicht selbst Vertragspartei werden sollen. Ein solches Schuldverhältnis entsteht insbesondere, wenn der Dritte in besonderem Maße Vertrauen für sich in Anspruch nimmt und dadurch die Vertragsverhandlungen oder den Vertragsschluss erheblich beeinflusst.

**§ 305 [Schuldverhältnisse, Rechtsgeschäftliche Begründung, Änderung]**
Zur Begründung eines Schuldverhältnisses durch Rechtsgeschäft sowie zur Änderung des Inhalts eines Schuldverhältnisses ist ein Vertrag zwischen den Beteiligten erforderlich, soweit nicht das Gesetz ein anderes vorschreibt.
**Bisher keine Entsprechung. Gesetzliche Regelung des Rechtsinstituts der culpa in contrahendo (cic)**

**§ 311a Leistungshindernis bei Vertragsschluss**

(1) Der Wirksamkeit eines Vertrags steht es nicht entgegen, dass der Schuldner nach § 275 Abs. 1 bis 3 nicht zu leisten braucht und das Leistungshindernis schon bei Vertragsschluss vorliegt.

**§ 306 [Ursprüngliche Unmöglichkeit Vertragsleistung]**
Ein auf eine unmögliche Leistung gerichteter Vertrag ist nichtig.

(2) Der Gläubiger kann nach seiner Wahl Schadensersatz statt der Leistung oder Ersatz seiner Aufwendungen in dem in § 284 bestimmten Umfang verlangen. Dies gilt nicht, wenn der Schuldner das Leistungshindernis bei Vertragsschluss nicht kannte und seine Unkenntnis auch nicht zu vertreten hat. § 281 Abs. 1 Satz 2 und 3 und Abs. 5 finden entsprechende Anwendung.

**§ 307 [Ursprüngliche Unmöglichkeit, Ersatz des Vertrauensschadens]**

(1) Wer bei der Schließung eines Vertrags, der auf eine unmögliche Leistung gerichtet ist, die Unmöglichkeit der Leistung kennt oder kennen muss, ist zum Ersatz des Schadens verpflichtet, den der andere Teil dadurch erleidet, dass er auf die Gültigkeit des Vertrags vertraut, jedoch nicht über den Betrag des Interesses hinaus, welches der andere Teil an der Gültigkeit des Vertrags hat. Die Ersatzpflicht tritt nicht ein, wenn der andere Teil die Unmöglichkeit kennt oder kennen muss.
(2) Diese Vorschriften finden entsprechende Anwendung, wenn die Leistung nur teilweise unmöglich und der Vertrag in Ansehung des möglichen Teiles gültig ist oder wenn eine von mehreren wahlweise versprochenen Leistungen unmöglich ist.

**§ 308 [Vorübergehende Unmöglichkeit]**
(1) Die Unmöglichkeit der Leistung steht der Gültigkeit des Vertrags nicht entgegen, wenn die Unmöglichkeit gehoben werden kann und der Vertrag für den Fall geschlossen ist, dass die Leistung möglich wird.
(2) Wird eine unmögliche Leistung unter einer anderen aufschiebenden Bedingung oder unter Bestimmung eines Anfangstermins versprochen, so ist der Vertrag gültig, wenn die Unmöglichkeit vor dem Eintritt der Bedingung oder des Termins behoben wird.

**§ 309 [Verstoß gegen gesetzliches Verbot]**
Verstößt ein Vertrag gegen ein gesetzliches Verbot, so finden die Vorschriften der §§ 307, 308 entsprechende Anwendung.

**§ 311b Verträge über Grundstücke, das Vermögen und den Nachlass**
(1) Ein Vertrag, durch den sich der eine Teil verpflichtet, das Eigentum an einem Grundstück zu übertragen oder zu erwerben, bedarf der notariellen Beurkundung. Ein ohne Beachtung dieser Form geschlossener Vertrag wird seinem ganzen Inhalt nach gültig, wenn die Auflassung und die Eintragung in das Grundbuch erfolgen.

**§ 313 [Veräußerung oder Erwerb eines Grundstücks, Form]**
Ein Vertrag, durch den sich der eine Teil verpflichtet, das Eigentum an einem Grundstück zu übertragen oder zu erwerben, bedarf der notariellen Beurkundung. Ein ohne Beobachtung dieser Form geschlossener Vertrag wird seinem ganzen Inhalt nach gültig, wenn die Auflassung und die Eintragung in das Grundbuch erfolgen.

(2) Ein Vertrag, durch den sich der eine Teil verpflichtet, sein künftiges Vermögen oder einen

**§ 310 [Künftiges Vermögen, Vertrag]**
Ein Vertrag, durch den sich der eine Teil verpflichtet, sein künftiges Vermögen oder einen

Bruchteil seines künftigen Vermögens zu übertragen oder mit einem Nießbrauch zu belasten, ist nichtig.

(3) Ein Vertrag, durch den sich der eine Teil verpflichtet, sein gegenwärtiges Vermögen oder einen Bruchteil seines gegenwärtigen Vermögens zu übertragen oder mit einem Nießbrauch zu belasten, bedarf der notariellen Beurkundung.

(4) Ein Vertrag über den Nachlass eines noch lebenden Dritten ist nichtig. Das gleiche gilt von einem Vertrag über den Pflichtteil oder ein Vermächtnis aus dem Nachlass eines noch lebenden Dritten.

(5) Absatz 4 gilt nicht für einen Vertrag, der unter künftigen gesetzlichen Erben über den gesetzlichen Erbteil oder den Pflichtteil eines von ihnen geschlossen wird. Ein solcher Vertrag bedarf der notariellen Beurkundung.

**§ 311c Erstreckung auf Zubehör**

Verpflichtet sich jemand zur Veräußerung oder Belastung einer Sache, so erstreckt sich diese Verpflichtung im Zweifel auch auf das Zubehör der Sache.

**§ 312 Widerrufsrecht bei Haustürgeschäften**

(1) Bei einem Vertrag zwischen einem Unternehmer und einem Verbraucher, der eine entgeltliche Leistung zum Gegenstand hat und zu dessen Abschluss der Verbraucher

1. durch mündliche Verhandlungen an seinem Arbeitsplatz oder im Bereich einer Privatwohnung,
2. anlässlich einer vom Unternehmer oder von einem Dritten zumindest auch im Interesse des Unternehmers durchgeführten Freizeitveranstaltung oder
3. im Anschluss an ein überraschendes Ansprechen in Verkehrsmitteln oder im Bereich öffentlich zugänglicher Verkehrsflächen

bestimmt worden ist (Haustürgeschäft), steht dem Verbraucher ein Widerrufsrecht gemäß § 355 zu.

Dem Verbraucher kann anstelle des Widerrufsrechts ein Rückgaberecht nach § 356 eingeräumt werden, wenn zwischen dem Verbraucher und dem Unternehmer im Zusammenhang mit

Bruchteil seines künftigen Vermögens zu übertragen oder mit einem Nießbrauch zu belasten, ist nichtig.

**§ 311 [Gegenwärtiges Vermögen, Vertrag]**

Ein Vertrag, durch den sich der eine Teil verpflichtet, sein gegenwärtiges Vermögen oder einen Bruchteil seines gegenwärtigen Vermögens zu übertragen oder mit einem Nießbrauch zu belasten, bedarf der notariellen Beurkundung.

**§ 312 [Nachlass eines lebenden Dritten, Vertrag]**

(1) Ein Vertrag über den Nachlass eines noch lebenden Dritten ist nichtig. Das Gleiche gilt von einem Vertrag über den Pflichtteil oder ein Vermächtnis aus dem Nachlass eines noch lebenden Dritten.

(2) Diese Vorschriften finden keine Anwendung auf einen Vertrag, der unter künftigen gesetzlichen Erben über den gesetzlichen Erbteil oder den Pflichtteil eines von ihnen geschlossen wird. Ein solcher Vertrag bedarf der notariellen Beurkundung.

**§ 314 [Zubehör, Erstreckung der Verpflichtung]**

Verpflichtet sich jemand zur Veräußerung oder Belastung einer Sache, so erstreckt sich die Verpflichtung im Zweifel auch auf das Zubehör der Sache.

**§ 1 HTürWG - Widerrufsrecht**

(1) Einem Verbraucher steht ein Widerrufsrecht nach § 361a BGB bei Verträgen mit einem Unternehmer zu, die eine entgeltliche Leistung zum Gegenstand haben und zu denen er

1. durch mündliche Verhandlungen an seinem Arbeitsplatz oder im Bereich einer Privatwohnung,
2. anlässlich einer von der anderen Vertragspartei oder von einem Dritten zumindest auch in ihrem Interesse durchgeführten Freizeitveranstaltung oder
3. im Anschluss an ein überraschendes Ansprechen in Verkehrsmitteln oder im Bereich öffentlich zugänglicher Verkehrsflächen

bestimmt worden ist.

Dem Verbraucher kann an Stelle des Widerrufsrechts ein Rückgaberecht nach § 361b BGB eingeräumt werden, wenn zwischen dem Verbraucher und dem Unternehmer im

diesem oder einem späteren Geschäft auch eine ständige Verbindung aufrechterhalten werden soll.
(2) Die erforderliche Belehrung über das Widerrufs- oder Rückgaberecht muss auf die Rechtsfolgen des § 357 Abs. 1 und 3 hinweisen.
(3) Das Widerrufs- oder Rückgaberecht besteht unbeschadet anderer Vorschriften nicht bei Versicherungsverträgen oder wenn
1. im Fall von Absatz 1 Nr. 1 die mündlichen Verhandlungen, auf denen der Abschluss des Vertrags beruht, auf vorhergehende Bestellung des Verbrauchers geführt worden sind oder
2. die Leistung bei Abschluss der Verhandlungen sofort erbracht und bezahlt wird und das Entgelt 40 Euro nicht übersteigt oder
3. die Willenserklärung des Verbrauchers von einem Notar beurkundet worden ist.

Zusammenhang mit diesem oder einem späteren Geschäft auch eine ständige Verbindung aufrechterhalten werden soll.

(2) Das Widerrufsrecht oder Rückgaberecht besteht nicht, wenn

1. im Falle von Absatz 1 Nr. 1 die mündlichen Verhandlungen, auf denen der Abschluss des Vertrags beruht, auf vorhergehende Bestellung des Verbrauchers geführt worden sind oder
2. die Leistung bei Abschluss der Verhandlungen sofort erbracht und bezahlt wird und das Entgelt 40 Euro nicht übersteigt oder
3. die Willenserklärung von einem Notar beurkundet worden ist.

**§ 312a Verhältnis zu anderen Vorschriften**

Unterfällt ein Haustürgeschäft zugleich den Regelungen über Verbraucherdarlehensverträge oder Finanzierungshilfen (§§ 491 bis 504) oder über TeilzeitWohnrechteverträge (§§ 481 bis 487), oder erfüllt ein Haustürgeschäft zugleich die Voraussetzungen eines Geschäfts nach § 11 oder § 15h des Gesetzes über den Vertrieb ausländischer Investmentanteile und über die Besteuerung der Erträge aus ausländischen Investmentanteilen, nach § 23 des Gesetzes über Kapitalanlagegesellschaften oder nach § 4 des Gesetzes zum Schutz der Teilnehmer am Fernunterricht, so finden nur die Vorschriften über diese Geschäfte Anwendung.

**§ 5 HTürWG - Umgehungsverbot, Unabdingbarkeit**

(2) Erfüllt ein Geschäft im Sinne des § 1 Abs. 1 zugleich die Voraussetzungen eines Geschäfts nach dem Verbraucherkreditgesetz, nach § 11 des Gesetzes über den Vertrieb ausländischer Investmentanteile und über die Besteuerung der Erträge aus ausländischen Investmentanteilen, nach § 23 des Gesetzes über Kapitalanlagegesellschaften oder nach § 4 des Gesetzes zum Schutz der Teilnehmer am Fernunterricht, so sind nur die Vorschriften dieser Gesetze anzuwenden.
(3) Erfüllt ein Geschäft im Sinne des § 1 Abs. 1 zugleich die Voraussetzungen eines Geschäftes nach dem Teilzeit-Wohnrechtegesetz, so sind in Bezug auf das Widerrufsrecht nur die Vorschriften des Teilzeit-Wohnrechtegesetzes anzuwenden.

**§ 312b Fernabsatzverträge**

(1) Fernabsatzverträge sind Verträge über die Lieferung von Waren oder über die Erbringung von Dienstleistungen, die zwischen einem Unternehmer und einem Verbraucher unter ausschließlicher Verwendung von Fernkommunikationsmitteln abgeschlossen werden, es sei denn, dass der Vertragsschluss nicht im Rahmen eines für den Fernabsatz organisierten Vertriebs- oder Dienstleistungssystems erfolgt.

**§ 1 FernAbsG - Anwendungsbereich**

(1) Dieses Gesetz gilt für Verträge über die Lieferung von Waren oder über die Erbringung von Dienstleistungen, die zwischen einem Unternehmer und einem Verbraucher unter ausschließlicher Verwendung von Fernkommunikationsmitteln abgeschlossen werden, es sei denn, dass der Vertragsschluss nicht im Rahmen eines für den Fernabsatz organisierten Vertriebs- oder Dienstleistungssystems erfolgt (Fernabsatzverträge).

(2) Fernkommunikationsmittel sind Kommunikationsmittel, die zur Anbahnung oder zum Abschluss eines Vertrags zwischen einem Verbraucher und einem Unternehmer ohne gleichzeitige körperliche Anwesenheit der Vertragsparteien eingesetzt werden können, insbesondere Briefe, Kataloge, Telefonanrufe, Telekopien, E-Mails sowie Rundfunk, Tele- und Mediendienste.
(3) Die Vorschriften über Fernabsatzverträge finden keine Anwendung auf Verträge
1. über Fernunterricht (§ 1 Fernunterrichtsschutzgesetz),
2. über die Teilzeitnutzung von Wohngebäuden (§ 481),
3. über Finanzgeschäfte, insbesondere Bankgeschäfte, Finanz- und Wertpapierdienstleistungen und Versicherungen sowie deren Vermittlung, ausgenommen Darlehensvermittlungsverträge,
4. über die Veräußerung von Grundstücken und grundstücksgleichen Rechten, die Begründung, Veräußerung und Aufhebung von dinglichen Rechten an Grundstücken und grundstücksgleichen Rechten sowie über die Errichtung von Bauwerken,
5. über die Lieferung von Lebensmitteln, Getränken oder sonstigen Haushaltsgegenständen des täglichen Bedarfs, die am Wohnsitz, am Aufenthaltsort oder am Arbeitsplatz eines Verbrauchers von Unternehmern im Rahmen häufiger und regelmäßiger Fahrten geliefert werden,
6. über die Erbringung von Dienstleistungen in den Bereichen Unterbringung, Beförderung, Lieferung von Speisen und Getränken sowie Freizeitgestaltung, wenn sich der Unternehmer bei Vertragsschluss verpflichtet, die Dienstleistungen zu einem bestimmten Zeitpunkt oder innerhalb eines genau angegebenen Zeitraums zu erbringen,
7. die geschlossen werden
a) unter Verwendung von Warenautomaten oder automatisierten Geschäftsräumen oder
b) mit Betreibern von Telekommunikationsmitteln auf Grund der Benutzung von öffentlichen Fernsprechern, soweit sie deren Benutzung zum Gegenstand haben.

(2) Fernkommunikationsmittel sind Kommunikationsmittel, die zur Anbahnung oder zum Abschluss eines Vertrags zwischen einem Verbraucher und einem Unternehmer ohne gleichzeitige körperliche Anwesenheit der Vertragsparteien eingesetzt werden können, insbesondere Briefe, Kataloge, Telefonanrufe, Telekopien, E-Mails sowie Rundfunk, Tele- und Mediendienste.
(3) Dieses Gesetz findet keine Anwendung auf Verträge
1. über Fernunterricht (§ 1 Fernunterrichtsschutzgesetz),
2. über die Teilzeitnutzung von Wohngebäuden (§ 1 Teilzeit-Wohnrechtegesetz),
3. über Finanzgeschäfte, insbesondere Bankgeschäfte, Finanz- und Wertpapierdienstleistungen und Versicherungen sowie deren Vermittlung,
4. über die Veräußerung von Grundstücken und grundstücksgleichen Rechten, die Begründung, Veräußerung und Aufhebung von dinglichen Rechten an Grundstücken und grundstücksgleichen Rechten sowie über die Errichtung von Bauwerken,
5. über die Lieferung von Lebensmitteln, Getränken oder sonstigen Haushaltsgegenständen des täglichen Bedarfs, die am Wohnsitz, am Aufenthaltsort oder am Arbeitsplatz eines Verbrauchers von Unternehmern im Rahmen häufiger und regelmäßiger Fahrten geliefert werden,
6. über die Erbringung von Dienstleistungen in den Bereichen Unterbringung, Beförderung, Lieferung von Speisen und Getränken sowie Freizeitgestaltung, wenn sich der Unternehmer bei Vertragsabschluss verpflichtet, die Dienstleistungen zu einem bestimmten Zeitpunkt oder innerhalb eines genau angegebenen Zeitraums zu erbringen,
7. die geschlossen werden
a) unter Verwendung von Warenautomaten oder automatisierten Geschäftsräumen oder
b) mit Betreibern von Telekommunikationsmitteln auf Grund der Benutzung von öffentlichen Fernsprechern, soweit sie deren Benutzung zum Gegenstand haben.
(4) Dieses Gesetz ist insoweit nicht anzuwenden, als andere Vorschriften für den Verbraucher günstigere Regelungen, insbesondere weiter gehende Informationspflichten, enthalten.

**§ 312c Unterrichtung des Verbrauchers bei Fernabsatzverträgen**

(1) Der Unternehmer hat den Verbraucher rechtzeitig vor Abschluss eines Fernabsatzvertrags in einer dem eingesetzten Fernkommunikationsmittel entsprechenden Weise klar und verständlich zu informieren über

1. die Einzelheiten des Vertrags, für die dies in der Rechtsverordnung nach Artikel 240 EGBGB bestimmt ist, und
2. den geschäftlichen Zweck des Vertrags.

Bei Telefongesprächen muss der Unternehmer seine Identität und den geschäftlichen Zweck des Vertrags bereits zu Beginn des Gesprächs ausdrücklich offenlegen.

(2) Der Unternehmer hat dem Verbraucher die in der Rechtsverordnung nach Artikel 240 EGBGB bestimmten Informationen in dem dort bestimmten Umfang und der dort bestimmten Art und Weise alsbald, spätestens bis zur vollständigen Erfüllung des Vertrags, bei Waren spätestens bei Lieferung an den Verbraucher, in Textform mitzuteilen.

(3) Absatz 2 gilt nicht für Dienstleistungen, die unmittelbar durch Einsatz von Fernkommunikationsmitteln erbracht werden, sofern diese Leistungen in einem Mal erfolgen und über den Betreiber der Fernkommunikationsmittel abgerechnet werden. Der Verbraucher muss sich in diesem Fall aber über die Anschrift der Niederlassung des Unternehmers informieren können, bei der er Beanstandungen vorbringen kann.

(4) Weitergehende Einschränkungen bei der Verwendung von Fernkommunikationsmitteln und weitergehende Informationspflichten auf Grund anderer Vorschriften bleiben unberührt.

**§ 2 FernAbsG - Unterrichtung des Verbrauchers**

(1) Beim Einsatz von Fernkommunikationsmitteln zur Anbahnung oder zum Abschluss von Fernabsatzverträgen müssen der geschäftliche Zweck und die Identität des Unternehmers für den Verbraucher eindeutig erkennbar sein. Bei Telefongesprächen müssen sie zu Beginn des Gesprächs ausdrücklich offen gelegt werden. Weitergehende Einschränkungen bei der Verwendung von Fernkommunikationsmitteln auf Grund anderer Vorschriften bleiben unberührt.

(2) Der Unternehmer muss den Verbraucher rechtzeitig vor Abschluss eines Fernabsatzvertrags in einer dem eingesetzten Fernkommunikationsmittel entsprechenden Weise klar und verständlich informieren über:

1. seine Identität und Anschrift,
2. wesentliche Merkmale der Ware oder Dienstleistung, sowie darüber, wann der Vertrag zu Stande kommt,
3. die Mindestlaufzeit des Vertrags, wenn dieser eine dauernde oder regelmäßig wiederkehrende Leistung zum Inhalt hat,
4. einen Vorbehalt, eine in Qualität und Preis gleichwertige Leistung (Ware oder Dienstleistung) zu erbringen, und einen Vorbehalt, die versprochene Leistung im Falle ihrer Nichtverfügbarkeit nicht zu erbringen,
5. den Preis der Ware oder Dienstleistung einschließlich aller Steuern und sonstiger Preisbestandteile,
6. gegebenenfalls zusätzlich anfallende Liefer- und Versandkosten,
7. Einzelheiten hinsichtlich der Zahlung und der Lieferung oder Erfüllung,
8. das Bestehen eines Widerrufs- oder Rückgaberechts nach § 3,
9. Kosten, die dem Verbraucher durch die Nutzung der Fernkommunikationsmittel entstehen, sofern sie über die üblichen Grundtarife, mit denen der Verbraucher rechnen muss, hinausgehen,
10. die Gültigkeitsdauer befristeter Angebote, insbesondere hinsichtlich des Preises.

(3) Der Unternehmer hat die Informationen nach Absatz 2 Nr. 1 bis 8 dem Verbraucher alsbald, spätestens bis zur vollständigen Erfüllung des Vertrags, bei Waren spätestens bei Lieferung an den Verbraucher, auf einem dauerhaften

Datenträger zur Verfügung zu stellen. Dabei muss der Verbraucher auf folgende Informationen in einer hervorgehobenen und deutlich gestalteten Form aufmerksam gemacht werden:
1. Informationen über die Bedingungen, Einzelheiten der Ausübung und Rechtsfolgen des Widerrufs-oder Rückgaberechts nach den §§ 3 und 4 sowie über den Ausschluss des Widerrufsrechts nach § 3 Abs. 1 Satz 3 Nr. 2 Buchstabe b,
2. die Anschrift der Niederlassung des Unternehmers, bei der der Verbraucher Beanstandungen vorbringen kann, sowie eine ladungsfähige Anschrift des Unternehmers und bei juristischen Personen, Personenvereinigungen oder -gruppen auch den Namen eines Vertretungsberechtigten,
3. Informationen über Kundendienst und geltende Gewährleistungs- und Garantiebedingungen,
4. die Kündigungsbedingungen bei Verträgen, die ein Dauerschuldverhältnis betreffen und für eine längere Zeit als ein Jahr oder für unbestimmte Zeit geschlossen werden.
Die Sätze 1 und 2 gelten nicht für Dienstleistungen, die unmittelbar durch Einsatz von Fernkommunikationsmitteln erbracht werden, sofern diese Leistungen in einem Mal erfolgen und über den Betreiber der Fernkommunikationsmittel abgerechnet werden. Der Verbraucher muss sich in diesem Fall aber über die Anschrift der Niederlassung des Unternehmers informieren können, bei der er Beanstandungen vorbringen kann.
(4) Weiter gehende Informationspflichten in anderen Gesetzen bleiben unberührt.

**§ 312d Widerrufs- und Rückgaberecht bei Fernabsatzverträgen**

(1) Dem Verbraucher steht bei einem Fernabsatzvertrag ein Widerrufsrecht nach § 355 zu. Anstelle des Widerrufsrechts kann dem Verbraucher bei Verträgen über die Lieferung von Waren ein Rückgaberecht nach § 356 eingeräumt werden.

(2) Die Widerrufsfrist beginnt abweichend von § 355 Abs. 2 Satz 1 nicht vor Erfüllung der Informationspflichten gemäß § 312c Abs. 2, bei der Lieferung von Waren nicht vor dem Tag ihres Eingangs beim Empfänger, bei der wiederkehrenden Lieferung gleichartiger Waren nicht vor dem Tag des Eingangs der ersten Teillieferung und bei Dienstleistungen nicht vor dem Tag des

**§ 3 FernAbsG - Widerrufsrecht, Rückgaberecht**

(1) Dem Verbraucher steht ein Widerrufsrecht nach § 361a BGB zu.

Die Widerrufsfrist beginnt abweichend von § 361a Abs. 1 Satz 3 BGB nicht vor Erfüllung der Informationspflichten gemäß § 2 Abs. 3 und 4, bei der Lieferung von Waren nicht vor dem Tag ihres Eingangs beim Empfänger, bei der wiederkehrenden Lieferung gleichartiger Waren nicht vor dem Tag des Eingangs der ersten Teillieferung und bei Dienstleistungen nicht vor

Vertragsschlusses; § 355 Abs. 2 Satz 2 findet keine Anwendung.

dem Tag des Vertragsabschlusses; die Widerrufsbelehrung bedarf keiner Unterzeichnung durch den Verbraucher und kann diesem auch auf einem dauerhaften Datenträger zur Verfügung gestellt werden.

(3) Das Widerrufsrecht erlischt bei einer Dienstleistung auch, wenn der Unternehmer mit der Ausführung der Dienstleistung mit ausdrücklicher Zustimmung des Verbrauchers vor Ende der Widerrufsfrist begonnen hat oder der Verbraucher diese selbst veranlasst hat.

Das Widerrufsrecht erlischt
1. bei der Lieferung von Waren spätestens vier Monate nach ihrem Eingang beim Empfänger und
2. bei Dienstleistungen
a) spätestens vier Monate nach Vertragsschluss oder
b) wenn der Unternehmer mit der Ausführung der Dienstleistung mit Zustimmung des Verbrauchers vor Ende der Widerrufsfrist begonnen hat oder der Verbraucher diese selbst veranlasst hat.

(4) Das Widerrufsrecht besteht, soweit nicht ein anderes bestimmt ist, nicht bei Fernabsatzverträgen

1. zur Lieferung von Waren, die nach Kundenspezifikation angefertigt werden oder eindeutig auf die persönlichen Bedürfnisse zugeschnitten sind oder die auf Grund ihrer Beschaffenheit nicht für eine Rücksendung geeignet sind oder schnell verderben können oder deren Verfalldatum überschritten würde,
2. zur Lieferung von Audio- oder Videoaufzeichnungen oder von Software, sofern die gelieferten Datenträger vom Verbraucher entsiegelt worden sind,
3. zur Lieferung von Zeitungen, Zeitschriften und Illustrierten,
4. zur Erbringung von Wett- und Lotterie-Dienstleistungen oder
5. die in der Form von Versteigerungen (§ 156) geschlossen werden.

(2) Das Widerrufsrecht besteht mangels anderer Vereinbarung und unbeschadet anderer gesetzlicher Bestimmungen nicht bei Fernabsatzverträgen
1. zur Lieferung von Waren, die nach Kundenspezifikation angefertigt werden oder eindeutig auf die persönlichen Bedürfnisse zugeschnitten sind oder die auf Grund ihrer Beschaffenheit nicht für eine Rücksendung geeignet sind oder schnell verderben können oder deren Verfalldatum überschritten würde,
2. zur Lieferung von Audio-oder Videoaufzeichnungen oder von Software, sofern die gelieferten Datenträger vom Verbraucher entsiegelt worden sind,
3. zur Lieferung von Zeitungen, Zeitschriften und Illustrierten,
4. zur Erbringung von Wett-und Lotterie-Dienstleistungen oder
5. die in der Form von Versteigerungen (§ 156 des BGB) geschlossen werden.
(3) an Stelle des Widerrufsrechts nach den Absätzen 1 und 2 kann für Verträge über die Lieferung von Waren ein Rückgaberecht nach § 361b BGB eingeräumt werden. Absatz 1 Satz 2 und 3 Nr. 1 gilt entsprechend.

**§ 312e Pflichten im elektronischen Geschäftsverkehr**

(1) Bedient sich ein Unternehmer zum Zwecke des Abschlusses eines Vertrags über die Lieferung von Waren oder über die Erbringung von Dienstleistungen eines Tele- oder Mediendienstes (Vertrag im elektronischen Geschäftsverkehr), hat er dem Kunden

**Keine Entsprechung. Umsetzung der Artikel 10 und 11 der EG-Richtlinie über den elektronischen Geschäftsverkehr (E-Commerce-Richtlinie), hier abgedruckt unter Materialien F IV.4, S. 184**

1. angemessene, wirksame und zugängliche technische Mittel zur Verfügung zu stellen, mit deren Hilfe der Kunde Eingabefehler vor Abgabe seiner Bestellung erkennen und berichtigen kann,
2. die in der Rechtsverordnung nach Artikel 241 EGBGB bestimmten Informationen rechtzeitig vor Abgabe von dessen Bestellung klar und verständlich mitzuteilen,
3. den Zugang von dessen Bestellung unverzüglich auf elektronischem Wege zu bestätigen und
4. die Möglichkeit zu verschaffen, die Vertragsbestimmungen einschließlich der Allgemeinen Geschäftsbedingungen bei Vertragsschluss abzurufen und in wiedergabefähiger Form zu speichern.
Bestellung und Empfangsbestätigung im Sinne von Satz 1 Nr. 3 gelten als zugegangen, wenn die Parteien, für die sie bestimmt sind, sie unter gewöhnlichen Umständen abrufen können.
(2) Absatz 1 Satz 1 Nr. 1 bis 3 findet keine Anwendung, wenn der Vertrag ausschließlich durch individuelle Kommunikation geschlossen wird. Absatz 1 Satz 1 Nr. 1 bis 3 und Satz 2 finden keine Anwendung, wenn zwischen Vertragsparteien, die nicht Verbraucher sind, etwas anderes vereinbart wird.
(3) Weitergehende Informationspflichten auf Grund anderer Vorschriften bleiben unberührt. Steht dem Kunden ein Widerrufsrecht gemäß § 355 zu, beginnt die Widerrufsfrist abweichend von § 355 Abs. 2 Satz 1 nicht vor Erfüllung der in Absatz 1 Satz 1 geregelten Pflichten.

**§ 312f Abweichende Vereinbarungen**

Von den Vorschriften dieses Untertitels darf, soweit nicht ein anderes bestimmt ist, nicht zum Nachteil des Verbrauchers oder Kunden abgewichen werden. Die Vorschriften dieses Untertitels finden, soweit nicht ein anderes bestimmt ist, auch Anwendung, wenn sie durch anderweitige Gestaltungen umgangen werden.

**§ 5 FernAbsG - Unabdingbarkeit, Umgehungsverbot**
(1) Eine zum Nachteil des Verbrauchers von den Vorschriften dieses Gesetzes abweichende Vereinbarung ist unwirksam.
(2) Dieses Gesetz ist auch anzuwenden, wenn seine Vorschriften durch anderweitige Gestaltungen umgangen werden.

**§ 5 HTürWG - Umgehungsverbot, Unabdingbarkeit**
(1) Dieses Gesetz findet auch Anwendung, wenn seine Vorschriften durch anderweitige Gestaltungen umgangen werden.
(4) Von den Vorschriften dieses Gesetzes zum Nachteil des Kunden abweichend Vereinbarungen sind unwirksam.

**§ 313 Störung der Geschäftsgrundlage**
(1) Haben sich Umstände, die zur Grundlage des Vertrags geworden sind, nach Vertragsschluss schwerwiegend verändert und hätten die Parteien den Vertrag nicht oder mit anderem Inhalt geschlossen, wenn sie diese Veränderung vorausgesehen hätten, so kann Anpassung des Vertrags verlangt werden, soweit einem Teil unter Berücksichtigung aller Umstände des Einzelfalles, insbesondere der vertraglichen oder gesetzlichen Risikoverteilung, das Festhalten am unveränderten Vertrag nicht zugemutet werden kann.
(2) Einer Veränderung der Umstände steht es gleich, wenn wesentliche Vorstellungen, die zur Grundlage des Vertrags geworden sind, sich als falsch herausstellen.
(3) Ist eine Anpassung des Vertrags nicht möglich oder einem Teil nicht zumutbar, so kann der benachteiligte Teil vom Vertrag zurücktreten. An die Stelle des Rücktrittsrechts tritt für Dauerschuldverhältnisse das Recht zur Kündigung.

**Bisher keine Entsprechung. Gesetzliche Normierung des Rechtsinstituts des Wegfalls der Geschäftsgrundlage.**

**§ 314 Kündigung von Dauerschuldverhältnissen aus wichtigem Grund**
(1) Dauerschuldverhältnisse kann jeder Vertragsteil aus wichtigem Grund ohne Einhaltung einer Kündigungsfrist kündigen. Ein wichtiger Grund liegt vor, wenn dem kündigenden Teil unter Berücksichtigung aller Umstände des Einzelfalls und unter Abwägung der beiderseitigen Interessen die Fortsetzung des Vertragsverhältnisses bis zur vereinbarten Beendigung oder bis zum Ablauf einer Kündigungsfrist nicht zugemutet werden kann.
(2) Besteht der wichtige Grund in der Verletzung einer Pflicht aus dem Vertrag, ist die Kündigung erst nach erfolglosem Ablauf einer zur Abhilfe bestimmten Frist oder nach erfolgloser Abmahnung zulässig. § 323 Abs. 2 findet entsprechende Anwendung.
(3) Der Berechtigte kann nur innerhalb einer angemessenen Frist kündigen, nachdem er vom Kündigungsgrund Kenntnis erlangt hat.
(4) Die Berechtigung, Schadensersatz zu verlangen, wird durch die Kündigung nicht ausgeschlossen.

**keine Entsprechung**

**§§ 315 – 320**

**§§ 315 - 320 gelten unverändert fort.**

**§ 321 Unsicherheitseinrede**

(1) Wer aus einem gegenseitigen Vertrag vorzu-

**§ 321 [Leistungsverweigerungsrecht bei Vermögensverschlechterung]**
Wer aus einem gegenseitigen Vertrag vorzuleisten

leisten verpflichtet ist, kann die ihm obliegende Leistung verweigern, wenn nach Abschluss des Vertrags erkennbar wird, dass sein Anspruch auf die Gegenleistung durch mangelnde Leistungsfähigkeit des anderen Teils gefährdet wird. Das Leistungsverweigerungsrecht entfällt, wenn die Gegenleistung bewirkt oder Sicherheit für sie geleistet wird.

(2) Der Vorleistungspflichtige kann eine angemessene Frist bestimmen, in welcher der andere Teil Zug um Zug gegen die Leistung nach seiner Wahl die Gegenleistung zu bewirken oder Sicherheit zu leisten hat. Nach erfolglosem Ablauf der Frist kann der Vorleistungspflichtige vom Vertrag zurücktreten. § 323 findet entsprechende Anwendung.

verpflichtet ist, kann, wenn nach dem Abschluss des Vertrags in den Vermögensverhältnissen des anderen Teiles eine wesentliche Verschlechterung eintritt, durch die der Anspruch auf die Gegenleistung gefährdet wird, die ihm obliegende Leistung verweigern, bis die Gegenleistung bewirkt oder Sicherheit für sie geleistet wird.

**§ 322**

**§ 322 gilt unverändert fort.**

**§ 323 Rücktritt wegen nicht oder nicht vertragsgemäß erbrachter Leistung**

(1) Erbringt bei einem gegenseitigen Vertrag der Schuldner eine fällige Leistung nicht oder nicht vertragsgemäß, so kann der Gläubiger, wenn er dem Schuldner erfolglos eine angemessene Frist zur Leistung oder Nacherfüllung bestimmt hat, vom Vertrag zurücktreten.

**§ 325 [Unmöglichkeit der Leistung, vom Schuldner zu vertretende]**

(1) Wird die aus einem gegenseitigen Vertrag dem einen Teil obliegende Leistung infolge eines Umstandes, den er zu vertreten hat, unmöglich, so kann der andere Teil Schadensersatz wegen Nichterfüllung verlangen oder von dem Vertrag zurücktreten.

**§ 326 [Schuldnerverzug]**

(1) Ist bei einem gegenseitigen Vertrag der eine Teil mit der ihm obliegenden Leistung im Verzug, so kann ihm der andere Teil zur Bewirkung der Leistung eine angemessene Frist mit der Erklärung bestimmen, dass er die Annahme der Leistung nach dem Ablauf der Frist ablehne. Nach dem Ablauf der Frist ist er berechtigt, Schadensersatz wegen Nichterfüllung zu verlangen oder von dem Vertrag zurückzutreten, wenn nicht die Leistung rechtzeitig erfolgt ist; der Anspruch auf Erfüllung ist ausgeschlossen. Wird die Leistung bis zum Ablauf der Frist teilweise nicht bewirkt, so findet die Vorschrift des § 325 Abs. 1 Satz 2 entsprechende Anwendung.

(2) Die Fristsetzung ist entbehrlich, wenn

1. der Schuldner die Leistung ernsthaft und endgültig verweigert,

2. der Schuldner die Leistung zu einem im Vertrag bestimmten Termin oder innerhalb einer bestimmten Frist nicht bewirkt und der Gläubiger im Vertrag den Fortbestand seines

**§ 361 [Rücktrittsrecht bei Fixgeschäft]**

Ist in einem gegenseitigen Vertrag vereinbart, dass die Leistung des einen Teiles genau zu einer festbestimmten Zeit oder innerhalb einer festbestimmten Frist bewirkt werden soll, so ist im

Leistungsinteresses an die Rechtzeitigkeit der Leistung gebunden hat oder

3. besondere Umstände vorliegen, die unter Abwägung der beiderseitigen Interessen den sofortigen Rücktritt rechtfertigen.
(3) Kommt nach der Art der Pflichtverletzung eine Fristsetzung nicht in Betracht, so tritt an deren Stelle eine Abmahnung.
(4) Der Gläubiger kann bereits vor dem Eintritt der Fälligkeit der Leistung zurücktreten, wenn offensichtlich ist, dass die Voraussetzungen des Rücktritts eintreten werden.

(5) Hat der Schuldner eine Teilleistung bewirkt, so kann der Gläubiger vom ganzen Vertrag nur zurücktreten, wenn er an der Teilleistung kein Interesse hat. Hat der Schuldner die Leistung nicht vertragsgemäß bewirkt, so kann der Gläubiger vom Vertrag nicht zurücktreten, wenn die Pflichtverletzung unerheblich ist.

(6) Der Rücktritt ist ausgeschlossen, wenn der Gläubiger für den Umstand, der ihn zum Rücktritt berechtigen würde, allein oder weit überwiegend verantwortlich ist, oder wenn der vom Schuldner nicht zu vertretende Umstand zu einer Zeit eintritt, zu welcher der Gläubiger im Verzug der Annahme ist.

**§ 324 Rücktritt wegen Verletzung einer Pflicht nach § 241 Abs. 2**
Verletzt der Schuldner bei einem gegenseitigen Vertrag eine Pflicht nach § 241 Abs. 2, so kann der Gläubiger zurücktreten, wenn ihm ein Festhalten am Vertrag nicht mehr zuzumuten ist.

**§ 325 Schadensersatz und Rücktritt**
Das Recht, bei einem gegenseitigen Vertrag Schadensersatz zu verlangen, wird durch den Rücktritt nicht ausgeschlossen.

**§ 326 Befreiung von der Gegenleistung und Rücktritt beim Ausschluss der Leistungspflicht**
(1) Braucht der Schuldner nach § 275 Abs. 1 bis 3 nicht zu leisten, entfällt der Anspruch auf die Gegenleistung; bei einer Teilleistung findet

Zweifel anzunehmen, dass der andere Teil zum Rücktritt berechtigt sein soll, wenn die Leistung nicht zu der bestimmten Zeit oder innerhalb der bestimmten Frist erfolgt.

**§ 326 [Schuldnerverzug]**
(2) Hat die Erfüllung des Vertrags infolge des Verzugs für den anderen Teil kein Interesse, so stehen ihm die im Absatz 1 bezeichneten Rechte zu, ohne dass es der Bestimmung einer Frist bedarf.

**§ 325 [Unmöglichkeit der Leistung, vom Schuldner zu vertretende]**
(1) [Satz 2:] Bei teilweiser Unmöglichkeit ist er, wenn die teilweise Erfüllung des Vertrags für ihn kein Interesse hat, berechtigt, Schadensersatz wegen Nichterfüllung der ganzen Verbindlichkeit nach Maßgabe des § 280 Abs. 2 zu verlangen oder von dem ganzen Vertrag zurückzutreten.

**§ 324 [Unmöglichkeit der Leistung, vom Gläubiger zu vertretende]**
(2) Das gleiche gilt, wenn die dem einen Teil obliegende Leistung infolge eines von ihm nicht zu vertretenden Umstandes zu einer Zeit unmöglich wird, zu welcher der andere Teil im Verzug der Annahme ist.

**§ 323 [Unmöglichkeit der Leistung, Nachträgliche nicht zu vertretende]**

(1) Wird die aus einem gegenseitigen Vertrag dem einen Teil obliegende Leistung infolge eines Umstandes unmöglich, den weder er noch der

| | |
|---|---|
| § 441 Abs. 3 entsprechende Anwendung. Satz 1 gilt nicht, wenn der Schuldner im Fall der nicht vertragsgemäßen Leistung die Nacherfüllung nach § 275 Abs. 1 bis 3 nicht zu erbringen braucht.<br><br>(2) Ist der Gläubiger für den Umstand, auf Grund dessen der Schuldner nach § 275 Abs. 1 bis 3 nicht zu leisten braucht, allein oder weit überwiegend verantwortlich oder tritt dieser vom Schuldner nicht zu vertretende Umstand zu einer Zeit ein, zu welcher der Gläubiger im Verzug der Annahme ist, so behält der Schuldner den Anspruch auf die Gegenleistung. Er muss sich jedoch dasjenige anrechnen lassen, was er infolge der Befreiung von der Leistung erspart oder durch anderweitige Verwendung seiner Arbeitskraft erwirbt oder zu erwerben böswillig unterlässt. | andere Teil zu vertreten hat, so verliert er den Anspruch auf die Gegenleistung; bei teilweiser Unmöglichkeit mindert sich die Gegenleistung nach Maßgabe der §§ 472, 473.<br>**§ 324 [Unmöglichkeit der Leistung, vom Gläubiger zu vertretende]**<br>(1) Wird die aus einem gegenseitigen Vertrag dem einen Teil obliegende Leistung infolge eines Umstandes, den der andere Teil zu vertreten hat, unmöglich, so behält er den Anspruch auf die Gegenleistung. Er muss sich jedoch dasjenige anrechnen lassen, was er infolge der Befreiung von der Leistung erspart oder durch anderweitige Verwendung seiner Arbeitskraft erwirbt oder zu erwerben böswillig unterlässt. |
| (3) Verlangt der Gläubiger nach § 285 Herausgabe des für den geschuldeten Gegenstand erlangten Ersatzes oder Abtretung des Ersatzanspruchs, so bleibt er zur Gegenleistung verpflichtet. Diese mindert sich jedoch nach Maßgabe des § 441 Abs. 3 insoweit, als der Wert des Ersatzes oder des Ersatzanspruchs hinter dem Wert der geschuldeten Leistung zurückbleibt.<br>(4) Soweit die nach dieser Vorschrift nicht geschuldete Gegenleistung bewirkt ist, kann das Geleistete nach den §§ 346 bis 348 zurückgefordert werden.<br>(5) Braucht der Schuldner nach § 275 Abs. 1 bis 3 nicht zu leisten, kann der Gläubiger zurücktreten; auf den Rücktritt findet § 323 mit der Maßgabe entsprechende Anwendung, dass die Fristsetzung entbehrlich ist." | **§ 323 [Unmöglichkeit der Leistung, Nachträgliche nicht zu vertretende]**<br>(2) Verlangt der andere Teil nach § 281 Herausgabe des für den geschuldeten Gegenstand erlangten Ersatzes oder Abtretung des Ersatzanspruchs, so bleibt er zur Gegenleistung verpflichtet; diese mindert sich jedoch nach Maßgabe der §§ 472, 473 insoweit, als der Wert des Ersatzes oder des Ersatzanspruchs hinter dem Wert der geschuldeten Leistung zurückbleibt.<br>(3) Soweit die nach diesen Vorschriften nicht geschuldete Gegenleistung bewirkt ist, kann das Geleistete nach den Vorschriften über die Herausgabe einer ungerechtfertigten Bereicherung zurückgefordert werden. |
| **§ 327** | **§ 327 wurde aufgehoben.** |
| **§§ 328 – 345** | **§§ 328 - 345 gelten unverändert fort.** |
| **§ 346 Wirkungen des Rücktritts**<br><br>(1) Hat sich eine Vertragspartei vertraglich den Rücktritt vorbehalten oder steht ihr ein gesetzliches Rücktrittsrecht zu, so sind im Fall des Rücktritts die empfangenen Leistungen zurükkzugewähren und die gezogenen Nutzungen herauszugeben. | **§ 346 [Vertraglicher Rücktrittsvorbehalt, Wirkung]**<br>Hat sich in einem Vertrag ein Teil den Rücktritt vorbehalten, so sind die Parteien, wenn der Rücktritt erfolgt, verpflichtet, einander die empfangenen Leistungen zurückzugewähren. |

(2) Statt der Rückgewähr hat der Schuldner Wertersatz zu leisten, soweit
1. die Rückgewähr oder die Herausgabe nach der Natur des Erlangten ausgeschlossen ist,

Für geleistete Dienste sowie für die Überlassung der Benutzung einer Sache ist der Wert zu vergüten oder, falls in dem Vertrag eine Gegenleistung in Geld bestimmt ist, diese zu entrichten.

2. er den empfangenen Gegenstand verbraucht, veräußert, belastet, verarbeitet oder umgestaltet hat,

**§ 352 [Rücktritt, Verarbeitung oder Umbildung des Leistungsgegenstands]**
Der Rücktritt ist ausgeschlossen, wenn der Berechtigte die empfangene Sache durch Verarbeitung oder Umbildung in eine Sache anderer Art umgestaltet hat.

**§ 353 [Rücktritt, Veräußerung oder Belastung des Leistungsgegenstands]**
(1) Hat der Berechtigte den empfangenen Gegenstand oder einen erheblichen Teil des Gegenstandes veräußert oder mit dem Recht eines Dritten belastet, so ist der Rücktritt ausgeschlossen, wenn bei demjenigen, welcher den Gegenstand infolge der Verfügung erlangt hat, die Voraussetzungen des § 351 oder des § 352 eingetreten sind.
(2) Einer Verfügung des Berechtigten steht eine Verfügung gleich, die im Wege der Zwangsvollstreckung oder der Arrestvollziehung oder durch den Insolvenzverwalter erfolgt.

3. der empfangene Gegenstand sich verschlechtert hat oder untergegangen ist; jedoch bleibt die durch die bestimmungsgemäße Ingebrauchnahme entstandene Verschlechterung außer Betracht. Ist im Vertrag eine Gegenleistung bestimmt, ist sie bei der Berechnung des Wertersatzes zugrunde zu legen.

**§ 347 [Rücktrittsrecht, Haftung bei Ausübung]**
Der Anspruch auf Schadensersatz wegen Verschlechterung, Unterganges oder einer aus einem anderen Grund eintretenden Unmöglichkeit der Herausgabe bestimmt sich im Falle des Rücktritts von dem Empfang der Leistung an nach den Vorschriften, welche für das Verhältnis zwischen dem Eigentümer und dem Besitzer von dem Eintritt der Rechtshängigkeit des Eigentumsanspruchs an gelten.

**§ 350 [Rücktritt, Zufälliger Untergang des Leistungsgegenstands]**
Der Rücktritt wird nicht dadurch ausgeschlossen, dass der Gegenstand, welchen der Berechtigte empfangen hat, durch Zufall untergegangen ist.

(3) Die Pflicht zum Wertersatz entfällt,
1. wenn sich der zum Rücktritt berechtigende Mangel erst während der Verarbeitung oder Umgestaltung des Gegenstandes gezeigt hat,
2. soweit der Gläubiger die Verschlechterung oder den Untergang zu vertreten hat oder der Schaden bei ihm gleichfalls eingetreten wäre,

3. wenn im Fall eines gesetzlichen Rücktrittsrechts die Verschlechterung oder der Untergang beim Berechtigten eingetreten ist, obwohl dieser diejenige Sorgfalt beobachtet hat, die er in eigenen Angelegenheiten anzuwenden pflegt. Eine verbleibende Bereicherung ist herauszugeben.

**§ 354 [Verzug mit der Rückgewähr der Leistung]**
Kommt der Berechtigte mit der Rückgewähr des empfangenen Gegenstandes oder eines erheblichen Teiles des Gegenstandes in Verzug, so kann ihm der andere Teil eine angemessene Frist mit der Erklärung bestimmen, dass er die Annahme nach dem Ablauf der Frist ablehne. Der Rücktritt wird unwirksam, wenn nicht die Rückgewähr vor dem Ablauf der Frist erfolgt.

(4) Der Gläubiger kann wegen Verletzung einer Pflicht aus Absatz 1 nach Maßgabe der §§ 280 bis 283 Schadensersatz verlangen.

**§ 347 Nutzungen und Verwendungen nach Rücktritt**
(1) Zieht der Schuldner Nutzungen entgegen den Regeln einer ordnungsmäßigen Wirtschaft nicht, obwohl ihm das möglich gewesen wäre, so ist er dem Gläubiger zum Wertersatz verpflichtet. Im Fall eines gesetzlichen Rücktrittsrechts hat der Berechtigte hinsichtlich der Nutzungen nur für diejenige Sorgfalt einzustehen, die er in eigenen Angelegenheiten anzuwenden pflegt.
(2) Gibt der Schuldner den Gegenstand zurück, leistet er Wertersatz oder ist seine Wertersatzpflicht gemäß § 346 Abs. 3 Nr. 1 oder 2 ausgeschlossen, so sind ihm notwendige Verwendungen zu ersetzen. Andere Aufwendungen sind zu ersetzen, soweit der Gläubiger durch diese bereichert wird.

**§ 347 [Rücktrittsrecht, Haftung bei Ausübung]**
[Satz 2:] Das Gleiche gilt von dem Anspruch auf Herausgabe oder Vergütung von Nutzungen und von dem Anspruch auf Ersatz von Verwendungen. Eine Geldsumme ist von der Zeit des Empfanges an zu verzinsen.

**§§ 348, 349**

**§§ 348, 349 gelten unverändert fort.**

**§ 350 Erlöschen des Rücktrittsrechts nach Fristsetzung**
Ist für die Ausübung des vertraglichen Rücktrittsrechts eine Frist nicht vereinbart, so kann dem Berechtigten von dem anderen Teil für die Ausübung eine angemessene Frist bestimmt werden. Das Rücktrittsrecht erlischt, wenn nicht der Rücktritt vor dem Ablauf der Frist erklärt wird.

**§ 355 [Rücktrittsrecht, Erlöschen nach vergeblicher Fristsetzung]**
Ist für die Ausübung des Rücktrittsrechts eine Frist nicht vereinbart, so kann dem Berechtigten von dem anderen Teil für die Ausübung eine angemessene Frist bestimmt werden. Das Rücktrittsrecht erlischt, wenn nicht der Rücktritt vor dem Ablauf der Frist erklärt wird.

**§ 351 Rücktrittsrecht bei mehreren Beteiligten**
Sind bei einem Vertrag auf der einen oder der anderen Seite mehrere beteiligt, so kann das Rücktrittsrecht nur von allen und gegen alle ausgeübt werden. Erlischt das Rücktrittsrecht für

**§ 356 [Rücktrittsrecht, Ausübung bei mehreren Beteiligten]**
Sind bei einem Vertrag auf der einen oder der anderen Seite mehrere beteiligt, so kann das Rücktrittsrecht nur von allen und gegen alle ausgeübt werden. Erlischt das Rücktrittsrecht für

einen der Berechtigten, so erlischt es auch für die übrigen.

**§ 352 Aufrechnung nach Nichterfüllung**
Der Rücktritt wegen Nichterfüllung einer Verbindlichkeit wird unwirksam, wenn der Schuldner sich von der Verbindlichkeit durch Aufrechnung befreien konnte und unverzüglich nach dem Rücktritt die Aufrechnung erklärt."

**§ 353 Rücktritt gegen Reugeld**
Ist der Rücktritt gegen Zahlung eines Reugeldes vorbehalten, so ist der Rücktritt unwirksam, wenn das Reugeld nicht vor oder bei der Erklärung entrichtet wird und der andere Teil aus diesem Grund die Erklärung unverzüglich zurückweist. Die Erklärung ist jedoch wirksam, wenn das Reugeld unverzüglich nach der Zurückweisung entrichtet wird.

**§ 354 Verwirkungsklausel**

Ist ein Vertrag mit dem Vorbehalte geschlossen worden, dass der Schuldner seiner Rechts aus dem Vertrag verlustig sein soll, wenn er seine Verbindlichkeit nicht erfüllt, so ist der Gläubiger bei dem Eintritte dieses Falles zum Rücktritte von dem Vertrage berechtigt.

**§ 355 Widerrufsrecht bei Verbraucherverträgen**
(1) Wird einem Verbraucher durch Gesetz ein Widerrufsrecht nach dieser Vorschrift eingeräumt, so ist er an seine auf den Abschluss des Vertrags gerichtete Willenserklärung nicht mehr gebunden, wenn er sie fristgerecht widerrufen hat. Der Widerruf muss keine Begründung enthalten und ist in Textform oder durch Rücksendung der Sache innerhalb von zwei Wochen gegenüber dem Unternehmer zu erklären; zur Fristwahrung genügt die rechtzeitige Absendung.

(2) Die Frist beginnt mit dem Zeitpunkt, zu dem dem Verbraucher eine deutlich gestaltete Belehrung über sein Widerrufsrecht, die ihm entsprechend den Erfordernissen des eingesetzten Kommunikationsmittels seine Rechte deutlich macht, in Textform mitgeteilt worden ist, die auch Namen und Anschrift desjenigen, gegenüber dem der Widerruf zu erklären ist, und einen

einen der Berechtigten, so erlischt es auch für die übrigen.

**§ 357 [Rücktritt wegen Nichterfüllung]**
Hat sich der eine Teil den Rücktritt für den Fall vorbehalten, dass der andere Teil seine Verbindlichkeit nicht erfüllt, so ist der Rücktritt unwirksam, wenn der andere Teil sich von der Verbindlichkeit durch Aufrechnung befreien konnte und unverzüglich nach dem Rücktritt die Aufrechnung erklärt.

**§ 359 [Rücktritt gegen Reugeld]**
Ist der Rücktritt gegen Zahlung eines Reugeldes vorbehalten, so ist der Rücktritt unwirksam, wenn das Reugeld nicht vor oder bei der Erklärung entrichtet wird und der andere Teil aus diesem Grund die Erklärung unverzüglich zurückweist. Die Erklärung ist jedoch wirksam, wenn das Reugeld unverzüglich nach der Zurückweisung entrichtet wird.

**§ 360 [Verwirkungsklausel als Rücktrittsvorbehalt]**
Ist ein Vertrag mit dem Vorbehalt geschlossen, dass der Schuldner seiner Rechte aus dem Vertrag verlustig sein soll, wenn er seine Verbindlichkeit nicht erfüllt, so ist der Gläubiger bei dem Eintritt dieses Falles zum Rücktritt von dem Vertrage berechtigt.

**§ 361a [Widerrufsrecht bei Verbraucherverträgen]**
(1) Wird einem Verbraucher durch Gesetz ein Widerrufsrecht nach dieser Vorschrift eingeräumt, so ist er an seine auf den Abschluss eines Vertrags mit einem Unternehmer gerichtete Willenserklärung nicht mehr gebunden, wenn er sie fristgerecht widerrufen hat. Der Widerruf muss keine Begründung enthalten und schriftlich, auf einem anderen dauerhaften Datenträger oder durch Rücksendung der Sache innerhalb von zwei Wochen erfolgen; zur Fristwahrung genügt die rechtzeitige Absendung.
Die Frist beginnt mit dem Zeitpunkt, zu dem dem Verbraucher eine deutlich gestaltete Belehrung über sein Widerrufsrecht, die ihm entsprechend den Erfordernissen des eingesetzten Kommunikationsmittels seine Rechte deutlich macht, auf einem dauerhaften Datenträger zur Verfügung gestellt worden ist, die auch Namen und Anschrift des Widerrufsempfängers

Hinweis auf den Fristbeginn und die Regelung des Absatzes 1 Satz 2 enthält. Sie ist vom Verbraucher bei anderen als notariell beurkundeten Verträgen gesondert zu unterschreiben oder mit einer qualifizierten elektronischen Signatur zu versehen. Ist der Vertrag schriftlich abzuschließen, so beginnt die Frist nicht zu laufen, bevor dem Verbraucher auch eine Vertragsurkunde, der schriftliche Antrag des Verbrauchers oder eine Abschrift der Vertragsurkunde oder des Antrags zur Verfügung gestellt werden. Ist der Fristbeginn streitig, so trifft die Beweislast den Unternehmer.
(3) Das Widerrufsrecht erlischt spätestens sechs Monate nach Vertragsschluss. Bei der Lieferung von Waren beginnt die Frist nicht vor dem Tag ihres Eingangs beim Empfänger.

und einen Hinweis auf den Fristbeginn und die Regelung des Satzes 2 enthält. Sie ist vom Verbraucher bei anderen als notariell beurkundeten Verträgen gesondert zu unterschreiben oder mit einer qualifizierten elektronischen Signatur zu versehen. Ist der Vertrag schriftlich abzuschließen, so muss dem Verbraucher auch eine Vertragsurkunde, der schriftliche Antrag des Verbrauchers oder eine Abschrift der Vertragsurkunde oder des Antrags ausgehändigt werden. Ist der Fristbeginn streitig, so trifft die Beweislast den Unternehmer.

**§ 356 Rückgaberecht bei Verbraucherverträgen**
(1) Das Widerrufsrecht nach § 355 kann, soweit dies ausdrücklich durch Gesetz zugelassen ist, beim Vertragsschluss auf Grund eines Verkaufsprospekts im Vertrag durch ein uneingeschränktes Rückgaberecht ersetzt werden. Voraussetzung ist, dass
1. im Verkaufsprospekt eine deutlich gestaltete Belehrung über das Rückgaberecht enthalten ist,
2. der Verbraucher den Verkaufsprospekt in Abwesenheit des Unternehmers eingehend zur Kenntnis nehmen konnte und
3. dem Verbraucher das Rückgaberecht in Textform eingeräumt wird.

(2) Das Rückgaberecht kann innerhalb der Widerrufsfrist, die jedoch nicht vor Erhalt der Sache beginnt, und nur durch Rücksendung der Sache oder, wenn die Sache nicht als Paket versandt werden kann, durch Rücknahmeverlangen ausgeübt werden. § 355 Abs. 1 Satz 2 findet entsprechende Anwendung.

**§ 361b [Rückgaberecht bei Verbraucherverträgen]**
(1) Das Widerrufsrecht nach § 361a kann, soweit dies ausdrücklich durch Gesetz zugelassen ist, beim Vertragsschluss auf Grund eines Verkaufsprospekts im Vertrag durch ein uneingeschränktes Rückgaberecht ersetzt werden. Voraussetzung ist, dass
1. im Verkaufsprospekt eine deutlich gestaltete Belehrung über das Rückgaberecht enthalten ist,
2. der Verbraucher den Verkaufsprospekt in Abwesenheit des Unternehmers eingehend zur Kenntnis nehmen konnte und
3. dem Verbraucher auf einem dauerhaften Datenträger das Rückgaberecht eingeräumt wird.
(2) Das Rückgaberecht kann nur durch Rücksendung der Sache, deren Kosten und Gefahr der Unternehmer zu tragen hat, oder, wenn diese nicht als Paket versandt werden kann, durch Rücknahmeverlangen innerhalb der in § 361a Abs. 1 bestimmten und danach zu berechnenden Frist ausgeübt werden, die jedoch nicht vor Erhalt der Sache beginnt. § 361a Abs. 2 gilt entsprechend; die Kosten der Rücksendung dürfen dem Verbraucher nicht auferlegt werden. Das Rücknahmeverlangen muss schriftlich oder auf einem anderen dauerhaften Datenträger erfolgen. Eine Begründung ist nicht erforderlich.

**§ 357 Rechtsfolgen des Widerrufs und der Rückgabe**
(1) Auf das Widerrufs- und das Rückgaberecht finden, soweit nicht ein anderes bestimmt ist, die

**§ 361a [Widerrufsrecht bei Verbraucherverträgen]**
(2) Auf das Widerrufsrecht finden die Vorschriften dieses Titels, soweit nichts anderes

Vorschriften über den gesetzlichen Rücktritt entsprechende Anwendung. Die in § 286 Abs. 3 bestimmte Frist beginnt mit der Widerrufs- oder Rückgabeerklärung des Verbrauchers.
(2) Der Verbraucher ist bei Ausübung des Widerrufsrechts zur Rücksendung verpflichtet, wenn die Sache durch Paket versandt werden kann. Kosten und Gefahr der Rücksendung trägt bei Widerruf und Rückgabe der Unternehmer. Wenn ein Widerrufsrecht besteht, dürfen dem Verbraucher bei einer Bestellung bis zu einem Betrag von 40 Euro die regelmäßigen Kosten der Rücksendung vertraglich auferlegt werden, es sei denn, dass die gelieferte Ware nicht der bestellten entspricht.
(3) Der Verbraucher hat abweichend von § 346 Abs. 2 Satz 1 Nr. 3 Wertersatz für eine durch die bestimmungsgemäße Ingebrauchnahme der Sache entstandene Verschlechterung zu leisten, wenn er spätestens bei Vertragsschluss in Textform auf diese Rechtsfolge und eine Möglichkeit hingewiesen worden ist, sie zu vermeiden. Dies gilt nicht, wenn die Verschlechterung ausschließlich auf die Prüfung der Sache zurückzuführen ist. § 346 Abs. 3 Satz 1 Nr. 3 findet keine Anwendung, wenn der Verbraucher über sein Widerrufsrecht ordnungsgemäß belehrt worden ist oder hiervon anderweitig Kenntnis erlangt hat.

(4) Weitergehende Ansprüche bestehen nicht.

**§ 358 Verbundene Verträge**

(1) Hat der Verbraucher seine auf den Abschluss eines Vertrags über die Lieferung einer Ware oder die Erbringung einer anderen Leistung durch einen Unternehmer gerichtete Willenserklärung wirksam widerrufen, so ist er auch an seine auf den Abschluss eines mit diesem Vertrag verbundenen Verbraucherdarlehensvertrags gerichtete Willenserklärung nicht mehr gebunden.

bestimmt ist, entsprechende Anwendung. Die in § 284 Abs. 3 Satz 1 bestimmte Frist beginnt mit der Erklärung des Verbrauchers nach § 349.

Der Verbraucher ist vorbehaltlich abweichender Vorschriften zur Rücksendung auf Kosten und Gefahr des Unternehmers verpflichtet; dem Verbraucher dürfen bei einer Bestellung bis zu einem Betrag von 40 Euro die regelmäßigen Kosten der Rücksendung vertraglich auferlegt werden, es sei denn, dass die gelieferte Ware nicht der bestellten entspricht.

Hat der Verbraucher die Verschlechterung, den Untergang oder die anderweitige Unmöglichkeit zu vertreten, so hat er dem Unternehmer die Wertminderung oder den Wert zu ersetzen; §§ 351 bis 353 sind nicht anzuwenden. In den Fällen des Satzes 4 haftet der Verbraucher nur für Vorsatz und grobe Fahrlässigkeit, wenn er über sein Widerrufsrecht nicht ordnungsgemäß belehrt worden ist und auch keine anderweitige Kenntnis hiervon erlangt hat. Für die Überlassung des Gebrauchs oder die Benutzung einer Sache sowie für sonstige Leistungen bis zu dem Zeitpunkt der Ausübung des Widerrufs ist deren Wert zu vergüten; die durch die bestimmungsgemäße Ingebrauchnahme einer Sache oder Inanspruchnahme einer sonstigen Leistung eingetretene Wertminderung bleibt außer Betracht.
Weiter gehende Ansprüche bestehen nicht.

**§ 4 FernAbsG- Finanzierte Verträge**

(1) Wird der Preis, den der Verbraucher zu entrichten hat, ganz oder teilweise durch einen Kredit des Unternehmers finanziert, so ist der Verbraucher an seine auf Abschluss des Kreditvertrags gerichtete Willenserklärung nicht gebunden, wenn er von einem Widerrufs-oder Rückgaberecht gemäß § 3 in Verbindung mit §§ 361a, 361b BGB fristgerecht Gebrauch gemacht hat. Die Belehrung nach § 361a Abs. 1 Satz 3 und 4 oder § 361b Abs. 1 Satz 2 Nr. 2 BGB muss hierauf hinweisen. § 361a Abs. 2 BGB gilt entsprechend; jedoch sind Ansprüche auf Zahlung von Zinsen und Kosten gegen den Verbraucher ausgeschlossen.
(2) Absatz 1 gilt entsprechend, wenn der Preis ganz oder teilweise von einem Dritten finanziert wird und der Fernabsatzvertrag und der

(2) Hat der Verbraucher seine auf den Abschluss eines Verbraucherdarlehensvertrags gerichtete Willenserklärung wirksam widerrufen, so ist er auch an seine auf den Abschluss eines mit diesem Verbraucherdarlehensvertrag verbundenen Vertrags über die Lieferung einer Ware oder die Erbringung einer anderen Leistung gerichtete Willenserklärung nicht mehr gebunden. Kann der Verbraucher die auf den Abschluss des verbundenen Vertrags gerichtete Willenserklärung

Kreditvertrag als wirtschaftliche Einheit anzusehen sind. Eine wirtschaftliche Einheit ist insbesondere anzunehmen, wenn der Kreditgeber sich bei der Vorbereitung oder dem Abschluss des Kreditvertrags der Mitwirkung des Unternehmers bedient. Ist der Kreditbetrag bei Wirksamwerden des Widerrufs oder der Rückgabe dem Unternehmer bereits zugeflossen, so tritt der Dritte im Verhältnis zum Verbraucher hinsichtlich der Rechtsfolgen des Widerrufs oder der Rückgabe (§ 361a Abs. 2, § 361b Abs. 2 Satz 2 BGB) in die Rechte und Pflichten des Unternehmers ein.

**§ 6 TzWrG - Finanzierte Verträge**

(1) Wird der Preis, den der Verbraucher für das Nutzungsrecht zu zahlen hat, ganz oder teilweise durch einen Kredit des Unternehmers finanziert, so ist der Verbraucher an seine auf Abschluß des Kreditvertrags gerichtete Willenserklärung nicht gebunden, wenn er den Vertrag über die Teilzeitnutzung von Wohngebäuden gemäß § 5 Abs. 1 in Verbindung mit § 361a BGB fristgerecht widerrufen hat. Die Belehrung nach § 361a Abs. 1 Satz 3 u. 4 BGB muß hierauf hinweisen. § 361a Abs. 2 BGB gilt entsprechend, jedoch sind Ansprüche auf Zahlung von Zinsen und Kosten gegen den Verbraucher abgeschlossen.

(2) Abs. 1 gilt entsprechend, wenn der Preis durch einen Dritten finanziert wird und der Vertrag über die Teilzeitnutzung von Wohngebäuden und der Kreditvertrag als wirtschaftliche Einheit anzusehen sind. Eine wirtschaftliche Einheit ist insbesondere anzunehmen, wenn der Kreditgeber bei der Vorbereitung oder dem Abschluß des Kreditvertrags der Mitwirkung des Unternehmers bedient. Ist der Kreditbetrag bei Wirksamwerden des Widerrufs dem Unternehmer bereits zugeflossen, so tritt der Dritte im Verhältnis zum Verbraucher hinsichtlich der Rechtsfolgen des Widerrufs in die Rechte und Pflichten des Unternehmers ein.

**§ 9 VerbrKrG - Verbundene Geschäfte**

(2) Der Verbraucher ist an seine auf den Abschluss des verbundenen Kaufvertrags gerichtete Willenserklärung nicht gebunden, wenn er den Kreditvertrag gemäß § 7 Abs. 1 in Verbindung mit § 361a BGB fristgerecht widerrufen hat. Hierauf ist in der Belehrung nach § 361a Abs. 1 Satz 3 und 4 hinzuweisen. § 7 Abs. 3 findet keine Anwendung. Ist der Nettokreditbetrag dem Verkäufer bereits zugeflossen, so tritt der Kreditgeber im Verhältnis

nach Maßgabe dieses Untertitels widerrufen, gilt allein Absatz 1 und sein Widerrufsrecht aus § 495 Abs. 1 ist ausgeschlossen. Erklärt der Verbraucher im Fall des Satzes 2 dennoch den Widerruf des Verbraucherdarlehensvertrags, gilt dies als Widerruf des verbundenen Vertrags gegenüber dem Unternehmer gemäß Absatz 1.

(3) Ein Vertrag über die Lieferung einer Ware oder die Erbringung einer anderen Leistung und ein Verbraucherdarlehensvertrag sind verbunden, wenn das Darlehen ganz oder teilweise der Finanzierung des anderen Vertrags dient und beide Verträge eine wirtschaftliche Einheit bilden. Eine wirtschaftliche Einheit ist insbesondere anzunehmen, wenn der Unternehmer selbst die Gegenleistung des Verbrauchers finanziert, oder im Fall der Finanzierung durch einen Dritten, wenn sich der Darlehensgeber bei der Vorbereitung oder dem Abschluss des Verbraucherdarlehensvertrags der Mitwirkung des Unternehmers bedient.

(4) § 357 gilt für den verbundenen Vertrag entsprechend.

Im Falle des Absatzes 1 sind jedoch Ansprüche auf Zahlung von Zinsen und Kosten aus der Rückabwicklung des Verbraucherdarlehensvertrags gegen den Verbraucher ausgeschlossen. Der Darlehensgeber tritt im Verhältnis zum Verbraucher hinsichtlich der Rechtsfolgen des Widerrufs oder der Rückgabe in die Rechte und Pflichten des Unternehmers aus dem verbundenen Vertrag ein, wenn das Darlehen dem Unternehmer bei Wirksamwerden des Widerrufs oder der Rückgabe bereits zugeflossen ist.

(5) Die erforderliche Belehrung über das Widerrufs- oder Rückgaberecht muss auf die Rechtsfolgen nach Absatz 1 und Absatz 2 Satz 1 und 2 hinweisen.

zum Verbraucher hinsichtlich der Rechtsfolgen des Widerrufs (§ 361a Abs. 2 BGB) in die Rechte und Pflichten des Verkäufers aus dem Kaufvertrag ein.

**§ 9 VerbrKrG - Verbundene Geschäfte**

(1) Ein Kaufvertrag bildet ein mit dem Kreditvertrag verbundenes Geschäft, wenn der Kredit der Finanzierung des Kaufpreises dient und beide Verträge als wirtschaftliche Einheit anzusehen sind. Eine wirtschaftliche Einheit ist insbesondere anzunehmen, wenn der Kreditgeber sich bei der Vorbereitung oder dem Abschluss des Kreditvertrages der Mitwirkung des Verkäufers bedient.

(4) Die Absätze 1 bis 3 gelten entsprechend für Kredite, die zur Finanzierung des Entgelts für eine andere Leistung als die Lieferung einer Sache gewährt werden.

**§ 4 FernAbsG- Finanzierte Verträge**

(1) [Satz 3:] § 361a Abs. 2 BGB gilt entsprechend; jedoch sind Ansprüche auf Zahlung von Zinsen und Kosten gegen den Verbraucher ausgeschlossen.

**§ 6 TzWrG - Finanzierte Verträge**

(1) [Satz 3:] § 361a Abs. 2 des BGB gilt entsprechend, jedoch sind Ansprüche auf Zahlung von Zinsen und Kosten gegen den Verbraucher ausgeschlossen.

**§ 4 FernAbsG- Finanzierte Verträge**

(1) [Satz 3:] [...] jedoch sind Ansprüche auf Zahlung von Zinsen und Kosten gegen den Verbraucher ausgeschlossen.

**§ 6 TzWrG - Finanzierte Verträge**

(1) [Satz 3:] [...]; jedoch sind Ansprüche auf Zahlung von Zinsen und Kosten gegen den Verbraucher ausgeschlossen.

**§ 9 VerbrKrG - Verbundene Geschäfte**

(2) [Satz 2:] Hierauf ist in der Belehrung nach § 361a Abs. 1 Satz 3 und 4 hinzuweisen. § 7 Abs. 3 findet keine Anwendung.

**§ 4 FernAbsG- Finanzierte Verträge**

(1) [Satz 2:] Die Belehrung nach § 361a Abs. 1 Satz 3 und 4 oder § 361b Abs. 1 Satz 2 Nr. 2 BGB muss hierauf hinweisen.

**§ 6 TzWrG - Finanzierte Verträge**

(1) [Satz 2:] Die Belehrung nach § 361a Abs. 1 Satz 3 und 4 des BGB muss hierauf hinweisen.

**§ 359 Einwendungen bei verbundenen Verträgen**
Der Verbraucher kann die Rückzahlung des Darlehens verweigern, soweit Einwendungen aus dem verbundenen Vertrag ihn gegenüber dem Unternehmer, mit dem er den verbundenen Vertrag geschlossen hat, zur Verweigerung seiner Leistung berechtigen würden. Dies gilt nicht, wenn das finanzierte Entgelt 200 Euro nicht überschreitet, sowie bei Einwendungen, die auf einer zwischen diesem Unternehmer und dem Verbraucher nach Abschluss des Verbraucherdarlehensvertrags vereinbarten Vertragsänderung beruhen. Kann der Verbraucher Nacherfüllung verlangen, so kann er die Rückzahlung des Darlehens erst verweigern, wenn die Nacherfüllung fehlgeschlagen ist.

**§ 9 VerbrKrG - Verbundene Geschäfte**

(3) Der Verbraucher kann die Rückzahlung des Kredits verweigern, soweit Einwendungen aus dem verbundenen Kaufvertrag ihn gegenüber dem Verkäufer zur Verweigerung seiner Leistung berechtigen würden. Dies gilt nicht, wenn der finanzierte Kaufpreis 200 Euro nicht überschreitet sowie bei Einwendungen, die auf einer zwischen dem Verkäufer und dem Verbraucher nach Abschluss des Kreditvertrags vereinbarten Vertragsänderung beruhen. Beruht die Einwendung des Verbrauchers auf einem Mangel der gelieferten Sache und verlangt der Verbraucher auf Grund vertraglicher oder gesetzlicher Bestimmungen Nachbesserung oder Ersatzlieferung, so kann er die Rückzahlung des Kredits erst verweigern, wenn die Nachbesserung oder Ersatzlieferung fehlgeschlagen ist.

**§§ 360 – 361b**

**§§ 360-361b fallen weg.**

**§§ 362 – 389**

**§§ 362 - 389 gelten unverändert fort.**

**§ 390 Keine Aufrechnung mit einredebehafteter Forderung**
Eine Forderung, der eine Einrede entgegensteht, kann nicht aufgerechnet werden.

**§ 390 [Aufrechnung, Ausschluss bei einredebehafteter Forderung]**
Eine Forderung, der eine Einrede entgegensteht, kann nicht aufgerechnet werden.

**§§ 391 – 424**

**§§ 391 – 424 gelten unverändert fort.**

**§ 425 Wirkung anderer Tatsachen**
(1) Andere als die in den §§ 422 bis 424 bezeichneten Tatsachen wirken, soweit sich nicht aus dem Schuldverhältnis ein anderes ergibt, nur für und gegen den Gesamtschuldner, in dessen Person sie eintreten.
(2) Dies gilt insbesondere von der Kündigung, dem Verzuge, dem Verschulden, von der Unmöglichkeit der Leistung in der Person eines Gesamtschuldners, von der Verjährung, deren Neubeginn, Hemmung und Ablaufhemmung von der Vereinigung der Forderung mit der Schuld und von dem rechtskräftigen Urteile.

**§ 425 [Gesamtschuld, Wirkung anderer Tatsachen]**
**§ 425 Abs. 1 gilt unverändert fort.**

(2) Dies gilt insbesondere von der Kündigung, dem Verzug, dem Verschulden, von der Unmöglichkeit der Leistung in der Person eines Gesamtschuldners, von der Verjährung, deren Unterbrechung und Hemmung, von der Vereinigung der Forderung mit der Schuld und von dem rechtskräftigen Urteil.

**§§ 426 – 432**

**§§ 426 – 432 gelten unverändert fort.**

**§ 433 Vertragstypische Pflichten beim Kaufvertrag**
(1) Durch den Kaufvertrag wird der Verkäufer einer Sache verpflichtet, dem Käufer die Sache zu übergeben und das Eigentum an der Sache zu verschaffen.

**§ 433 [Kaufvertrag, Hauptpflichten]**

**§ 433 Abs. 1 Satz 1 gilt unverändert fort.**

| | |
|---|---|
| Der Verkäufer hat dem Käufer die Sache frei von Sach- und Rechtsmängeln zu verschaffen. | Der Verkäufer eines Rechtes ist verpflichtet, dem Käufer das Recht zu verschaffen und, wenn das Recht zum Besitz einer Sache berechtigt, die Sache zu übergeben. |
| (2) Der Käufer ist verpflichtet, dem Verkäufer den vereinbarten Kaufpreis zu zahlen und die gekaufte Sache abzunehmen. | **§ 433 Abs. 2 gilt unverändert fort.** |
| **§ 434 Sachmangel** | **§ 459 [Gewährleistung bei Sachmängeln, Voraussetzungen]** |
| (1) Die Sache ist frei von Sachmängeln, wenn sie bei Gefahrübergang die vereinbarte Beschaffenheit hat. Soweit die Beschaffenheit nicht vereinbart ist, ist die Sache frei von Sachmängeln,<br>1. wenn sie sich für die nach dem Vertrag vorausgesetzte Verwendung eignet, sonst<br>2. wenn sie sich für die gewöhnliche Verwendung eignet und eine Beschaffenheit aufweist, die bei Sachen der gleichen Art üblich ist und die der Käufer nach der Art der Sache erwarten kann.<br>Zu der Beschaffenheit nach Satz 2 Nr. 2 gehören auch Eigenschaften, die der Käufer nach den öffentlichen Äußerungen des Verkäufers, des Herstellers (§ 4 Abs. 1 und 2 des Produkthaftungsgesetzes) oder seines Gehilfen insbesondere in der Werbung oder bei der Kennzeichnung über bestimmte Eigenschaften der Sache erwarten kann, es sei denn, dass der Verkäufer die Äußerung nicht kannte und auch nicht kennen musste, dass sie im Zeitpunkt des Vertragsschlusses in gleichwertiger Weise berichtigt war oder dass sie die Kaufentscheidung nicht beeinflussen konnte.<br>(2) Ein Sachmangel ist auch dann gegeben, wenn die vereinbarte Montage durch den Verkäufer oder dessen Erfüllungsgehilfen unsachgemäß durchgeführt worden ist. Ein Sachmangel liegt bei einer zur Montage bestimmten Sache ferner vor, wenn die Montageanleitung mangelhaft ist, es sei denn, die Sache ist fehlerfrei montiert worden.<br>(3) Einem Sachmangel steht es gleich, wenn der Verkäufer eine andere Sache oder eine zu geringe Menge liefert. | (1) Der Verkäufer einer Sache haftet dem Käufer dafür, dass sie zu der Zeit, zu welcher die Gefahr auf den Käufer übergeht, nicht mit Fehlern behaftet ist, die den Wert oder die Tauglichkeit zu dem gewöhnlichen oder dem nach dem Vertrag vorausgesetzten Gebrauch aufheben oder mindern. Eine unerhebliche Minderung des Wertes oder der Tauglichkeit kommt nicht in Betracht.<br>(2) Der Verkäufer haftet auch dafür, dass die Sache zur Zeit des Überganges der Gefahr die zugesicherten Eigenschaften hat. |
| **§ 435 Rechtsmangel** | **§ 434 [Kaufvertrag, Gewährleistung Rechtsmängel]** |
| Die Sache ist frei von Rechtsmängeln, wenn Dritte in Bezug auf die Sache keine oder nur die | Der Verkäufer ist verpflichtet, dem Käufer den verkauften Gegenstand frei von Rechten zu ver- |

im Kaufvertrag übernommenen Rechte gegen den Käufer geltend machen können.

schaffen, die von Dritten gegen den Käufer geltend gemacht werden können.

Einem Rechtsmangel steht es gleich, wenn im Grundbuch ein Recht eingetragen ist, das nicht besteht.

**§ 435 [Nicht bestehende Grundbuchrechte, Pflicht zur Löschung]**

(1) Der Verkäufer eines Grundstücks oder eines Rechtes an einem Grundstück ist verpflichtet, im Grundbuch eingetragene Rechte, die nicht bestehen, auf seine Kosten zur Löschung zu bringen, wenn sie im Falle ihres Bestehens das dem Käufer zu verschaffende Recht beeinträchtigen würden.

**§ 436 Öffentliche Lasten von Grundstücken**

(1) Soweit nicht anders vereinbart, ist der Verkäufer eines Grundstücks verpflichtet, Erschließungsbeiträge und sonstige Anliegerbeiträge für die Maßnahmen zu tragen, die bis zum Tage des Vertragsschlusses bautechnisch begonnen sind, unabhängig vom Zeitpunkt des Entstehens der Beitragsschuld.

(2) Der Verkäufer eines Grundstücks haftet nicht für die Freiheit des Grundstücks von anderen öffentlichen Abgaben und von anderen öffentlichen Lasten, die zur Eintragung in das Grundbuch nicht geeignet sind.

**§ 436 [Öffentliche Lasten Grundstücke, Ausschluss der Gewährleistung]**

Der Verkäufer eines Grundstücks haftet nicht für die Freiheit des Grundstücks von öffentlichen Abgaben und von anderen öffentlichen Lasten, die zur Eintragung in das Grundbuch nicht geeignet sind.

**§ 437 Rechte des Käufers bei Mängeln**

Ist die Sache mangelhaft, kann der Käufer, wenn die Voraussetzungen der folgenden Vorschriften vorliegen und soweit nicht ein anderes bestimmt ist,

1. nach § 439 Nacherfüllung verlangen,
2. nach den §§ 440, 323 und 326 Abs. 5 von dem Vertrag zurücktreten oder nach § 441 den Kaufpreis mindern und
3. nach den §§ 440, 280, 281, 283 und 311a Schadensersatz oder nach § 284 Ersatz vergeblicher Aufwendungen verlangen.

**§ 462 [Gewährleistung, Wandelung und Minderung]**

Wegen eines Mangels, den der Verkäufer nach den Vorschriften der §§ 459, 460 zu vertreten hat, kann der Käufer Rückgängigmachung des Kaufes (Wandelung) oder Herabsetzung des Kaufpreises (Minderung) verlangen.

**§ 463 [Nichterfüllung, Schadensersatz]**

Fehlt der verkauften Sache zur Zeit des Kaufes eine zugesicherte Eigenschaft, so kann der Käufer statt der Wandelung oder der Minderung Schadensersatz wegen Nichterfüllung verlangen. Das Gleiche gilt, wenn der Verkäufer einen Fehler arglistig verschwiegen hat.

**§ 438 Verjährung der Mängelansprüche**

(1) Die in § 437 Nr. 1 und 3 bezeichneten Ansprüche verjähren

1. in 30 Jahren, wenn der Mangel

a) in einem dinglichen Recht eines Dritten, auf Grund dessen Herausgabe der Kaufsache verlangt werden kann, oder b) in einem sonstigen

**§ 477 [Gewährleistungsansprüche, Verjährung]**

(1) Der Anspruch auf Wandelung oder auf Minderung sowie der Anspruch auf Schadensersatz wegen Mangels einer zugesicherten Eigenschaft verjährt, sofern nicht der Verkäufer den Mangel arglistig verschwiegen hat, bei beweglichen Sachen in sechs Monaten von der

Recht, das im Grundbuch eingetragen ist, besteht,
2. in fünf Jahren
a) bei einem Bauwerk und
b) bei einer Sache, die entsprechend ihrer üblichen Verwendungsweise für ein Bauwerk verwendet worden ist und dessen Mangelhaftigkeit verursacht hat, und
3. im Übrigen in zwei Jahren.
(2) Die Verjährung beginnt bei Grundstücken mit der Übergabe, im Übrigen mit der Ablieferung der Sache.

(3) Abweichend von Absatz 1 Nr. 2 und 3 und Absatz 2 verjähren die Ansprüche in der regelmäßigen Verjährungsfrist, wenn der Verkäufer den Mangel arglistig verschwiegen hat. Im Fall des Absatzes 1 Nr. 2 tritt die Verjährung jedoch nicht vor Ablauf der dort bestimmten Frist ein.

(4) Für das in § 437 bezeichnete Rücktrittsrecht gilt § 218. Der Käufer kann trotz einer Unwirksamkeit des Rücktritts nach § 218 Abs. 1 die Zahlung des Kaufpreises insoweit verweigern, als er auf Grund des Rücktritts dazu berechtigt sein würde. Macht er von diesem Recht Gebrauch, kann der Verkäufer vom Vertrag zurücktreten.
(5) Auf das in § 437 bezeichnete Minderungsrecht finden § 218 und Absatz 4 Satz 2 entsprechende Anwendung.

**§ 439 Nacherfüllung**
(1) Der Käufer kann als Nacherfüllung nach seiner Wahl die Beseitigung des Mangels oder die Lieferung einer mangelfreien Sache verlangen.

Ablieferung, bei Grundstücken in einem Jahr von der Übergabe an. Die Verjährungsfrist kann durch Vertrag verlängert werden.

(2) Beantragt der Käufer das selbstständige Beweisverfahren nach der ZPO, so wird die Verjährung unterbrochen. Die Unterbrechung dauert bis zur Beendigung des Verfahrens fort. Die Vorschriften des § 211 Abs. 2 und des § 212 finden entsprechende Anwendung.
(3) Die Hemmung oder Unterbrechung der Verjährung eines der im Absatz 1 bezeichneten Ansprüche bewirkt auch die Hemmung oder Unterbrechung der Verjährung der anderen Ansprüche.

**§ 478 [Gewährleistung, Fortbestand als Einrede trotz Verjährung]**
(1) Hat der Käufer den Mangel dem Verkäufer angezeigt oder die Anzeige an ihn abgesendet, bevor der Anspruch auf Wandelung oder auf Minderung verjährt war, so kann er auch nach der Vollendung der Verjährung die Zahlung des Kaufpreises insoweit verweigern, als er auf Grund der Wandelung oder der Minderung dazu berechtigt sein würde. Das Gleiche gilt, wenn der Käufer vor der Vollendung der Verjährung das selbstständige Beweisverfahren nach der ZPO beantragt oder in einem zwischen ihm und einem späteren Erwerber der Sache wegen des Mangels anhängigen Rechtsstreit dem Verkäufer den Streit verkündet hat.
(2) Hat der Verkäufer den Mangel arglistig verschwiegen, so bedarf es der Anzeige oder einer ihr nach Absatz 1 gleichstehenden Handlung nicht.

**§ 480 [Gewährleistung bei Gattungskauf]**
(1) Der Käufer einer nur der Gattung nach bestimmten Sache kann statt der Wandelung oder der Minderung verlangen, dass ihm an Stelle der mangelhaften Sache eine mangelfreie geliefert wird. Auf diesen Anspruch finden die für die Wandelung geltenden Vorschriften der §§ 464 bis 466, des § 467 Satz 1 und der §§ 469, 470, 474 bis 479 entsprechende Anwendung.

(2) Der Verkäufer hat die zum Zweck der Nacherfüllung erforderlichen Aufwendungen, insbesondere Transport-, Wege-, Arbeits- und Materialkosten zu tragen.

(3) Der Verkäufer kann die vom Käufer gewählte Art der Nacherfüllung unbeschadet des § 275 Abs. 2 und 3 verweigern, wenn sie nur mit unverhältnismäßigen Kosten möglich ist. Dabei sind insbesondere der Wert der Sache in mangelfreiem Zustand, die Bedeutung des Mangels und die Frage zu berücksichtigen, ob auf die andere Art der Nacherfüllung ohne erhebliche Nachteile für den Käufer zurückgegriffen werden könnte. Der Anspruch des Käufers beschränkt sich in diesem Fall auf die andere Art der Nach erfüllung; das Recht des Verkäufers, auch diese unter den Voraussetzungen des Satzes 1 zu verweigern, bleibt unberührt.
(4) Liefert der Verkäufer zum Zweck der Nacherfüllung eine mangelfreie Sache, so kann er vom Käufer Rückgewähr der mangelhaften Sache nach Maßgabe der §§ 346 bis 348 verlangen.

**§ 440 Besondere Bestimmungen für Rücktritt und Schadensersatz**
Außer in den Fällen des § 281 Abs. 2 und des § 323 Abs. 2 bedarf es der Fristsetzung auch dann nicht, wenn der Verkäufer beide Arten der Nacherfüllung gemäß § 439 Abs. 3 verweigert oder wenn die dem Käufer zustehende Art der Nacherfüllung fehlgeschlagen oder ihm unzumutbar ist. Eine Nachbesserung gilt nach dem erfolglosen zweiten Versuch als fehlgeschlagen, wenn sich nicht insbesondere aus der Art der Sache oder des Mangels oder den sonstigen Umständen etwas anderes ergibt.

**§ 441 Minderung**
(1) Statt zurückzutreten, kann der Käufer den Kaufpreis durch Erklärung gegenüber dem Verkäufer mindern. Der Ausschlussgrund des § 323 Abs. 5 Satz 2 findet keine Anwendung.

**§ 476a [Nachbesserung, Kostentragung]**
Ist an Stelle des Rechts des Käufers auf Wandlung oder Minderung ein Recht auf Nachbesserung vereinbart, so hat der zur Nachbesserung verpflichtete Verkäufer auch die zum Zwecke der Nachbesserung erforderlichen Aufwendungen, insbesondere Transport-, Wege-, Arbeits- und Materialkosten, zu tragen. Dies gilt nicht, soweit die Aufwendungen sich erhöhen, weil die gekaufte Sache nach der Lieferung an einen anderen Ort als den Wohnsitz oder die gewerbliche Niederlassung des Empfängers verbracht worden ist, es sei denn, das Verbringen entspricht dem bestimmungsgemäßen Gebrauch der Sache.

(2) Sind auf der Seite des Käufers oder auf der Seite des Verkäufers mehrere beteiligt, so kann die Minderung nur von allen oder gegen alle erklärt werden.

**§ 474 [Minderung bei mehreren Beteiligten]**
(1) Sind auf der einen oder der anderen Seite mehrere beteiligt, so kann von jedem und gegen jeden Minderung verlangt werden.
(2) Mit der Vollziehung der von einem der Käufer verlangten Minderung ist die Wandelung ausgeschlossen.

(3) Bei der Minderung ist der Kaufpreis in dem Verhältnis herabzusetzen, in welchem zur Zeit des Vertragsschlusses der Wert der Sache in mangelfreiem Zustand zu dem wirklichen Wert gestanden haben würde. Die Minderung ist, soweit erforderlich, durch Schätzung zu ermitteln.

**§ 472 [Minderung, Berechnung]**
(1) Bei der Minderung ist der Kaufpreis in dem Verhältnis herabzusetzen, in welchem zur Zeit des Verkaufs der Wert der Sache in mangelfreiem Zustand zu dem wirklichen Wert gestanden haben würde.
(2) Findet im Falle des Verkaufs mehrerer Sachen für einen Gesamtpreis die Minderung nur wegen einzelner Sachen statt, so ist bei der Herabsetzung des Preises der Gesamtwert aller Sachen zu Grunde zu legen.

(4) Hat der Käufer mehr als den geminderten Kaufpreis gezahlt, so ist der Mehrbetrag vom Verkäufer zu erstatten. § 346 Abs. 1 und § 347 Abs. 1 finden entsprechende Anwendung.

**§ 442 Kenntnis des Käufers**

(1) Die Rechte des Käufers wegen eines Mangels sind ausgeschlossen, wenn er bei Vertragsschluss den Mangel kennt. Ist dem Käufer ein Mangel infolge grober Fahrlässigkeit unbekannt geblieben, kann der Käufer Rechte wegen dieses Mangels nur geltend machen, wenn der Verkäufer den Mangel arglistig verschwiegen oder eine Garantie für die Beschaffenheit der Sache übernommen hat.
(2) Ein im Grundbuch eingetragenes Recht hat der Verkäufer zu beseitigen, auch wenn es der Käufer kennt.

**§ 439 [Haftung Verkäufer bei Kenntnis des Käufers vom Rechtsmangel]**
(1) Der Verkäufer hat einen Mangel im Recht nicht zu vertreten, wenn der Käufer den Mangel bei dem Abschluss des Kaufes kennt.
(2) Eine Hypothek, eine Grundschuld, eine Rentenschuld, eine Schiffshypothek oder ein Pfandrecht hat der Verkäufer zu beseitigen, auch wenn der Käufer die Belastung kennt. Das Gleiche gilt von einer Vormerkung zur Sicherung des Anspruchs auf Bestellung eines dieser Rechte.

**§ 460 [Gewährleistung bei Kenntnis des Käufers vom Mangel, Ausschluss]**
Der Verkäufer hat einen Mangel der verkauften Sache nicht zu vertreten, wenn der Käufer den Mangel bei dem Abschluss des Kaufes kennt. Ist dem Käufer ein Mangel der im § 459 Abs. 1 bezeichneten Art infolge grober Fahrlässigkeit unbekannt geblieben, so haftet der Verkäufer, sofern er nicht die Abwesenheit des Fehlers zugesichert hat, nur, wenn er den Fehler arglistig verschwiegen hat.

**§ 443 Beschaffenheits- und Haltbarkeitsgarantie**
(1) Übernimmt der Verkäufer oder ein Dritter

eine Garantie für die Beschaffenheit der Sache oder dafür, dass die Sache für eine bestimmte Dauer eine bestimmte Beschaffenheit behält (Haltbarkeitsgarantie), so stehen dem Käufer im Garantiefall unbeschadet der gesetzlichen Ansprüche die Rechte aus der Garantie zu den in der Garantieerklärung und der einschlägigen Werbung angegebenen Bedingungen gegenüber demjenigen zu, der die Garantie eingeräumt hat.
(2) Soweit eine Haltbarkeitsgarantie übernommen worden ist, wird vermutet, dass ein während ihrer Geltungsdauer auftretender Sachmangel die Rechte aus der Garantie begründet.

**§ 444 Haftungsausschluss**

Auf eine Vereinbarung, durch welche die Rechte des Käufers wegen eines Mangels ausgeschlossen oder beschränkt werden, kann sich der Verkäufer nicht berufen, wenn er den Mangel arglistig verschwiegen oder eine Garantie für die Beschaffenheit der Sache übernommen hat..

**§ 443 [Vertraglicher Ausschluss der Gewährleistung, Grenzen]**
Eine Vereinbarung, durch welche die nach den §§ 433 bis 437, 439 bis 442 wegen eines Mangels im Recht dem Verkäufer obliegende Verpflichtung zur Gewährleistung erlassen oder beschränkt wird, ist nichtig, wenn der Verkäufer den Mangel arglistig verschweigt.

**§ 476 [Vertraglicher Ausschluss Gewährleistung, Grenzen]**
Eine Vereinbarung, durch welche die Verpflichtung des Verkäufers zur Gewährleistung wegen Mängel der Sache erlassen oder beschränkt wird, ist nichtig, wenn der Verkäufer den Mangel arglistig verschweigt.

**§ 445 Haftungsbegrenzung bei öffentlichen Versteigerungen**
Wird eine Sache auf Grund eines Pfandrechts in einer öffentlichen Versteigerung unter der Bezeichnung als Pfand verkauft, so stehen dem Käufer Rechte wegen eines Mangels nur zu, wenn der Verkäufer den Mangel arglistig verschwiegen oder eine Garantie für die Beschaffenheit der Sache übernommen hat.

**§ 446 Gefahr- und Lastenübergang**
Mit der Übergabe der verkauften Sache geht die Gefahr des zufälligen Untergangs und der zufälligen Verschlechterung auf den Käufer über. Von der Übergabe an gebühren dem Käufer die Nutzungen und trägt er die Lasten der Sache. Der Übergabe steht es gleich, wenn der Käufer im Verzug der Annahme ist.

**§ 446 [Übergabe, Folgen]**
(1) Mit der Übergabe der verkauften Sache geht die Gefahr des zufälligen Unterganges und einer zufälligen Verschlechterung auf den Käufer über. Von der Übergabe an gebühren dem Käufer die Nutzungen und trägt er die Lasten der Sache.

**§ 447 Gefahrübergang beim Versendungskauf**
(1) Versendet der Verkäufer auf Verlangen des Käufers die verkaufte Sache nach einem anderen

**§ 447 [Versendung, Folgen]**
(1) Versendet der Verkäufer auf Verlangen des Käufers die verkaufte Sache nach einem anderen

| | |
|---|---|
| Ort als dem Erfüllungsort, so geht die Gefahr auf den Käufer über, sobald der Verkäufer die Sache dem Spediteur, dem Frachtführer oder der sonst zur Ausführung der Versendung bestimmten Person oder Anstalt ausgeliefert hat. | Ort als dem Erfüllungsort, so geht die Gefahr auf den Käufer über, sobald der Verkäufer die Sache dem Spediteur, dem Frachtführer oder der sonst zur Ausführung der Versendung bestimmten Person oder Anstalt ausgeliefert hat. |
| (2) Hat der Käufer eine besondere Anweisung über die Art der Versendung erteilt und weicht der Verkäufer ohne dringenden Grund von der Anweisung ab, so ist der Verkäufer dem Käufer für den daraus entstehenden Schaden verantwortlich. | (2) Hat der Käufer eine besondere Anweisung über die Art der Versendung erteilt und weicht der Verkäufer ohne dringenden Grund von der Anweisung ab, so ist der Verkäufer dem Käufer für den daraus entstehenden Schaden verantwortlich. |
| **§ 448 Kosten der Übergabe und vergleichbare Kosten** | **§ 448 [Übergabe und Versendung, Kosten der Erfüllung]** |
| (1) Der Verkäufer trägt die Kosten der Übergabe der Sache, der Käufer die Kosten der Abnahme und der Versendung der Sache nach einem anderen Ort als dem Erfüllungsort. | (1) Die Kosten der Übergabe der verkauften Sache, insbesondere die Kosten des Messens und Wägens, fallen dem Verkäufer, die Kosten der Abnahme und der Versendung der Sache nach einem anderen Ort als dem Erfüllungsort fallen dem Käufer zur Last. |
| | **§ 449 [Kosten Grundbuch, Schiffsregister, Beurkundung]** |
| (2) Der Käufer eines Grundstücks trägt die Kosten der Beurkundung des Kaufvertrags und der Auflassung, der Eintragung ins Grundbuch und der zu der Eintragung erforderlichen Erklärungen. | (1) Der Käufer eines Grundstücks hat die Kosten der Auflassung und der Eintragung, der Käufer eines Rechtes an einem Grundstück hat die Kosten der zur Begründung oder Übertragung des Rechtes nötigen Eintragung in das Grundbuch, mit Einschluss der Kosten der zu der Eintragung erforderlichen Erklärungen, zu tragen. Dem Käufer fallen in beiden Fällen auch die Kosten der Beurkundung des Kaufes zur Last. |
| **§ 449 Eigentumsvorbehalt** | **§ 455 [Eigentumsvorbehalt, Auslegungsregel]** |
| (1) Hat sich der Verkäufer einer beweglichen Sache das Eigentum bis zur Zahlung des Kaufpreises vorbehalten, so ist im Zweifel anzunehmen, dass das Eigentum unter der aufschiebenden Bedingung vollständiger Zahlung des Kaufpreises übertragen wird (Eigentumsvorbehalt). | (1) Hat sich der Verkäufer einer beweglichen Sache das Eigentum bis zur Zahlung des Kaufpreises vorbehalten, so ist im Zweifel anzunehmen, dass die Übertragung des Eigentums unter der aufschiebenden Bedingung vollständiger Zahlung des Kaufpreises erfolgt und dass der Verkäufer zum Rücktritt von dem Vertrag berechtigt ist, wenn der Käufer mit der Zahlung in Verzug kommt. |
| (2) Auf Grund des Eigentumsvorbehalts kann der Verkäufer die Sache nur herausverlangen, wenn er vom Vertrag zurückgetreten ist. | |
| (3) Die Vereinbarung eines Eigentumsvorbehalts ist nichtig, soweit der Eigentumsübergang davon abhängig gemacht wird, dass der Käufer Forderungen eines Dritten, insbesondere eines mit dem Verkäufer verbundenen Unternehmens, erfüllt. | (2) Die Vereinbarung eines Eigentumsvorbehalts ist nichtig, soweit der Eigentumsübergang davon abhängig gemacht wird, dass der Käufer Forderungen eines Dritten, insbesondere eines mit dem Verkäufer verbundenen Unternehmens, erfüllt. |

**§ 450 Ausgeschlossene Käufer bei bestimmten Verkäufen**

(1) Bei einem Verkauf im Wege der Zwangsvollstreckung dürfen der mit der Vornahme oder Leitung des Verkaufs Beauftragte und die von ihm zugezogenen Gehilfen einschließlich des Protokollführers den zu verkaufenden Gegenstand weder für sich persönlich oder durch einen anderen noch als Vertreter eines anderen kaufen.

(2) Absatz 1 gilt auch bei einem Verkauf außerhalb der Zwangsvollstreckung, wenn der Auftrag zu dem Verkauf auf Grund einer gesetzlichen Vorschrift erteilt worden ist, die den Auftraggeber ermächtigt, den Gegenstand für Rechnung eines anderen verkaufen zu lassen, insbesondere in den Fällen des Pfandverkaufs und des in den §§ 383 und 385 zugelassenen Verkaufs, sowie bei einem Verkauf aus einer Insolvenzmasse.

**§ 456 [Zwangsvollstreckung, vom Verkauf ausgeschlossene Personen]**

Bei einem Verkauf im Wege der Zwangsvollstreckung dürfen der mit der Vornahme oder Leitung des Verkaufs Beauftragte und die von ihm zugezogenen Gehilfen, mit Einschluss des Protokollführers, den zum Verkauf gestellten Gegenstand weder für sich persönlich oder durch einen anderen noch als Vertreter eines anderen kaufen.

**§ 457 [Pfandverkauf, vom Verkauf ausgeschlossene Personen]**

Die Vorschrift des § 456 gilt auch bei einem Verkauf außerhalb der Zwangsvollstreckung, wenn der Auftrag zu dem Verkauf auf Grund einer gesetzlichen Vorschrift erteilt worden ist, die den Auftraggeber ermächtigt, den Gegenstand für Rechnung eines anderen verkaufen zu lassen, insbesondere in den Fällen des Pfandverkaufs und des in den §§ 383, 385 zugelassenen Verkaufs, sowie bei einem Verkauf aus einer Insolvenzmasse.

**§ 451 Kauf durch ausgeschlossenen Käufer**

(1) Die Wirksamkeit eines dem § 450 zuwider erfolgten Kaufs und der Übertragung des gekauften Gegenstandes hängt von der Zustimmung der bei dem Verkauf als Schuldner, Eigentümer oder Gläubiger Beteiligten ab. Fordert der Käufer einen Beteiligten zur Erklärung über die Genehmigung auf, so findet § 177 Abs. 2 entsprechende Anwendung.

(2) Wird infolge der Verweigerung der Genehmigung ein neuer Verkauf vorgenommen, so hat der frühere Käufer für die Kosten des neuen Verkaufs sowie für einen Mindererlös aufzukommen.

**§ 458 [Kaufverbot, Folgen bei Verstoß]**

(1) Die Wirksamkeit eines den Vorschriften der §§ 456, 457 zuwider erfolgten Kaufes und der Übertragung des gekauften Gegenstandes hängt von der Zustimmung der bei dem Verkauf als Schuldner, Eigentümer oder Gläubiger Beteiligten ab. Fordert der Käufer einen Beteiligten zur Erklärung über die Genehmigung auf, so finden die Vorschriften des § 177 Abs. 2 entsprechende Anwendung.

(2) Wird infolge der Verweigerung der Genehmigung ein neuer Verkauf vorgenommen, so hat der frühere Käufer für die Kosten des neuen Verkaufs sowie für einen Mindererlös aufzukommen.

**§ 452 Schiffskauf**

Die Vorschriften dieses Untertitels über den Kauf von Grundstücken finden auf den Kauf von eingetragenen Schiffen und Schiffsbauwerken entsprechende Anwendung.

**§ 435 [Nicht bestehende Grundbuchrechte, Pflicht zur Löschung]**

(2) Das gleiche gilt beim Verkauf eines eingetragenen Schiffs oder Schiffsbauwerks oder einer Schiffshypothek für die im Schiffsregister eingetragenen Rechte.

**§ 449 [Kosten Grundbuch, Schiffsregister, Beurkundung]**

(2) Der Käufer eines eingetragenen Schiffs oder Schiffsbauwerks hat die Kosten der Eintragung des Eigentumsübergangs, der Käufer eines Rechts an einem eingetragenen Schiff oder

Schiffsbauwerk hat die Kosten einer zur Begründung oder Übertragung nötigen Eintragung in das Schiffsregister oder das Schiffsbauregister mit Einschluss der Kosten der zur Eintragung erforderlichen Erklärungen zu tragen.

**§ 453 Rechtskauf**
(1) Die Vorschriften über den Kauf von Sachen finden auf den Kauf von Rechten und sonstigen Gegenständen entsprechende Anwendung.

**§ 451 [Rechtskauf, Anwendbare Vorschriften]**
Ist ein Recht an einer Sache verkauft, das zum Besitz der Sache berechtigt, so finden die Vorschriften der §§ 446 bis 450 entsprechende Anwendung.

**§ 448 [Übergabe und Versendung, Kosten der Erfüllung]**

(2) Der Verkäufer trägt die Kosten der Begründung und Übertragung des Rechts.
(3) Ist ein Recht verkauft, das zum Besitz einer Sache berechtigt, so ist der Verkäufer verpflichtet, dem Käufer die Sache frei von Sach- und Rechtsmängeln zu übergeben.

(2) Ist ein Recht verkauft, so fallen die Kosten der Begründung oder Übertragung des Rechtes dem Verkäufer zur Last.

**§ 454 Zustandekommen des Kaufvertrags**
(1) Bei einem Kauf auf Probe oder auf Besichtigung steht die Billigung des gekauften Gegenstandes im Belieben des Käufers. Der Kauf ist im Zweifel unter der aufschiebenden Bedingung der Billigung geschlossen.
(2) Der Verkäufer ist verpflichtet, dem Käufer die Untersuchung des Gegenstandes zu gestatten.

**§ 495 [Kauf auf Probe, Tatbestand]**
(1) Bei einem Kauf auf Probe oder auf Besicht steht die Billigung des gekauften Gegenstandes im Belieben des Käufers. Der Kauf ist im Zweifel unter der aufschiebenden Bedingung der Billigung geschlossen.
(2) Der Verkäufer ist verpflichtet, dem Käufer die Untersuchung des Gegenstandes zu gestatten.

**§ 455 Billigungsfrist**
Die Billigung eines auf Probe oder auf Besichtigung gekauften Gegenstandes kann nur innerhalb der vereinbarten Frist und in Ermangelung einer solchen nur bis zum Ablauf einer dem Käufer von dem Verkäufer bestimmten angemessenen Frist erklärt werden. War die Sache dem Käufer zum Zwecke der Probe oder der Besichtigung übergeben, so gilt sein Schweigen als Billigung.

**§ 496 [Kauf auf Probe, Billigungsfrist]**
Die Billigung eines auf Probe oder auf Besicht gekauften Gegenstandes kann nur innerhalb der vereinbarten Frist und in Ermangelung einer solchen nur bis zum Ablauf einer dem Käufer von dem Verkäufer bestimmten angemessenen Frist erklärt werden. War die Sache dem Käufer zum Zwecke der Probe oder der Besichtigung übergeben, so gilt sein Schweigen als Billigung.

***§§ 497-514 bleiben bis auf wenige sprachliche Anpassungen und die Anpassungen an die neue Paragraphenzählung unverändert. Sie entsprechen jetzt den §§ 456-473.***

**§ 456 Zustandekommen des Wiederkaufs**

(1) Hat sich der Verkäufer in dem Kaufvertrag das Recht des Wiederkaufs vorbehalten, so kommt der Wiederkauf mit der Erklärung des Verkäufers gegenüber dem Käufer, dass er das Wiederkaufsrecht ausübe, zustande. Die Erklä-

**§ 497 [Wiederkaufsrecht, Voraussetzungen und Ausübung]**
(1) Hat sich der Verkäufer in dem Kaufvertrag das Recht des Wiederkaufs vorbehalten, so kommt der Wiederkauf mit der Erklärung des Verkäufers gegenüber dem Käufer, dass er das Wiederkaufsrecht ausübe, zu Stande. Die Erklä-

rung bedarf nicht der für den Kaufvertrag bestimmten Form.

(2) Der Preis, zu welchem verkauft worden ist, gilt im Zweifel auch für den Wiederkauf.

**§ 457 Haftung des Wiederverkäufers**

(1) Der Wiederverkäufer ist verpflichtet, dem Wiederkäufer den gekauften Gegenstand nebst Zubehör herauszugeben.
(2) Hat der Wiederverkäufer vor der Ausübung des Wiederkaufsrechts eine Verschlechterung, den Untergang oder eine aus einem anderen Grund eingetretene Unmöglichkeit der Herausgabe des gekauften Gegenstandes verschuldet oder den Gegenstand wesentlich verändert, so ist er für den daraus entstehenden Schaden verantwortlich. Ist der Gegenstand ohne Verschulden des Wiederverkäufers verschlechtert oder ist er nur unwesentlich verändert, so kann der Wiederkäufer Minderung des Kaufpreises nicht verlangen.

**§ 458 Beseitigung von Rechten Dritter**

Hat der Wiederverkäufer vor der Ausübung des Wiederkaufsrechts über den gekauften Gegenstand verfügt, so ist er verpflichtet, die dadurch begründeten Rechte Dritter zu beseitigen. Einer Verfügung des Wiederverkäufers steht eine Verfügung gleich, die im Wege der Zwangsvollstreckung oder der Arrestvollziehung oder durch den Insolvenzverwalter erfolgt.

**§ 459 Ersatz von Verwendungen**
Der Wiederverkäufer kann für Verwendungen, die er auf den gekauften Gegenstand vor dem Wiederkauf gemacht hat, insoweit Ersatz verlangen, als der Wert des Gegenstandes durch die Verwendungen erhöht ist. Eine Einrichtung, mit der er die herauszugebende Sache versehen hat, kann er wegnehmen.

**§ 460 Wiederkauf zum Schätzungswert**

Ist als Wiederkaufpreis der Schätzungswert vereinbart, den der gekaufte Gegenstand zur Zeit des Wiederkaufs hat, so ist der Wiederverkäufer für eine Verschlechterung, den Untergang oder die aus einem anderen Grund eingetretene Unmöglichkeit der Herausgabe des Gegen-

rung bedarf nicht der für den Kaufvertrag bestimmten Form.
(2) Der Preis, zu welchem verkauft worden ist, gilt im Zweifel auch für den Wiederkauf.

**§ 498 [Wiederverkäufer, Pflichten und Haftung]**
(1) Der Wiederverkäufer ist verpflichtet, dem Wiederkäufer den gekauften Gegenstand nebst Zubehör herauszugeben.
(2) Hat der Wiederverkäufer vor der Ausübung des Wiederkaufsrechts eine Verschlechterung, den Untergang oder eine aus einem anderen Grund eingetretene Unmöglichkeit der Herausgabe des gekauften Gegenstandes verschuldet oder den Gegenstand wesentlich verändert, so ist er für den daraus entstehenden Schaden verantwortlich. Ist der Gegenstand ohne Verschulden des Wiederverkäufers verschlechtert oder ist er nur unwesentlich verändert, so kann der Wiederkäufer Minderung des Kaufpreises nicht verlangen.

**§ 499 [Wiederkauf, Beseitigung von Rechten Dritter]**
Hat der Wiederverkäufer vor der Ausübung des Wiederkaufsrechts über den gekauften Gegenstand verfügt, so ist er verpflichtet, die dadurch begründeten Rechte Dritter zu beseitigen. Einer Verfügung des Wiederverkäufers steht eine Verfügung gleich, die im Wege der Zwangsvollstreckung oder der Arrestvollziehung oder durch den Insolvenzverwalter erfolgt.

**§ 500 [Wiederverkauf, Verwendungsersatz]**
Der Wiederverkäufer kann für Verwendungen, die er auf den gekauften Gegenstand vor dem Wiederkauf gemacht hat, insoweit Ersatz verlangen, als der Wert des Gegenstandes durch die Verwendungen erhöht ist. Eine Einrichtung, mit der er die herauszugebende Sache versehen hat, kann er wegnehmen.

**§ 501 [Wiederverkauf zum Schätzungswert, Beschränkung der Haftung]**
Ist als Wiederkaufpreis der Schätzungswert vereinbart, den der gekaufte Gegenstand zur Zeit des Wiederkaufs hat, so ist der Wiederverkäufer für eine Verschlechterung, den Untergang oder die aus einem anderen Grund eingetretene Unmöglichkeit der Herausgabe des Gegen-

standes nicht verantwortlich, der Wiederkäufer zum Ersatz von Verwendungen nicht verpflichtet.

**§ 461 Mehrere Wiederkaufsberechtigte**

Steht das Wiederkaufsrecht mehreren gemeinschaftlich zu, so kann es nur im Ganzen ausgeübt werden. Ist es für einen der Berechtigten erloschen oder übt einer von ihnen sein Recht nicht aus, so sind die übrigen berechtigt, das Wiederkaufsrecht im Ganzen auszuüben.

**§ 462 Ausschlussfrist**

Das Wiederkaufsrecht kann bei Grundstücken nur bis zum Ablauf von 30, bei anderen Gegenständen nur bis zum Ablauf von drei Jahren nach der Vereinbarung des Vorbehalts ausgeübt werden. Ist für die Ausübung eine Frist bestimmt, so tritt diese an die Stelle der gesetzlichen Frist.

**§ 463 Voraussetzungen der Ausübung**

Wer in Ansehung eines Gegenstandes zum Vorkauf berechtigt ist, kann das Vorkaufsrecht ausüben, sobald der Verpflichtete mit einem Dritten einen Kaufvertrag über den Gegenstand geschlossen hat.

**§ 464 Ausübung des Vorkaufrechts**

(1) Die Ausübung des Vorkaufsrechts erfolgt durch Erklärung gegenüber dem Verpflichteten. Die Erklärung bedarf nicht der für den Kaufvertrag bestimmten Form.

(2) Mit der Ausübung des Vorkaufsrechts kommt der Kauf zwischen dem Berechtigten und dem Verpflichteten unter den Bestimmungen zustande, welche der Verpflichtete mit dem Dritten vereinbart hat.

**§ 465 Unwirksame Vereinbarungen**

Eine Vereinbarung des Verpflichteten mit dem Dritten, durch welche der Kauf von der Nichtausübung des Vorkaufsrechts abhängig gemacht oder dem Verpflichteten für den Fall der Ausübung des Vorkaufsrechts der Rücktritt vorbehalten wird, ist dem Vorkaufsberechtigten gegenüber unwirksam.

standes nicht verantwortlich, der Wiederkäufer zum Ersatz von Verwendungen nicht verpflichtet.

**§ 502 [Mehrheit von Wiederkaufsberechtigten]**

Steht das Wiederkaufsrecht mehreren gemeinschaftlich zu, so kann es nur im Ganzen ausgeübt werden. Ist es für einen der Berechtigten erloschen oder übt einer von ihnen sein Recht nicht aus, so sind die übrigen berechtigt, das Wiederkaufsrecht im Ganzen auszuüben.

**§ 503 [Wiederkaufsrecht, Ausschlussfrist]**

Das Wiederkaufsrecht kann bei Grundstücken nur bis zum Ablauf von dreißig, bei anderen Gegenständen nur bis zum Ablauf von drei Jahren nach der Vereinbarung des Vorbehalts ausgeübt werden. Ist für die Ausübung eine Frist bestimmt, so tritt diese an die Stelle der gesetzlichen Frist.

**§ 504 [Vorkaufsrecht, Voraussetzung der Ausübung]**

Wer in Ansehung eines Gegenstandes zum Vorkauf berechtigt ist, kann das Vorkaufsrecht ausüben, sobald der Verpflichtete mit einem Dritten einen Kaufvertrag über den Gegenstand geschlossen hat.

**§ 505 [Vorkaufsrecht, Erklärung und Wirkung der Ausübung]**

(1) Die Ausübung des Vorkaufsrechts erfolgt durch Erklärung gegenüber dem Verpflichteten. Die Erklärung bedarf nicht der für den Kaufvertrag bestimmten Form.

(2) Mit der Ausübung des Vorkaufsrechts kommt der Kauf zwischen dem Berechtigten und dem Verpflichteten unter den Bestimmungen zu Stande, welche der Verpflichtete mit dem Dritten vereinbart hat.

**§ 506 [Kaufvertrag mit dem Dritten, Unwirksame Vereinbarungen]**

Eine Vereinbarung des Verpflichteten mit dem Dritten, durch welche der Kauf von der Nichtausübung des Vorkaufsrechts abhängig gemacht oder dem Verpflichteten für den Fall der Ausübung des Vorkaufsrechts der Rücktritt vorbehalten wird, ist dem Vorkaufsberechtigten gegenüber unwirksam.

**§ 466 Nebenleistungen**

Hat sich der Dritte in dem Vertrag zu einer Nebenleistung verpflichtet, die der Vorkaufsberechtigte zu bewirken außerstande ist, so hat der Vorkaufsberechtigte statt der Nebenleistung ihren Wert zu entrichten. Lässt sich die Nebenleistung nicht in Geld schätzen, so ist die Ausübung des Vorkaufsrechts ausgeschlossen; die Vereinbarung der Nebenleistung kommt jedoch nicht in Betracht, wenn der Vertrag mit dem Dritten auch ohne sie geschlossen sein würde.

**§ 507 [Kaufvertrag mit dem Dritten, Nebenleistungen]**

Hat sich der Dritte in dem Vertrag zu einer Nebenleistung verpflichtet, die der Vorkaufsberechtigte zu bewirken außer Stande ist, so hat der Vorkaufsberechtigte statt der Nebenleistung ihren Wert zu entrichten. Lässt sich die Nebenleistung nicht in Geld schätzen, so ist die Ausübung des Vorkaufsrechts ausgeschlossen; die Vereinbarung der Nebenleistung kommt jedoch nicht in Betracht, wenn der Vertrag mit dem Dritten auch ohne sie geschlossen sein würde.

**§ 467 Gesamtpreis**

Hat der Dritte den Gegenstand, auf den sich das Vorkaufsrecht bezieht, mit anderen Gegenständen zu einem Gesamtpreis gekauft, so hat der Vorkaufsberechtigte einen verhältnismäßigen Teil des Gesamtpreises zu entrichten. Der Verpflichtete kann verlangen, dass der Vorkauf auf alle Sachen erstreckt wird, die nicht ohne Nachteil für ihn getrennt werden können.

**§ 508 [Kaufvertrag mit dem Dritten, Gesamtpreis]**

Hat der Dritte den Gegenstand, auf den sich das Vorkaufsrecht bezieht, mit anderen Gegenständen zu einem Gesamtpreis gekauft, so hat der Vorkaufsberechtigte einen verhältnismäßigen Teil des Gesamtpreises zu entrichten. Der Verpflichtete kann verlangen, dass der Vorkauf auf alle Sachen erstreckt wird, die nicht ohne Nachteil für ihn getrennt werden können.

**§ 468 Stundung des Kaufpreises**

(1) Ist dem Dritten in dem Vertrag der Kaufpreis gestundet worden, so kann der Vorkaufsberechtigte die Stundung nur in Anspruch nehmen, wenn er für den gestundeten Betrag Sicherheit leistet.

(2) Ist ein Grundstück Gegenstand des Vorkaufs, so bedarf es der Sicherheitsleistung insoweit nicht, als für den gestundeten Kaufpreis die Bestellung einer Hypothek an dem Grundstück vereinbart oder in Anrechnung auf den Kaufpreis eine Schuld, für die eine Hypothek an dem Grundstück besteht, übernommen worden ist. Entsprechendes gilt, wenn ein eingetragenes Schiff oder Schiffsbauwerk Gegenstand des Vorkaufs ist.

**§ 509 [Kaufvertrag mit dem Dritten, Kaufpreisstundung]**

(1) Ist dem Dritten in dem Vertrag der Kaufpreis gestundet worden, so kann der Vorkaufsberechtigte die Stundung nur in Anspruch nehmen, wenn er für den gestundeten Betrag Sicherheit leistet.

(2) Ist ein Grundstück Gegenstand des Vorkaufs, so bedarf es der Sicherheitsleistung insoweit nicht, als für den gestundeten Kaufpreis die Bestellung einer Hypothek an dem Grundstück vereinbart oder in Anrechnung auf den Kaufpreis eine Schuld, für die eine Hypothek an dem Grundstück besteht, übernommen worden ist. Entsprechendes gilt, wenn ein eingetragenes Schiff oder Schiffsbauwerk Gegenstand des Vorkaufs ist.

**§ 469 Mitteilungspflicht, Ausübungsfrist**

(1) Der Verpflichtete hat dem Vorkaufsberechtigten den Inhalt des mit dem Dritten geschlossenen Vertrags unverzüglich mitzuteilen. Die Mitteilung des Verpflichteten wird durch die Mitteilung des Dritten ersetzt.

(2) Das Vorkaufsrecht kann bei Grundstücken nur bis zum Ablauf von zwei Monaten, bei ande-

**§ 510 [Vorkaufsrecht, Anzeigepflicht und Ausübungsfrist]**

(1) Der Verpflichtete hat dem Vorkaufsberechtigten den Inhalt des mit dem Dritten geschlossenen Vertrags unverzüglich mitzuteilen. Die Mitteilung des Verpflichteten wird durch die Mitteilung des Dritten ersetzt.

(2) Das Vorkaufsrecht kann bei Grundstücken nur bis zum Ablauf von zwei Monaten, bei ande-

ren Gegenständen nur bis zum Ablauf einer Woche nach dem Empfang der Mitteilung ausgeübt werden. Ist für die Ausübung eine Frist bestimmt, so tritt diese an die Stelle der gesetzlichen Frist.

**§ 470 Verkauf an gesetzlichen Erben**

Das Vorkaufsrecht erstreckt sich im Zweifel nicht auf einen Verkauf, der mit Rücksicht auf ein künftiges Erbrecht an einen gesetzlichen Erben erfolgt.

**§ 471 Verkauf bei Zwangsvollstreckung oder Insolvenz**

Das Vorkaufsrecht ist ausgeschlossen, wenn der Verkauf im Wege der Zwangsvollstreckung oder aus einer Insolvenzmasse erfolgt.

**§ 472 Mehrere Vorkaufsberechtigte**

Steht das Vorkaufsrecht mehreren gemeinschaftlich zu, so kann es nur im Ganzen ausgeübt werden. Ist es für einen der Berechtigten erloschen oder übt einer von ihnen sein Recht nicht aus, so sind die übrigen berechtigt, das Vorkaufsrecht im Ganzen auszuüben.

**§ 473 Unübertragbarkeit**

Das Vorkaufsrecht ist nicht übertragbar und geht nicht auf die Erben des Berechtigten über, sofern nicht ein anderes bestimmt ist. Ist das Recht auf eine bestimmte Zeit beschränkt, so ist es im Zweifel vererblich.

**§ 474 Begriff des Verbrauchsgüterkaufs**

(1) Kauft ein Verbraucher von einem Unternehmer eine bewegliche Sache (Verbrauchsgüterkauf), gelten ergänzend die folgenden Vorschriften. Dies gilt nicht für gebrauchte Sachen, die in einer öffentlichen Versteigerung verkauft werden, an der der Verbraucher persönlich teilnehmen kann.

(2) Die §§ 445 und 447 finden auf die in diesem Untertitel geregelten Kaufverträge keine Anwendung.

**§ 475 Abweichende Vereinbarungen**

(1) Auf eine vor Mitteilung eines Mangels an den Unternehmer getroffene Vereinbarung, die zum Nachteil des Verbrauchers von den §§ 433 bis 435, 437, 439 bis 443, sowie von den

ren Gegenständen nur bis zum Ablauf einer Woche nach dem Empfang der Mitteilung ausgeübt werden. Ist für die Ausübung eine Frist bestimmt, so tritt diese an die Stelle der gesetzlichen Frist.

**§ 511 [Vorkaufsrecht, Ausschluss bei Verkauf an Erben]**

Das Vorkaufsrecht erstreckt sich im Zweifel nicht auf einen Verkauf, der mit Rücksicht auf ein künftiges Erbrecht an einen gesetzlichen Erben erfolgt.

**§ 512 [Vorkaufsrecht, Ausschluss bei Zwangsvollstreckung und aus der Insolvenzmasse]**

Das Vorkaufsrecht ist ausgeschlossen, wenn der Verkauf im Wege der Zwangsvollstreckung oder aus einer Insolvenzmasse erfolgt.

**§ 513 [Mehrheit von Vorkaufsberechtigten]**

Steht das Vorkaufsrecht mehreren gemeinschaftlich zu, so kann es nur im Ganzen ausgeübt werden. Ist es für einen der Berechtigten erloschen oder übt einer von ihnen sein Recht nicht aus, so sind die übrigen berechtigt, das Vorkaufsrecht im Ganzen auszuüben.

**§ 514 [Vorkaufsrecht, Unübertragbarkeit und Unvererblichkeit]**

Das Vorkaufsrecht ist nicht übertragbar und geht nicht auf die Erben des Berechtigten über, sofern nicht ein anderes bestimmt ist. Ist das Recht auf eine bestimmte Zeit beschränkt, so ist es im Zweifel vererblich.

Vorschriften dieses Untertitels abweicht, kann der Unternehmer sich nicht berufen. Die in Satz 1 bezeichneten Vorschriften finden auch Anwendung, wenn sie durch anderweitige Gestaltungen umgangen werden.
(2) Die Verjährung der in § 437 bezeichneten Ansprüche kann vor Mitteilung eines Mangels an den Unternehmer nicht durch Rechtsgeschäft erleichtert werden, wenn die Vereinbarung zu einer Verjährungsfrist ab dem gesetzlichen Verjährungsbeginn von weniger als zwei Jahren, bei gebrauchten Sachen von weniger als einem Jahr führt.
(3) Die Absätze 1 und 2 gelten unbeschadet der §§ 307 bis 309 nicht für den Ausschluss oder die Beschränkung des Anspruchs auf Schadensersatz.

**§ 476 Beweislastumkehr**
Zeigt sich innerhalb von sechs Monaten seit Gefahrübergang ein Sachmangel, so wird vermutet, dass die Sache bereits bei Gefahrübergang mangelhaft war, es sei denn, diese Vermutung ist mit der Art der Sache oder des Mangels unvereinbar.

**§ 477 Sonderbestimmungen für Garantien**
(1) Eine Garantieerklärung (§ 443) muss einfach und verständlich abgefasst sein. Sie muss enthalten 1. den Hinweis auf die gesetzlichen Rechte des Verbrauchers sowie darauf, dass sie durch die Garantie nicht eingeschränkt werden und 2. den Inhalt der Garantie und alle wesentlichen Angaben, die für die Geltendmachung der Garantie erforderlich sind, insbesondere die Dauer und den räumlichen Geltungsbereich des Garantieschutzes sowie Namen und Anschrift des Garantiegebers.
(2) Der Verbraucher kann verlangen, dass ihm die Garantieerklärung in Textform mitgeteilt wird.
(3) Die Wirksamkeit der Garantieverpflichtung wird nicht dadurch berührt, dass eine der vorstehenden Anforderungen nicht erfüllt wird.

**§ 478 Rückgriff des Unternehmers**
(1) Wenn der Unternehmer die verkaufte neu hergestellte Sache als Folge ihrer Mangelhaftigkeit zurücknehmen musste oder der Verbraucher den Kaufpreis gemindert hat, bedarf es für die in § 437 bezeichneten Rechte des Unternehmers gegen den Unternehmer, der ihm die Sache verkauft hatte (Lieferant), wegen des vom Verbraucher geltend gemachten Mangels einer sonst erforderlichen Fristsetzung nicht.

(2) Der Unternehmer kann beim Verkauf einer neu hergestellten Sache von seinem Lieferanten Ersatz der Aufwendungen verlangen, die der Unternehmer im Verhältnis zum Verbraucher nach § 439 Abs. 2 zu tragen hatte, wenn der vom Verbraucher geltend gemachte Mangel bereits beim Übergang der Gefahr auf den Unternehmer vorhanden war.
(3) In den Fällen der Absätze 1 und 2 findet § 476 mit der Maßgabe Anwendung, dass die Frist mit dem Übergang der Gefahr auf den Verbraucher beginnt.
(4) Auf eine vor Mitteilung eines Mangels an den Lieferanten getroffene Vereinbarung, die zum Nachteil des Unternehmers von den §§ 433 bis 435, 437, 439 bis 443, sowie von den Absätzen 1 bis 3 und von § 479 abweicht, kann sich der Lieferant nicht berufen, wenn dem Rückgriffsgläubiger kein gleichwertiger Ausgleich eingeräumt wird. Satz 1 gilt unbeschadet des § 307 nicht für den Ausschluss oder die Beschränkung des Anspruchs auf Schadensersatz. Die in Satz 1 bezeichneten Vorschriften finden auch Anwendung, wenn sie durch anderweitige Gestaltungen umgangen werden.
(5) Die Absätze 1 bis 4 finden auf die Ansprüche des Lieferanten und der übrigen Käufer in der Lieferkette gegen die jeweiligen Verkäufer entsprechende Anwendung, wenn die Schuldner Unternehmer sind.
(6) § 377 des Handelsgesetzbuchs bleibt unberührt.

**§ 479 Verjährung von Rückgriffsansprüchen**
(1) Die in § 478 Abs. 2 bestimmten Aufwendungsersatzansprüche verjähren in zwei Jahren ab Ablieferung der Sache.
(2) Die Verjährung der in den §§ 437 und 478 Abs. 2 bestimmten Ansprüche des Unternehmers gegen seinen Lieferanten wegen des Mangels einer an einen Verbraucher verkauften neu hergestellten Sache tritt frühestens zwei Monate nach dem Zeitpunkt ein, in dem der Unternehmer die Ansprüche des Verbrauchers erfüllt hat. Diese Ablaufhemmung endet spätestens fünf Jahre nach dem Zeitpunkt, in dem der Lieferant die Sache dem Unternehmer abgeliefert hat.
(3) Die vorstehenden Absätze finden auf die Ansprüche des Lieferanten und der übrigen Käufer in der Lieferkette gegen die jeweiligen Verkäufer entsprechende Anwendung, wenn die Schuldner Unternehmer sind.

# II. InformationspflichtenVO

**(Auszug aus der Verordnung über Informationspflichten nach Bürgerlichem Gesetz vom 14. November 1994 [BGBl. I S. 3436], zuletzt geändert durch Art. 4 des am 1. Januar 2002 in Kraft tretenden Schuldrechtsmodernisierungsgesetzes i.d.F. der BT-Drs. 14/6040, 14/7052 sowie BR-Drucks. 819/01)**

**§ 1 Informationspflichten bei Fernabsatzverträgen**

(1) Der Unternehmer muss den Verbraucher gemäß § 312c Abs. 1 Nr. 1 des Bürgerlichen Gesetzbuchs vor Abschluss eines Fernabsatzvertrags mindestens informieren über:

1. seine Identität,
2. seine Anschrift,
3. wesentliche Merkmale der Ware oder Dienstleistung, sowie darüber, wie der Vertrag zustande kommt,
4. die Mindestlaufzeit des Vertrags, wenn dieser eine dauernde oder regelmäßig wiederkehrende Leistung zum Inhalt hat,
5. einen Vorbehalt, eine in Qualität und Preis gleichwertige Leistung (Ware oder Dienstleistung) zu erbringen, und einen Vorbehalt, die versprochene Leistung im Fall ihrer Nichtverfügbarkeit nicht zu erbringen,
6. den Preis der Ware oder Dienstleistung einschließlich aller Steuern und sonstiger Preisbestandteile,
7. gegebenenfalls zusätzlich anfallende Liefer- und Versandkosten,
8. Einzelheiten hinsichtlich der Zahlung und der Lieferung oder Erfüllung,
9. das Bestehen eines Widerrufs- oder Rückgaberechts,
10. Kosten, die dem Verbraucher durch die Nutzung der Fernkommunikationsmittel entstehen, sofern sie über die üblichen Grundtarife, mit denen der Verbraucher rechnen muss, hinausgehen, und
11. die Gültigkeitsdauer befristeter Angebote, insbesondere hinsichtlich des Preises.

(2) Der Unternehmer hat dem Verbraucher gemäß § 312c Abs. 2 des Bürgerlichen Gesetzbuchs die in Absatz 1 Nr. 1 bis 9 bestimmten Informationen in Textform mitzuteilen.

(3) Der Unternehmer hat dem Verbraucher gemäß § 312c Abs. 2 des Bürgerlichen Gesetzbuchs ferner folgende weitere Informationen in Textform und in einer hervorgehobenen und deutlich gestalteten Form mitzuteilen:

1. Informationen über die Bedingungen, Einzelheiten der Ausübung und Rechtsfolgen des Widerrufs- oder Rückgaberechts sowie über den Ausschluss des Widerrufs- oder Rückgaberechts,
2. die Anschrift der Niederlassung des Unternehmers, bei der der Verbraucher Beanstandungen vorbringen kann, sowie eine ladungsfähige Anschrift des Unternehmers und bei juristischen Personen, Personenvereinigungen oder -gruppen auch den Namen eines Vertretungsberechtigten,
3. Informationen über Kundendienst und geltende Gewährleistungs- und Garantiebedingungen, und
4. die Kündigungsbedingungen bei Verträgen, die ein Dauerschuldverhältnis betreffen und für eine längere Zeit als ein Jahr oder für unbestimmte Zeit geschlossen werden.

[...]

**§ 3 Kundeninformationspflichten des Unternehmers bei Verträgen im elektronischen Geschäftsverkehr**

Bei Verträgen im elektronischen Geschäftsverkehr muss der Unternehmer den Kunden gemäß § 312 e Abs. 1 Satz 1 Nr. 2 des Bürgerlichen Gesetzbuchs informieren

1. über die einzelnen technischen Schritte, die zu einem Vertragsschluss führen,
2. darüber, ob der Vertragstext nach dem Vertragsschluss von dem Unternehmer gespeichert wird und ob er dem Kunden zugänglich ist,
3. darüber, wie er mit den gemäß § 312e Abs. 1 Satz 1 Nr. 1 des Bürgerlichen Gesetzbuchs zur Verfügung gestellten technischen Mitteln Eingabefehler vor Abgabe der Bestellung erkennen und berichtigen kann,
4. über die für den Vertragsschluss zur Verfügung stehenden Sprachen und
5. über sämtliche einschlägigen Verhaltenskodizes, denen sich der Unternehmer unterwirft, sowie die Möglichkeit eines elektronischen Zugangs zu diesen Regelwerken.

# III. Unterlassungsklagengesetz - UKlaG

**(Gesetz über Unterlassungsklagen bei Verbraucherrechts- und anderen Verstößen; Art. 3 des Schuldrechtsmodernisierungsgesetzes i.d.F. der BT-Drucks. 14/6040, 14/7052 sowie BR-Drucks. 819/01. Inkrafttreten am 1. Januar 2002)**

Abschnitt 1 – Ansprüche bei Verbraucherrechts- und anderen Verstößen

**§ 1 Unterlassungs- und Widerrufsanspruch bei Allgemeinen Geschäftsbedingungen**
Wer in Allgemeinen Geschäftsbedingungen Bestimmungen, die nach den §§ 307 bis 309 des Bürgerlichen Gesetzbuchs unwirksam sind, verwendet oder für den rechtsgeschäftlichen Verkehr empfiehlt, kann auf Unterlassung und im Fall des Empfehlens auch auf Widerruf in Anspruch genommen werden.

**§ 2 Unterlassungsanspruch bei verbraucherschutzgesetzwidrigen Praktiken**
(1) Wer in anderer Weise als durch Verwendung oder Empfehlung von Allgemeinen Geschäftsbedingungen Vorschriften zuwiderhandelt, die dem Schutz der Verbraucher dienen (Verbraucherschutzgesetze), kann im Interesse des Verbraucherschutzes auf Unterlassung in Anspruch genommen werden. Werden die Zuwiderhandlungen in einem geschäftlichen Betrieb von einem Angestellten oder einem Beauftragten begangen, so ist der Unterlassungsanspruch auch gegen den Inhaber des Betriebs begründet.

(2) Verbraucherschutzgesetze im Sinne dieser Vorschrift sind insbesondere
1. die Vorschriften des Bürgerlichen Gesetzbuchs, die für Verbrauchsgüterkäufe, Haustürgeschäfte, Fernabsatzverträge, Teilzeit-Wohnrechteverträge, Reiseverträge, Verbraucherdarlehensverträge sowie für Finanzierungshilfen, Ratenlieferungsverträge und Darlehensvermittlungsverträge zwischen einem Unternehmer und einem Verbraucher gelten,
2. die Vorschriften zur Umsetzung der Artikel 5, 10 und 11 der Richtlinie 2000/31/EG des Europäischen Parlaments und des Rates vom B. Juni 2000 über bestimmte rechtliche Aspekte der Dienste der Informationsgesellschaft, insbesondere des elektronischen Geschäftsverkehrs, im Binnenmarkt (ABI. EG Nr. L 178 S. 1),
3. das Fernunterrichtsschutzgesetz,
4. die Vorschriften des Bundes- und Landesrechts zur Umsetzung der Artikel 10 bis 21 der Richtlinie 89/552/EWG des Rates vom 3. Oktober 1989 zur Koordinierung bestimmter Rechts- und Verwaltungsvorschriften der Mitgliedstaaten über die Ausübung der Fernsehtätigkeit (ABI. EG Nr. L 298 S. 23), geändert durch die Richtlinie des Europäischen Parlaments und des Rates 97/36/EG (ABI. EG Nr. L 202 S. 60),
5. die entsprechenden Vorschriften des Arzneimittelgesetzes sowie Artikel 1 §§ 3 bis 13 des Gesetzes über die Werbung auf dem Gebiete des Heilwesens,
6. § 23 des Gesetzes über Kapitalanlagegesellschaften und die §§ 11 und 15h des Auslandinvestmentgesetzes.

(3) Der Anspruch auf Unterlassung kann nicht geltend gemacht werden, wenn die Geltendmachung unter Berücksichtigung der gesamten Umstände missbräuchlich ist, insbesondere wenn sie vorwiegend dazu dient, gegen den Zuwiderhandelnden einen Anspruch auf Ersatz von Aufwendungen oder Kosten der Rechtsverfolgung entstehen zu lassen.

**§ 3 Anspruchsberechtigte Stellen**
(1) Die in den §§ 1 und 2 bezeichneten Ansprüche auf Unterlassung und auf Widerruf stehen zu:
1. qualifizierten Einrichtungen, die nachweisen, dass sie in die Liste qualifizierter Einrichtungen nach § 4 oder in dem Verzeichnis der Kommission der Europäischen Gemeinschaften nach Artikel

4 der Richtlinie 98/27/EG des Europäischen Parlaments und des Rates vom 19. Mai 1998 über Unterlassungsklagen zum Schutz der Verbraucherinteressen (ABl. EG Nr. L 166 S. 51) in der jeweils geltenden Fassung eingetragen sind,

2. rechtsfähigen Verbänden zur Förderung gewerblicher Interessen, soweit ihnen eine erhebliche Zahl von Gewerbetreibenden angehört, die Waren oder gewerbliche Leistungen gleicher oder verwandter Art auf demselben Markt vertreiben, soweit sie insbesondere nach ihrer personellen, sachlichen und finanziellen Ausstattung imstande sind, ihre satzungsgemäßen Aufgaben der Verfolgung gewerblicher Interessen tatsächlich wahrzunehmen, und, bei Klagen nach § 2, soweit der Anspruch eine Handlung betrifft, die geeignet ist, den Wettbewerb auf diesem Markt wesentlich zu beeinträchtigen, und
3. den Industrie- und Handelskammern oder den Handwerkskammern.

Der Anspruch kann nur an Stellen im Sinne des Satzes 1 abgetreten werden.

(2) Die in Absatz 1 Nr. 1 bezeichneten Einrichtungen können Ansprüche auf Unterlassung und auf Widerruf nach § 1 nicht geltend machen, wenn Allgemeine Geschäftsbedingungen gegenüber einem Unternehmer (§ 14 des Bürgerlichen Gesetzbuchs) verwendet oder wenn Allgemeine Geschäftsbedingungen zur ausschließlichen Verwendung zwischen Unternehmern empfohlen werden.

**§ 4 Qualifizierte Einrichtungen**

(1) Das Bundesverwaltungsamt führt eine Liste qualifizierter Einrichtungen. Diese Liste wird mit dem Stand zum 1. Januar eines jeden Jahres im Bundesanzeiger bekannt gemacht und der Kommission der Europäischen Gemeinschaften unter Hinweis auf Artikel 4 Abs. 2 der Richtlinie 98/27/ EG zugeleitet.

(2) In die Liste werden auf Antrag rechtsfähige Verbände eingetragen, zu deren satzungsmäßigen Aufgaben es gehört, die Interessen der Verbraucher durch Aufklärung und Beratung nicht gewerbsmäßig und nicht nur vorübergehend wahrzunehmen, wenn sie in diesem Aufgabenbereich tätige Verbände oder mindestens 75 natürliche Personen als Mitglieder haben, seit mindestens einem Jahr bestehen und auf Grund ihrer bisherigen Tätigkeit Gewähr für eine sachgerechte Aufgabenerfüllung bieten. Es wird unwiderleglich vermutet, dass Verbraucherzentralen und andere Verbraucherverbände, die mit öffentlichen Mitteln gefördert werden, diese Voraussetzungen erfüllen. Die Eintragung in die Liste erfolgt unter Angabe von Namen, Anschrift, Registergericht, Registernummer und satzungsmäßigem Zweck. Sie ist mit Wirkung für die Zukunft aufzuheben, wenn

1. der Verband dies beantragt oder
2. die Voraussetzungen für die Eintragung nicht vorlagen oder weggefallen sind.

Ist auf Grund tatsächlicher Anhaltspunkte damit zu rechnen, dass die Eintragung nach Satz 4 zurückzunehmen oder zu widerrufen ist, so soll das Bundesverwaltungsamt das Ruhen der Eintragung für einen bestimmten Zeitraum von längstens drei Monaten anordnen. Widerspruch und Anfechtungsklage haben im Fall des Satzes 5 keine aufschiebende Wirkung.

(3) Entscheidungen über Eintragungen erfolgen durch einen Bescheid, der dem Antragsteller zuzustellen ist. Das Bundesverwaltungsamt erteilt den Verbänden auf Antrag eine Bescheinigung über ihre Eintragung in die Liste. Es bescheinigt auf Antrag Dritten, die daran ein rechtliches Interesse haben, dass die Eintragung eines Verbands in die Liste aufgehoben worden ist.

(4) Ergeben sich in einem Rechtsstreit begründete Zweifel an dem Vorliegen der Voraussetzungen nach Absatz 2 bei einer eingetragenen Einrichtung, so kann das Gericht das Bundesverwaltungsamt zur Überprüfung der Eintragung auffordern und die Verhandlung bis zu dessen Entscheidung aussetzen.

(5) Das Bundesverwaltungsamt steht bei der Wahrnehmung der in dieser Vorschrift geregelten Aufgabe unter der Fachaufsicht des Bundesministeriums der Justiz.

(6) Das Bundesministerium der Justiz wird ermächtigt, durch Rechtsverordnung, die der Zustimmung des Bundesrates nicht bedarf, die Einzelheiten des Eintragungsverfahrens, insbesondere die zur Prüfung der Eintragungsvoraussetzungen erforderlichen Ermittlungen, sowie die Einzelheiten der Führung der Liste zu regeln.

Abschnitt 2 – Verfahrensvorschriften

Unterabschnitt 1 – Allgemeine Vorschriften

**§ 5 Anwendung der Zivilprozessordnung und anderer Vorschriften**
Auf das Verfahren sind die Vorschriften der Zivilprozessordnung und die §§ 23a, 23b und 25 des Gesetzes gegen den unlauteren Wettbewerb anzuwenden, soweit sich aus diesem Gesetz nicht etwas anderes ergibt.

**§ 6 Zuständigkeit**
(1) Für Klagen nach diesem Gesetz ist das Landgericht ausschließlich zuständig, in dessen Bezirk der Beklagte seine gewerbliche Niederlassung oder in Ermangelung einer solchen seinen Wohnsitz hat. Hat der Beklagte im Inland weder eine gewerbliche Niederlassung noch einen Wohnsitz, so ist das Gericht des inländischen Aufenthaltsorts zuständig, in Ermangelung eines solchen das Gericht, in dessen Bezirk die nach den §§ 307 bis 309 des Bürgerlichen Gesetzbuchs unwirksamen Bestimmungen in Allgemeinen Geschäftsbedingungen verwendet wurden oder gegen Verbraucherschutzgesetze verstoßen wurde.
(2) Die Landesregierungen werden ermächtigt, zur sachdienlichen Förderung oder schnelleren Erledigung der Verfahren durch Rechtsverordnung einem Landgericht für die Bezirke mehrerer Landgerichte Rechtsstreitigkeiten nach diesem Gesetz zuzuweisen. Die Landesregierungen können die Ermächtigung durch Rechtsverordnung auf die Landesjustizverwaltungen übertragen.
(3) Wird gegen eine Entscheidung des Gerichts Berufung eingelegt, so können sich die Parteien vor dem Berufungsgericht auch von Rechtsanwälten vertreten lassen, die bei dem Oberlandesgericht zugelassen sind, vor das die Berufung ohne die Regelung nach Absatz 2 gehören würde. Die Mehrkosten, die einer Partei dadurch erwachsen, dass sie sich nach Satz 1 durch einen nicht beim Prozessgericht zugelassenen Rechtsanwalt vertreten lässt, sind nicht zu erstatten.
(4) Die vorstehenden Absätze gelten nicht für Klagen, die einen Anspruch der in § 13 bezeichneten Art zum Gegenstand haben.

**§ 7 Veröffentlichungsbefugnis**
Wird der Klage stattgegeben, so kann dem Kläger auf Antrag die Befugnis zugesprochen werden, die Urteilsformel mit der Bezeichnung des verurteilten Beklagten auf dessen Kosten im Bundesanzeiger, im Übrigen auf eigene Kosten bekannt zu machen. Das Gericht kann die Befugnis zeitlich begrenzen.

Unterabschnitt 2 – Besondere Vorschriften für Klagen nach § 1

**§ 8 Klageantrag und Anhörung**
(1) Der Klageantrag muss bei Klagen nach § 1 auch enthalten:
1. den Wortlaut der beanstandeten Bestimmungen in Allgemeinen Geschäftsbedingungen;
2. die Bezeichnung der Art der Rechtsgeschäfte, für die die Bestimmungen beanstandet werden.

(2) Das Gericht hat vor der Entscheidung über eine Klage nach § 1 zu hören
1. die zuständige Aufsichtsbehörde für das Versicherungswesen, wenn Gegenstand der Klage Bestimmungen in Allgemeinen Versicherungsbedingungen sind, oder
2. das Bundesaufsichtsamt für das Kreditwesen, wenn Gegenstand der Klage Bestimmungen in Allgemeinen Geschäftsbedingungen sind, die das Bundesaufsichtsamt für das Kreditwesen nach Maßgabe des Gesetzes über Bausparkassen, des Gesetzes über Kapitalanlagegesellschaften, des Hypothekenbankgesetzes oder des Gesetzes über Schiffspfandbriefbanken zu genehmigen hat.

**§ 9 Besonderheiten der Urteilsformel**
Erachtet das Gericht die Klage nach § 1 für begründet, so enthält die Urteilsformel auch:
1. die beanstandeten Bestimmungen der Allgemeinen Geschäftsbedingungen im Wortlaut;
2. die Bezeichnung der Art der Rechtsgeschäfte, für welche die den Unterlassungsanspruch begründenden Bestimmungen der Allgemeinen Geschäftsbedingungen nicht verwendet werden dürfen;

3. das Gebot, die Verwendung inhaltsgleicher Bestimmungen in Allgemeinen Geschäftsbedingungen zu unterlassen;
4. für den Fall der Verurteilung zum Widerruf das Gebot, das Urteil in gleicher Weise bekannt zu geben, wie die Empfehlung verbreitet wurde.

**§ 10 Einwendung wegen abweichender Entscheidung**
Der Verwender, dem die Verwendung einer Bestimmung untersagt worden ist, kann im Wege der Klage nach § 767 der Zivilprozessordnung einwenden, dass nachträglich eine Entscheidung des Bundesgerichtshofs oder des Gemeinsamen Senats der Obersten Gerichtshöfe des Bundes ergangen ist, welche die Verwendung dieser Bestimmung für dieselbe Art von Rechtsgeschäften nicht untersagt, und dass die Zwangsvollstreckung aus dem Urteil gegen ihn in unzumutbarer Weise seinen Geschäftsbetrieb beeinträchtigen würde.

**§ 11 Wirkungen des Urteils**
Handelt der verurteilte Verwender einem auf § 1 beruhenden Unterlassungsgebot zuwider, so ist die Bestimmung in den Allgemeinen Geschäftsbedingungen als unwirksam anzusehen, soweit sich der betroffene Vertragsteil auf die Wirkung des Unterlassungsurteils beruft. Er kann sich jedoch auf die Wirkung des Unterlassungsurteils nicht berufen, wenn der verurteilte Verwender gegen das Urteil die Klage nach § 10 erheben könnte.

Unterabschnitt 3 – Besondere Vorschriften für Klagen nach § 2

**§ 12 Einigungsstelle**
Für Klagen nach § 2 gelten § 27a des Gesetzes gegen den unlauteren Wettbewerb und die darin enthaltene Verordnungsermächtigung entsprechend.

**§ 13 Anspruch auf Mitteilung des Namens und der zustellungsfähigen Anschrift**
(1) Wer geschäftsmäßig Post-, Telekommunikations-, Tele- oder Mediendienste erbringt oder an der Erbringung solcher Dienste mitwirkt, hat den nach § 3 Abs. 1 Nr. 1 und 3 anspruchsberechtigten Stellen und Wettbewerbsverbänden auf deren Verlangen den Namen und die zustellungsfähige Anschrift eines am Post-, Telekommunikations-, Tele- oder Mediendiensteverkehr Beteiligten mitzuteilen, wenn die Stelle oder der Wettbewerbsverband schriftlich versichert, dass diese Angaben
1. zur Durchsetzung eines Anspruchs nach §§ 1 oder 2 benötigt werden und
2. anderweitig nicht zu beschaffen sind.

(2) Der Anspruch besteht nur, soweit die Auskunft ausschließlich anhand der bei dem Auskunftspflichtigen vorhandenen Bestandsdaten erteilt werden kann. Die Auskunft darf nicht deshalb verweigert werden, weil der Beteiligte, dessen Angaben mitgeteilt werden sollen, in die Übermittlung nicht einwilligt.
(3) Die Wettbewerbsverbände haben einer anderen nach § 3 Abs. 1 Nr. 2 anspruchsberechtigten Stelle auf deren Verlangen die nach Absatz 1 erhaltenen Angaben herauszugeben, wenn sie eine Versicherung in der in Absatz 1 bestimmten Form und mit dem dort bestimmten Inhalt vorlegt.
(4) Der Auskunftspflichtige kann von dem Anspruchsberechtigten einen angemessenen Ausgleich für die Erteilung der Auskunft verlangen. Der Beteiligte hat, wenn der gegen ihn geltend gemachte Anspruch nach §§ 1 oder 2 begründet ist, dem Anspruchsberechtigten den gezahlten Ausgleich zu erstatten.
(5) Wettbewerbsverbände sind
1. die Zentrale zur Bekämpfung unlauteren Wettbewerbs und
2. Verbände der in § 3 Abs. 1 Nr. 2 bezeichneten Art, die branchenübergreifend und überregional tätig sind.

Die in Satz 1 Nr. 2 bezeichneten Verbände werden durch Rechtsverordnung des Bundesministeriums der Justiz, die der Zustimmung des Bundesrates nicht bedarf, für Zwecke dieser Vorschrift festgelegt.

Abschnitt 3 – Behandlung von Kundenbeschwerden

**§ 14 Kundenbeschwerden**
(1) Bei Streitigkeiten aus der Anwendung der §§ 675a bis 676g und 676h Satz 1 des Bürgerlichen Gesetzbuchs können die Beteiligten unbeschadet ihres Rechts, die Gerichte anzurufen, eine Schlichtungsstelle anrufen, die bei der Deutschen Bundesbank einzurichten ist. Die Deutsche Bundesbank kann mehrere Schlichtungsstellen einrichten. Sie bestimmt, bei welcher ihrer Dienststellen die Schlichtungsstellen eingerichtet werden.

(2) Das Bundesministerium der Justiz regelt durch Rechtsverordnung die näheren Einzelheiten des Verfahrens der nach Absatz 1 einzurichtenden Stellen nach folgenden Grundsätzen:
1. Durch die Unabhängigkeit der Einrichtung muss unparteiisches Handeln sichergestellt sein.
2. Die Verfahrensregeln müssen für Interessierte zugänglich sein.
3. Die Beteiligten müssen Tatsachen und Bewertungen vorbringen können, und sie müssen rechtliches Gehör erhalten.
4. Das Verfahren muss auf die Verwirklichung des Rechts ausgerichtet sein.
Die Rechtsverordnung regelt in Anlehnung an § 51 des Gesetzes über das Kreditwesen auch die Pflicht der Kreditinstitute, sich an den Kosten des Verfahrens zu beteiligen.

(3)Das Bundesministerium der Justiz wird ermächtigt, im Einvernehmen mit den Bundesministerien der Finanzen und für Wirtschaft und Technologie durch Rechtsverordnung mit Zustimmung des Bundesrates die Streitschlichtungsaufgabe nach Absatz 1 auf eine oder mehrere geeignete private Stellen zu übertragen, wenn die Aufgabe dort zweckmäßiger erledigt werden kann.

Abschnitt 4 – Anwendungsbereich

**§ 15 Ausnahme für das Arbeitsrecht**
Dieses Gesetz findet auf das Arbeitsrecht keine Anwendung.

Abschnitt 5 – Überleitungsvorschriften

**§ 16 Überleitungsvorschrift zur Aufhebung des AGB-Gesetzes**
(1) Soweit am 1. Januar 2002 Verfahren nach dem AGB-Gesetz in der Fassung der Bekanntmachung vom 29. Juni 2000 (BGBl. I S. 946) anhängig sind, werden diese nach den Vorschriften dieses Gesetzes abgeschlossen.
(2) Das beim Bundeskartellamt geführte Entscheidungsregister nach § 20 des AGB-Gesetzes steht bis zum Ablauf des 31. Dezember 2004 unter den bis zum Ablauf des 31. Dezember 2001 geltenden Voraussetzungen zur Einsicht offen. Die in dem Register eingetragenen Entscheidungen werden 20 Jahre nach ihrer Eintragung in das Register, spätestens mit dem Ablauf des 31. Dezember 2004 gelöscht.
(3) Schlichtungsstellen im Sinne von § 14 Abs. 1 sind auch die auf Grund des bisherigen § 29 Abs. 1 des AGB-Gesetzes eingerichteten Stellen.
(4) Die nach § 22a des AGB-Gesetzes eingerichtete Liste qualifizierter Einrichtungen wird nach § 4 fortgeführt. Mit Ablauf des 31. Dezember 2001 eingetragene Verbände brauchen die Jahresfrist des § 4 Abs. 2 Satz 1 nicht einzuhalten.

# IV. Europäische Richtlinien

## 1. EU-Richtlinie über missbräuchliche Klauseln in Verbraucherverträgen

(93/13/EWG des Rates vom 5. April 1993; *Amtsblatt Nr. L 095 vom 21/04/1993* S. 0029 – 0034)

DER RAT DER EUROPÄISCHEN GEMEINSCHAFTEN -
gestützt auf den Vertrag zur Gründung der Europäischen Wirtschaftsgemeinschaft, insbesondere auf Artikel 100a, auf Vorschlag der Kommission (1), in Zusammenarbeit mit dem Europäischen Parlament (2), nach Stellungnahme des Wirtschafts- und Sozialausschusses (3), in Erwägung nachstehender Gründe:
Es müssen Maßnahmen zur schrittweisen Errichtung des Binnenmarktes bis zum 31. Dezember 1992 getroffen werden. Der Binnenmarkt umfasst einen Raum ohne Binnengrenzen, in dem der freie Verkehr von Waren, Personen, Dienstleistungen und Kapital gewährleistet ist.
Die Rechtsvorschriften der Mitgliedstaaten über Vertragsklauseln zwischen dem Verkäufer von Waren oder dem Dienstleistungserbringer einerseits und dem Verbraucher andererseits weisen viele Unterschiede auf, wodurch die einzelnen Märkte für den Verkauf von Waren und die Erbringung von Dienstleistungen an den Verbraucher uneinheitlich sind; dadurch wiederum können Wettbewerbsverzerrungen bei den Verkäufern und den Erbringern von Dienstleistungen, besonders bei der Vermarktung in anderen Mitgliedstaaten, eintreten.
Namentlich die Rechtsvorschriften der Mitgliedstaaten über missbräuchliche Klauseln in Verträgen mit Verbrauchern weisen beträchtliche Unterschiede auf.
Die Mitgliedstaaten müssen dafür Sorge tragen, dass die mit den Verbrauchern abgeschlossenen Verträge keine missbräuchlichen Klauseln enthalten.
Die Verbraucher kennen im allgemeinen nicht die Rechtsvorschriften, die in anderen Mitgliedstaaten für Verträge über den Kauf von Waren oder das Angebot von Dienstleistungen gelten. Diese Unkenntnis kann sie davon abhalten, Waren und Dienstleistungen direkt in anderen Mitgliedstaaten zu ordern.
Um die Errichtung des Binnenmarktes zu erleichtern und den Bürger in seiner Rolle als Verbraucher beim Kauf von Waren und Dienstleistungen mittels Verträgen zu schützen, für die die Rechtsvorschriften anderer Mitgliedstaaten gelten, ist es von Bedeutung, missbräuchliche Klauseln aus diesen Verträgen zu entfernen.
Den Verkäufern von Waren und Dienstleistungsbringern wird dadurch ihre Verkaufstätigkeit sowohl im eigenen Land als auch im gesamten Binnenmarkt erleichtert. Damit wird der Wettbewerb gefördert und den Bürgern der Gemeinschaft in ihrer Eigenschaft als Verbraucher eine größere Auswahl zur Verfügung gestellt.
In den beiden Programmen der Gemeinschaft für eine Politik zum Schutz und zur Unterrichtung der Verbraucher (4) wird die Bedeutung des Verbraucherschutzes auf dem Gebiet missbräuchlicher Vertragsklauseln hervorgehoben. Dieser Schutz sollte durch Rechtsvorschriften gewährleistet werden, die gemeinschaftsweit harmonisiert sind oder unmittelbar auf dieser Ebene erlassen werden.
Gemäß dem unter dem Abschnitt „Schutz der wirtschaftlichen Interessen der Verbraucher" festgelegten Prinzip sind entsprechend diesen Programmen Käufer von Waren oder Dienstleistungen vor Machtmissbrauch des Verkäufers oder des Dienstleistungserbringers, insbesondere vor vom Verkäufer einseitig festgelegten Standardverträgen und vor dem missbräuchlichen Ausschluss von Rechten in Verträgen zu schützen.
Durch die Aufstellung einheitlicher Rechtsvorschriften auf dem Gebiet missbräuchlicher Klauseln

kann der Verbraucher besser geschützt werden. Diese Vorschriften sollten für alle Verträge zwischen Gewerbetreibenden und Verbrauchern gelten. Von dieser Richtlinie ausgenommen sind daher insbesondere Arbeitsverträge sowie Verträge auf dem Gebiet des Erb-, Familien- und Gesellschaftsrechts.
Der Verbraucher muss bei mündlichen und bei schriftlichen Verträgen - bei letzteren unabhängig davon, ob die Klauseln in einem oder in mehreren Dokumenten enthalten sind - den gleichen Schutz genießen.
Beim derzeitigen Stand der einzelstaatlichen Rechtsvorschriften kommt allerdings nur eine teilweise Harmonisierung in Betracht. So gilt diese Richtlinie insbesondere nur für Vertragsklauseln, die nicht einzeln ausgehandelt wurden. Den Mitgliedstaaten muss es freigestellt sein, dem Verbraucher unter Beachtung des Vertrags einen besseren Schutz durch strengere einzelstaatliche Vorschriften als den in dieser Richtlinie enthaltenen Vorschriften zu gewähren.
Bei Rechtsvorschriften der Mitgliedstaaten, in denen direkt oder indirekt die Klauseln für Verbraucherverträge festgelegt werden, wird davon ausgegangen, dass sie keine missbräuchlichen Klauseln enthalten. Daher sind Klauseln, die auf bindenden Rechtsvorschriften oder auf Grundsätzen oder Bestimmungen internationaler Übereinkommen beruhen, bei denen die Mitgliedstaaten oder die Gemeinschaft Vertragsparteien sind, nicht dieser Richtlinie zu unterwerfen; der Begriff „bindende Rechtsvorschriften" in Artikel 1 Absatz 2 umfasst auch Regeln, die nach dem Gesetz zwischen den Vertragsparteien gelten, wenn nichts anderes vereinbart wurde.
Die Mitgliedstaaten müssen jedoch dafür sorgen, dass darin keine missbräuchlichen Klauseln enthalten sind, zumal diese Richtlinie auch für die gewerbliche Tätigkeit im öffentlich-rechtlichen Rahmen gilt.
Die Kriterien für die Beurteilung der Missbräuchlichkeit von Vertragsklauseln müssen generell festgelegt werden.
Die nach den generell festgelegten Kriterien erfolgende Beurteilung der Missbräuchlichkeit von Klauseln, insbesondere bei beruflichen Tätigkeiten des öffentlich-rechtlichen Bereichs, die ausgehend von einer Solidargemeinschaft der Dienstleistungsnehmer kollektive Dienste erbringen, muss durch die Möglichkeit einer globalen Bewertung der Interessenlagen der Parteien ergänzt werden. Diese stellt das Gebot von Treu und Glauben dar. Bei der Beurteilung von Treu und Glauben ist besonders zu berücksichtigen, welches Kräfteverhältnis zwischen den Verhandlungspositionen der Parteien bestand, ob auf den Verbraucher in irgendeiner Weise eingewirkt wurde, seine Zustimmung zu der Klausel zu geben, und ob die Güter oder Dienstleistungen auf eine Sonderbestellung des Verbrauchers hin verkauft bzw. erbracht wurden. Dem Gebot von Treu und Glauben kann durch den Gewerbetreibenden Genüge getan werden, indem er sich gegenüber der anderen Partei, deren berechtigten Interessen er Rechnung tragen muss, loyal und billig verhält.
Die Liste der Klauseln im Anhang kann für die Zwecke dieser Richtlinie nur Beispiele geben; infolge dieses Minimalcharakters kann sie von den Mitgliedstaaten im Rahmen ihrer einzelstaatlichen Rechtsvorschriften, insbesondere hinsichtlich des Geltungsbereichs dieser Klauseln, ergänzt oder restriktiver formuliert werden.
Bei der Beurteilung der Missbräuchlichkeit von Vertragsklauseln ist der Art der Güter bzw. Dienstleistungen Rechnung zu tragen.
Für die Zwecke dieser Richtlinie dürfen Klauseln, die den Hauptgegenstand eines Vertrages oder das Preis-/Leistungsverhältnis der Lieferung bzw. der Dienstleistung beschreiben, nicht als missbräuchlich beurteilt werden. Jedoch können der Hauptgegenstand des Vertrages und das Preis-/Leistungsverhältnis bei der Beurteilung der Missbräuchlichkeit anderer Klauseln berücksichtigt werden. Daraus folgt unter anderem, dass bei Versicherungsverträgen die Klauseln, in denen das versicherte Risiko und die Verpflichtung des Versicherers deutlich festgelegt oder abgegrenzt werden, nicht als missbräuchlich beurteilt werden, sofern diese Einschränkungen bei der Berechnung der vom Verbraucher gezahlten Prämie Berücksichtigung finden.
Die Verträge müssen in klarer und verständlicher Sprache abgefasst sein. Der Verbraucher muss tatsächlich die Möglichkeit haben, von allen Vertragsklauseln Kenntnis zu nehmen. Im Zweifelsfall ist die für den Verbraucher günstigste Auslegung anzuwenden.
Die Mitgliedstaaten müssen sicherstellen, dass in von einem Gewerbetreibenden mit Verbrauchern abgeschlossenen Verträgen keine missbräuchlichen Klauseln verwendet werden. Wenn derartige

Klauseln trotzdem verwendet werden, müssen sie für den Verbraucher unverbindlich sein; die verbleibenden Klauseln müssen jedoch weiterhin gelten und der Vertrag im übrigen auf der Grundlage dieser Klauseln für beide Teile verbindlich sein, sofern ein solches Fortbestehen ohne die missbräuchlichen Klauseln möglich ist.
In bestimmten Fällen besteht die Gefahr, dass dem Verbraucher der in dieser Richtlinie aufgestellte Schutz entzogen wird, indem das Recht eines Drittlands zum anwendbaren Recht erklärt wird. Es sollten daher in dieser Richtlinie Bestimmungen vorgesehen werden, die dies ausschließen.
Personen und Organisationen, die nach dem Recht eines Mitgliedstaats ein berechtigtes Interesse geltend machen können, den Verbraucher zu schützen, müssen Verfahren, die Vertragsklauseln im Hinblick auf eine allgemeine Verwendung in Verbraucherverträgen, insbesondere missbräuchliche Klauseln, zum Gegenstand haben, bei Gerichten oder Verwaltungsbehörden, die für die Entscheidung über Klagen bzw. Beschwerden oder die Eröffnung von Gerichtsverfahren zuständig sind, einleiten können. Diese Möglichkeit bedeutet jedoch keine Vorabkontrolle der in einem beliebigen Wirtschaftssektor verwendeten allgemeinen Bedingungen.
Die Gerichte oder Verwaltungsbehörden der Mitgliedstaaten müssen über angemessene und wirksame Mittel verfügen, damit der Verwendung missbräuchlicher Klauseln in Verbraucherverträgen ein Ende gesetzt wird -

HAT FOLGENDE RICHTLINIE ERLASSEN:

**Artikel 1**
(1) Zweck dieser Richtlinie ist die Angleichung der Rechts- und Verwaltungsvorschriften der Mitgliedstaaten über missbräuchliche Klauseln in Verträgen zwischen Gewerbetreibenden und Verbrauchern.
(2) Vertragsklauseln, die auf bindenden Rechtsvorschriften oder auf Bestimmungen oder Grundsätzen internationaler Übereinkommen beruhen, bei denen die Mitgliedstaaten oder die Gemeinschaft - insbesondere im Verkehrsbereich - Vertragsparteien sind, unterliegen nicht den Bestimmungen dieser Richtlinie.

**Artikel 2**
Im Sinne dieser Richtlinie bedeuten:
a) missbräuchliche Klauseln: Vertragsklauseln, wie sie in Artikel 3 definiert sind;
b) Verbraucher: eine natürliche Person, die bei Verträgen, die unter diese Richtlinie fallen, zu einem Zweck handelt, der nicht ihrer gewerblichen oder beruflichen Tätigkeit zugerechnet werden kann;
c) Gewerbetreibender: eine natürliche oder juristische Person, die bei Verträgen, die unter diese Richtlinie fallen, im Rahmen ihrer gewerblichen oder beruflichen Tätigkeit handelt, auch wenn diese dem öffentlich-rechtlichen Bereich zuzurechnen ist.

**Artikel 3**
(1) Eine Vertragsklausel, die nicht im einzelnen ausgehandelt wurde, ist als missbräuchlich anzusehen, wenn sie entgegen dem Gebot von Treu und Glauben zum Nachteil des Verbrauchers ein erhebliches und ungerechtfertigtes Missverhältnis der vertraglichen Rechte und Pflichten der Vertragspartner verursacht.
(2) Eine Vertragsklausel ist immer dann als nicht im einzelnen ausgehandelt zu betrachten, wenn sie im voraus abgefasst wurde und der Verbraucher deshalb, insbesondere im Rahmen eines vorformulierten Standardvertrags, keinen Einfluss auf ihren Inhalt nehmen konnte.

Die Tatsache, dass bestimmte Elemente einer Vertragsklausel oder eine einzelne Klausel im einzelnen ausgehandelt worden sind, schließt die Anwendung dieses Artikels auf den übrigen Vertrag nicht aus, sofern es sich nach der Gesamtwertung dennoch um einen vorformulierten Standardvertrag handelt.
Behauptet ein Gewerbetreibender, dass eine Standardvertragsklausel im einzelnen ausgehandelt wurde, so obliegt ihm die Beweislast.
(3) Der Anhang enthält eine als Hinweis dienende und nicht erschöpfende Liste der Klauseln, die für missbräuchlich erklärt werden können.

**Artikel 4**
(1) Die Missbräuchlichkeit einer Vertragsklausel wird unbeschadet des Artikels 7 unter Berücksichtigung der Art der Güter oder Dienstleistungen, die Gegenstand des Vertrages sind, aller den Vertragsabschluß begleitenden Umstände sowie aller anderen Klauseln desselben Vertrages oder eines anderen Vertrages, von dem die Klausel abhängt, zum Zeitpunkt des Vertragsabschlusses beurteilt.
(2) Die Beurteilung der Missbräuchlichkeit der Klauseln betrifft weder den Hauptgegenstand des Vertrages noch die Angemessenheit zwischen dem Preis bzw. dem Entgelt und den Dienstleistungen bzw. den Gütern, die die Gegenleistung darstellen, sofern diese Klauseln klar und verständlich abgefasst sind.

**Artikel 5**
Sind alle dem Verbraucher in Verträgen unterbreiteten Klauseln oder einige dieser Klauseln schriftlich niedergelegt, so müssen sie stets klar und verständlich abgefasst sein. Bei Zweifeln über die Bedeutung einer Klausel gilt die für den Verbraucher günstigste Auslegung. Diese Auslegungsregel gilt nicht im Rahmen der in Artikel 7 Absatz 2 vorgesehenen Verfahren.

**Artikel 6**
(1) Die Mitgliedstaaten sehen vor, dass missbräuchliche Klauseln in Verträgen, die ein Gewerbetreibender mit einem Verbraucher geschlossen hat, für den Verbraucher unverbindlich sind, und legen die Bedingungen hierfür in ihren innerstaatlichen Rechtsvorschriften fest; sie sehen ferner vor, dass der Vertrag für beide Parteien auf derselben Grundlage bindend bleibt, wenn er ohne die missbräuchlichen Klauseln bestehen kann.
(2) Die Mitgliedstaaten treffen die erforderlichen Maßnahmen, damit der Verbraucher den durch diese Richtlinie gewährten Schutz nicht verliert, wenn das Recht eines Drittlands als das auf den Vertrag anzuwendende Recht gewählt wurde und der Vertrag einen engen Zusammenhang mit dem Gebiet der Mitgliedstaaten aufweist.

**Artikel 7**
(1) Die Mitgliedstaaten sorgen dafür, dass im Interesse der Verbraucher und der gewerbetreibenden Wettbewerber angemessene und wirksame Mittel vorhanden sind, damit der Verwendung missbräuchlicher Klauseln durch einen Gewerbetreibenden in den Verträgen, die er mit Verbrauchern schließt, ein Ende gesetzt wird.
(2) Die in Absatz 1 genannten Mittel müssen auch Rechtsvorschriften einschließen, wonach Personen oder Organisationen, die nach dem innerstaatlichen Recht ein berech-

tigtes Interesse am Schutz der Verbraucher haben, im Einklang mit den einzelstaatlichen Rechtsvorschriften die Gerichte oder die zuständigen Verwaltungsbehörden anrufen könen, damit diese darüber entscheiden, ob Vertragsklauseln, die im Hinblick auf eine allgemeine Verwendung abgefasst wurden, missbräuchlich sind, und angemessene und wirksame Mittel anwenden, um der Verwendung solcher Klauseln ein Ende zu setzen.
(3) Die in Absatz 2 genannten Rechtsmittel können sich unter Beachtung der einzelstaatlichen Rechtsvorschriften getrennt oder gemeinsam gegen mehrere Gewerbetreibende desselben Wirtschaftssektors oder ihre Verbände richten, die gleiche allgemeine Vertragsklauseln oder ähnliche Klauseln verwenden oder deren Verwendung empfehlen.

**Artikel 8**
Die Mitgliedstaaten können auf dem durch diese Richtlinie geregelten Gebiet mit dem Vertrag vereinbare strengere Bestimmungen erlassen, um ein höheres Schutzniveau für die Verbraucher zu gewährleisten.

**Artikel 9**
Die Kommission legt dem Europäischen Parlament und dem Rat spätestens fünf Jahre nach dem in Artikel 10 Absatz 1 genannten Zeitpunkt einen Bericht über die Anwendung dieser Richtlinie vor.

**Artikel 10**
(1) Die Mitgliedstaaten erlassen die erforderlichen Rechts- und Verwaltungsvorschriften, um dieser Richtlinie spätestens am 31. Dezember 1994 nachzukommen. Sie setzen die Kommission unverzüglich davon in Kenntnis.
Diese Vorschriften gelten für alle Verträge, die nach dem 31. Dezember 1994 abgeschlossen werden.
(2) Wenn die Mitgliedstaaten diese Vorschriften erlassen, nehmen sie in den Vorschriften selbst oder durch einen Hinweis bei der amtlichen Veröffentlichung auf diese Richtlinie Bezug. Die Mitgliedstaaten regeln die Einzelheiten der Bezugnahme.
(3) Die Mitgliedstaaten teilen der Kommission den Wortlaut der wichtigsten innerstaatlichen Rechtsvorschriften mit, die sie auf dem unter diese Richtlinie fallenden Gebiet erlassen.

**Artikel 11**
Diese Richtlinie ist an die Mitgliedstaaten gerichtet.
Geschehen zu Luxemburg am 5. April 1993.
Im Namen des Rates
Der Präsident
N. HELVEG PETERSEN

---

(1) ABl. Nr. C 73 vom 24. 3. 1992, S. 7.
(2) ABl. Nr. C 326 vom 16. 12. 1991, S. 108, und ABl. Nr. C 21 vom 25. 1. 1993.
(3) ABl. Nr. C 159 vom 17. 6. 1991, S. 34.
(4) ABl. Nr. C 92 vom 25. 4. 1975, S. 1, und ABl. Nr. C 133 vom 3. 6. 1981, S. 1.

## ANHANG

### KLAUSELN GEMÄSS ARTIKEL 3 ABSATZ 3

1. Klauseln, die darauf abzielen oder zur Folge haben, dass

a) die gesetzliche Haftung des Gewerbetreibenden ausgeschlossen oder eingeschränkt wird, wenn der Verbraucher aufgrund einer Handlung oder Unterlassung des Gewerbetreibenden sein Leben verliert oder einen Körperschaden erleidet;
b) die Ansprüche des Verbrauchers gegenüber dem Gewerbetreibenden oder einer anderen Partei, einschließlich der Möglichkeit, eine Verbindlichkeit gegenüber dem Gewerbetreibenden durch eine etwaige Forderung gegen ihn auszugleichen, ausgeschlossen oder ungebührlich eingeschränkt werden, wenn der Gewerbetreibende eine der vertraglichen Verpflichtungen ganz oder teilweise nicht erfüllt oder mangelhaft erfüllt;
c) der Verbraucher eine verbindliche Verpflichtung eingeht, während der Gewerbetreibende die Erbringung der Leistungen an eine Bedingung knüpft, deren Eintritt nur von ihm abhängt;
d) es dem Gewerbetreibenden gestattet wird, vom Verbraucher gezahlte Beträge einzubehalten, wenn dieser darauf verzichtet, den Vertrag abzuschließen oder zu erfüllen, ohne dass für den Verbraucher ein Anspruch auf eine Entschädigung in entsprechender Höhe seitens des Gewerbetreibenden vorgesehen wird, wenn dieser selbst es unterlässt;
e) dem Verbraucher, der seinen Verpflichtungen nicht nachkommt, ein unverhältnismässig hoher Entschädigungsbetrag auferlegt wird;
f) es dem Gewerbetreibenden gestattet wird, nach freiem Ermessen den Vertrag zu kündigen, wenn das gleiche Recht nicht auch dem Verbraucher eingeräumt wird, und es dem Gewerbetreibenden für den Fall, dass er selbst den Vertrag kündigt, gestattet wird, die Beträge einzubehalten, die für von ihm noch nicht erbrachte Leistungen gezahlt wurden;
g) es dem Gewerbetreibenden - außer bei Vorliegen schwerwiegender Gründe - gestattet ist, einen unbefristeten Vertrag ohne angemessene Frist zu kündigen;
h) ein befristeter Vertrag automatisch verlängert wird, wenn der Verbraucher sich nicht gegenteilig geäußert hat und als Termin für diese Äußerung des Willens des Verbrauchers, den Vertrag nicht zu verlängern, ein vom Ablaufzeitpunkt des Vertrages ungebührlich weit entferntes Datum festgelegt wurde;
i) die Zustimmung des Verbrauchers zu Klauseln unwiderlegbar festgestellt wird, von denen er vor Vertragsabschluß nicht tatsächlich Kenntnis nehmen konnte;
j) der Gewerbetreibende die Vertragsklauseln einseitig ohne triftigen und im Vertrag aufgeführten Grund ändern kann;
k) der Gewerbetreibende die Merkmale des zu liefernden Erzeugnisses oder der zu erbringenden Dienstleistung einseitig ohne triftigen Grund ändern kann;
l) der Verkäufer einer Ware oder der Erbringer einer Dienstleistung den Preis zum Zeitpunkt der Lieferung festsetzen oder erhöhen kann, ohne dass der Verbraucher in beiden Fällen ein entsprechendes Recht hat, vom Vertrag zurückzutreten, wenn der Endpreis im Verhältnis zu dem Preis, der bei Vertragsabschluß vereinbart wurde, zu hoch ist;
m) dem Gewerbetreibenden das Recht eingeräumt ist zu bestimmen, ob die gelieferte Ware oder erbrachte Dienstleistung den Vertragsbestimmungen entspricht, oder ihm das ausschließliche Recht zugestanden wird, die Auslegung einer Vertragsklausel vorzunehmen;
n) die Verpflichtung des Gewerbetreibenden zur Einhaltung der von seinen Vertretern eingegangenen Verpflichtungen eingeschränkt wird oder diese Verpflichtung von der Einhaltung einer besonderen Formvorschrift abhängig gemacht wird;
o) der Verbraucher allen seinen Verpflichtungen nachkommen muss, obwohl der Gewerbetreibende seine Verpflichtungen nicht erfüllt;
p) die Möglichkeit vorgesehen wird, dass der Vertrag ohne Zustimmung des Verbrauchers vom Gewerbetreibenden abgetreten wird, wenn dies möglicherweise eine Verringerung der Sicherheiten für den Verbraucher bewirkt;

q) dem Verbraucher die Möglichkeit, Rechtsbehelfe bei Gericht einzulegen oder sonstige Beschwerdemittel zu ergreifen, genommen oder erschwert wird, und zwar insbesondere dadurch, dass er ausschließlich auf ein nicht unter die rechtlichen Bestimmungen fallenden Schiedsgerichtsverfahren verwiesen wird, die ihm zur Verfügung stehenden Beweismittel ungebührlich eingeschränkt werden oder ihm die Beweislast auferlegt wird, die nach dem geltenden Recht einer anderen Vertragspartei obläge.

2. Tragweite der Buchstaben g), j) und l)

a) Buchstabe g) steht Klauseln nicht entgegen, durch die sich der Erbringer von Finanzdienstleistungen das Recht vorbehält, einen unbefristeten Vertrag einseitig und - bei Vorliegen eines triftigen Grundes - fristlos zu kündigen, sofern der Gewerbetreibende die Pflicht hat, die andere Vertragspartei oder die anderen Vertragsparteien alsbald davon zu unterrichten.
b) Buchstabe j) steht Klauseln nicht entgegen, durch die sich der Erbringer von Finanzdienstleistungen das Recht vorbehält, den von dem Verbraucher oder an den Verbraucher zu zahlenden Zinssatz oder die Höhe anderer Kosten für Finanzdienstleistungen in begründeten Fällen ohne Vorankündigung zu ändern, sofern der Gewerbetreibende die Pflicht hat, die andere Vertragspartei oder die anderen Vertragsparteien unverzüglich davon zu unterrichten, und es dieser oder diesen freisteht, den Vertrag alsbald zu kündigen.
Buchstabe j) steht ferner Klauseln nicht entgegen, durch die sich der Gewerbetreibende das Recht vorbehält, einseitig die Bedingungen eines unbefristeten Vertrages zu ändern, sofern es ihm obliegt, den Verbraucher hiervon rechtzeitig in Kenntnis zu setzen, und es diesem freisteht, den Vertrag zu kündigen.
c) Die Buchstaben g), j) und l) finden keine Anwendung auf
- Geschäfte mit Wertpapieren, Finanzpapieren und anderen Erzeugnissen oder Dienstleistungen, bei denen der Preis von den Veränderungen einer Notierung oder eines Börsenindex oder von Kursschwankungen auf dem Kapitalmarkt abhängt, auf die der Gewerbetreibende keinen Einfluss hat;
- Verträge zum Kauf oder Verkauf von Fremdwährungen, Reiseschecks oder internationalen Postanweisungen in Fremdwährung.
d) Buchstabe l) steht Preisindexierungsklauseln nicht entgegen, wenn diese rechtmäßig sind und der Modus der Preisänderung darin ausdrücklich beschrieben wird.

## 2. EU-Richtlinie zu bestimmten Aspekten des Verbrauchsgüterkaufs und der Garantien für Verbrauchsgüter

(1999/44/EG des Europäischen Parlaments und des Rates vom 25. Mai 1999; *Amtsblatt Nr. L 171 vom 07/07/1999* S. 0012 - 0016)

DAS EUROPÄISCHE PARLAMENT UND DER RAT DER EUROPÄISCHEN UNION -

gestützt auf den Vertrag zur Gründung der Europäischen Gemeinschaft, insbesondere auf Artikel 95,

auf Vorschlag der Kommission (1),

nach Stellungnahme des Wirtschafts- und Sozialausschusses (2),

gemäß dem Verfahren des Artikels 251 des Vertrags, aufgrund des vom Vermittlungsausschuss am 18. März 1999 gebilligten gemeinsamen Entwurfs (3),

in Erwägung nachstehender Gründe:

(1) Nach Artikel 153 Absätze 1 und 3 des Vertrags leistet die Gemeinschaft durch die Maßnahmen, die sie nach Artikel 95 des Vertrags erlässt, einen Beitrag zur Erreichung eines hohen Verbraucherschutzniveaus.

(2) Der Binnenmarkt umfasst einen Raum ohne Binnengrenzen, in dem der freie Verkehr von Waren, Personen, Dienstleistungen und Kapital gewährleistet ist. Der freie Warenverkehr betrifft nicht nur den gewerblichen Handel, sondern auch Privatpersonen. Dies bedeutet, dass es den Verbrauchern aus einem Mitgliedstaat möglich sein muss, auf der Grundlage angemessener einheitlicher Mindestvorschriften über den Kauf von Verbrauchsgütern im Hoheitsgebiet eines anderen Mitgliedstaats frei einzukaufen.

(3) Die Rechtsvorschriften der Mitgliedstaaten über den Kauf von Verbrauchsgütern weisen Unterschiede auf; dies hat zur Folge, dass die einzelstaatlichen Absatzmärkte für Verbrauchsgüter uneinheitlich sind und bei den Verkäufern Wettbewerbsverzerrungen eintreten können.

(4) Dem Verbraucher, der die Vorzüge des Binnenmarkts dadurch nutzen möchte, dass er sich Waren in einem anderen Mitgliedstaat als in seinem Wohnsitzland beschafft, fällt eine fundamentale Aufgabe bei der Vollendung des Binnenmarkts zu; es muss verhindert werden, dass neue künstliche Grenzen entstehen und die Märkte abgeschottet werden. Die Möglichkeiten der Verbraucher haben durch die neuen Kommunikationstechnologien, die einen leichten Zugang zu den Vertriebssystemen in anderen Mitgliedstaaten oder in Drittländern bieten, deutlich zugenommen. Ohne eine Mindestharmonisierung der Bestimmungen über den Verbrauchsgüterkauf könnte die Weiterentwicklung des Warenkaufs mit Hilfe der neuen Fernkommunikationstechniken behindert werden.

(5) Die Schaffung eines gemeinsamen Mindestsockels von Verbraucherrechten, die unabhängig vom Ort des Kaufs der Waren in der Gemeinschaft gelten, stärkt das Vertrauen der Verbraucher und gestattet es ihnen, die durch die Schaffung des Binnenmarkts gebotenen Vorzüge besser zu nutzen.

(6) Schwierigkeiten der Verbraucher und Konflikte mit den Verkäufern haben ihre Ursache vor allem in der Vertragswidrigkeit von Waren. Infolgedessen erweist sich eine Angleichung der einzelstaatlichen Rechtsvorschriften über den Verbrauchsgüterkauf in dieser Hinsicht als geboten. Eine solche Angleichung darf jedoch nicht die Bestimmungen und Grundsätze des innerstaatlichen Rechts über die Regelung der vertraglichen und außervertraglichen Haftung beeinträchtigen.

(7) Waren müssen vor allem vertragsgemäß sein. Der Grundsatz der Vertragsmäßigkeit kann als gemeinsames Element der verschiedenen einzelstaatlichen Rechtstraditionen betrachtet werden. Im Rahmen bestimmter einzelstaatlicher Rechtstraditionen ist es möglicherweise nicht möglich, sich allein auf diesen Grundsatz zu stützen, um ein Mindestmaß an Verbraucherschutz zu gewährleisten. Insbesondere im Rahmen solcher Rechtstraditionen könnte es nützlich sein, zusätzliche innerstaatliche Bestimmungen vorzusehen, um den Verbraucherschutz für den Fall zu gewährleisten, dass die Parteien sich entweder nicht auf spezifische Vertragsklauseln geeinigt haben oder aber Vertragsklauseln

vorgesehen oder Vereinbarungen getroffen haben, aufgrund deren die Rechte des Verbrauchers unmittelbar oder mittelbar außer Kraft gesetzt oder eingeschränkt werden. Soweit sich diese Rechte aus dieser Richtlinie ergeben, sind solche Vertragsklauseln oder Vereinbarungen für den Verbraucher nicht bindend.

(8) Um die Anwendung des Grundsatzes der Vertragsmäßigkeit zu erleichtern, ist es sinnvoll, eine widerlegbare Vermutung der Vertragsmäßigkeit einzuführen, die die meisten normalen Situationen abdeckt. Diese Vermutung stellt keine Einschränkung des Grundsatzes der Vertragsfreiheit dar. In Ermangelung spezifischer Vertragsklauseln sowie im Fall der Anwendung der Mindestschutzklausel können die in dieser Vermutung genannten Elemente verwendet werden, um die Vertragswidrigkeit der Waren zu bestimmen. Die Qualität und die Leistung, die der Verbraucher vernünftigerweise erwarten kann, hängen unter anderem davon ab, ob die Güter neu oder gebraucht sind. Die in der Vermutung genannten Elemente gelten kumulativ. Ist ein bestimmtes Element aufgrund der Umstände des betreffenden Falls offenkundig unanwendbar, so behalten die übrigen Elemente der Vermutung dennoch ihre Gültigkeit.

(9) Der Verkäufer muss dem Verbraucher gegenüber unmittelbar für die Vertragsmäßigkeit der Güter haften. Dieser klassische Grundsatz ist in den Rechtsvorschriften der Mitgliedstaaten verankert. Der Verkäufer muss allerdings nach Maßgabe des innerstaatlichen Rechts den Hersteller, einen früheren Verkäufer innerhalb derselben Vertragskette oder eine andere Zwischenperson in Regress nehmen können, es sei denn, dass er auf dieses Recht verzichtet hat. Diese Richtlinie berührt nicht den Grundsatz der Vertragsfreiheit in den Beziehungen zwischen dem Verkäufer, dem Hersteller, einem früheren Verkäufer oder einer anderen Zwischenperson. Die einzelstaatlichen Rechtsvorschriften bestimmen, gegen wen und wie der Verkäufer Regress nehmen kann.

(10) Bei Vertragswidrigkeit eines Gutes muss der Verbraucher das Recht haben, die unentgeltliche Herstellung des vertragsgemäßen Zustands des Gutes zu verlangen, wobei er zwischen einer Nachbesserung und einer Ersatzlieferung wählen kann; andernfalls muss er Anspruch auf Minderung des Kaufpreises oder auf Vertragsauflösung haben.

(11) Zunächst kann der Verbraucher vom Verkäufer die Nachbesserung des Gutes oder eine Ersatzlieferung verlangen, es sei denn, dass diese Abhilfen unmöglich oder unverhältnismäßig wären. Ob eine Abhilfe unverhältnismäßig ist, müsste objektiv festgestellt werden. Unverhältnismäßig sind Abhilfen, die im Vergleich zu anderen unzumutbare Kosten verursachen; bei der Beantwortung der Frage, ob es sich um unzumutbare Kosten handelt, sollte entscheidend sein, ob die Kosten der Abhilfe deutlich höher sind als die Kosten einer anderen Abhilfe.

(12) In Fällen von Vertragswidrigkeit kann der Verkäufer dem Verbraucher zur Erzielung einer gütlichen Einigung stets jede zur Verfügung stehende Abhilfemöglichkeit anbieten. Die Entscheidung über die Annahme oder Ablehnung des betreffenden Vorschlags bleibt dem Verbraucher anheimgestellt.

(13) Um es dem Verbraucher zu ermöglichen, den Binnenmarkt zu nutzen und Verbrauchsgüter in einem anderen Mitgliedstaat zu erwerben, sollte empfohlen werden, dass der Hersteller von Verbrauchsgütern, die in mehreren Mitgliedstaaten verkauft werden, im Interesse des Verbrauchers dem Verbrauchsgut eine Liste mit mindestens einer Ansprechadresse in jedem Mitgliedstaat, in dem die Ware vertrieben wird, beifügt.

(14) Die Bezugnahmen auf den Zeitpunkt der Lieferung bedeuten nicht, dass die Mitgliedstaaten ihre Vorschriften über den Gefahrübergang ändern müssen.

(15) Die Mitgliedstaaten können vorsehen, dass eine dem Verbraucher zu leistende Erstattung gemindert werden kann, um der Benutzung der Ware Rechnung zu tragen, die durch den Verbraucher seit ihrer Lieferung erfolgt ist. Die Regelungen über die Modalitäten der Durchführung der Vertragsauflösung können im innerstaatlichen Recht festgelegt werden.

(16) Gebrauchte Güter können aufgrund ihrer Eigenart im allgemeinen nicht ersetzt werden. Bei diesen Gütern hat der Verbraucher deshalb in der Regel keinen Anspruch auf Ersatzlieferung. Die Mitgliedstaaten können den Parteien gestatten, für solche Güter eine kürzere Haftungsdauer zu vereinbaren.

(17) Es ist zweckmäßig, den Zeitraum, innerhalb dessen der Verkäufer für Vertragswidrigkeiten haftet, die zum Zeitpunkt der Lieferung des Gutes bestanden, zu begrenzen. Die Mitgliedstaaten können ferner eine Frist vorsehen, innerhalb deren die Verbraucher ihre Ansprüche geltend machen können, sofern diese Frist nicht vor Ablauf von zwei Jahren ab dem Zeitpunkt der Lieferung endet. Wird in innerstaatlichen Rechtsvorschriften für den Beginn einer Frist ein anderer Zeitpunkt als die Lieferung des Gutes festgelegt, so darf die Gesamtdauer der in den innerstaatlichen Rechtsvorschriften festgelegten Frist einen Zeitraum von zwei Jahren ab dem Zeitpunkt der Lieferung nicht unterschreiten.
(18) Für den Fall einer Nachbesserung oder einer Ersatzlieferung sowie für den Fall von Verhandlungen zwischen dem Verkäufer und dem Verbraucher über eine gütliche Regelung können die Mitgliedstaaten gemäß ihren innerstaatlichen Rechtsvorschriften gegebenenfalls die Hemmung oder Unterbrechung des Zeitraums, während dessen Vertragswidrigkeiten offenbar werden müssen, und der Verjährungsfrist vorsehen.
(19) Den Mitgliedstaaten sollte die Möglichkeit eingeräumt werden, eine Frist festzusetzen, innerhalb deren die Verbraucher den Verkäufer über Vertragswidrigkeiten unterrichten müssen. Die Mitgliedstaaten können ein höheres Niveau des Verbraucherschutzes gewährleisten, indem sie keine derartige Verpflichtung einführen. In jedem Fall sollten die Verbraucher für die Unterrichtung des Verkäufers über das Vorliegen einer Vertragswidrigkeit überall in der Gemeinschaft über einen Zeitraum von mindestens zwei Monaten verfügen.
(20) Die Mitgliedstaaten sollten vorbeugende Maßnahmen ergreifen, damit eine solche Unterrichtungsfrist die Verbraucher bei grenzüberschreitenden Käufen nicht benachteiligt. Alle Mitgliedstaaten sollten die Kommission über ihre in bezug auf diese Bestimmung gewählte Lösung unterrichten. Die Kommission sollte die Auswirkungen der unterschiedlichen Anwendung dieser Bestimmung auf die Verbraucher und den Binnenmarkt beobachten. Informationen über die von einem Mitgliedstaat gewählte Lösung sollten den übrigen Mitgliedstaaten, den Verbrauchern und den Verbraucherorganisationen gemeinschaftsweit zugänglich gemacht werden. Daher sollte im Amtsblatt der Europäischen Gemeinschaften eine Übersicht über die Lage in allen Mitgliedstaaten veröffentlicht werden.
(21) Bei bestimmten Warengattungen ist es üblich, dass die Verkäufer oder die Hersteller auf ihre Erzeugnisse Garantien gewähren, die die Verbraucher gegen alle Mängel absichern, die innerhalb einer bestimmten Frist offenbar werden können. Diese Praxis kann zu mehr Wettbewerb am Markt führen. Solche Garantien stellen zwar rechtmäßige Marketinginstrumente dar, sollten jedoch den Verbraucher nicht irreführen. Um sicherzustellen, dass der Verbraucher nicht irregeführt wird, sollten die Garantien bestimmte Informationen enthalten, unter anderem eine Erklärung, dass die Garantie nicht die gesetzlichen Rechte des Verbrauchers berührt.
(22) Die Vertragsparteien dürfen die den Verbrauchern eingeräumten Rechte nicht durch Vereinbarung einschränken oder außer Kraft setzen, da dies den gesetzlichen Schutz aushöhlen würde. Dieser Grundsatz hat auch für Klauseln zu gelten, denen zufolge dem Verbraucher jede zum Zeitpunkt des Vertragsschlusses bestehende Vertragswidrigkeit des Verbrauchsguts bekannt war. Der dem Verbraucher aufgrund dieser Richtlinie gewährte Schutz darf nicht dadurch geschmälert werden, dass das Recht eines Nichtmitgliedstaats als das auf den betreffenden Vertrag anzuwendende Recht gewählt worden ist.
(23) Die diesbezüglichen Rechtsvorschriften und die Rechtsprechung der Mitgliedstaaten zeugen von dem zunehmenden Bemühen, den Verbrauchern ein hohes Schutzniveau zu gewährleisten. Angesichts dieser Entwicklung und der zu erwartenden Erfahrung mit der Durchführung dieser Richtlinie kann es sich als notwendig erweisen, eine stärkere Harmonisierung in Erwägung zu ziehen, die insbesondere eine unmittelbare Haftung des Herstellers für ihm zuzuschreibende Mängel vorsieht.
(24) Die Mitgliedstaaten sollten auf dem unter diese Richtlinie fallenden Gebiet strengere Bestimmungen zur Gewährleistung eines noch höheren Verbraucherschutzniveaus erlassen oder beibehalten können.
(25) Entsprechend der Empfehlung der Kommission vom 30. März 1998 betreffend die Grundsätze für Einrichtungen, die für die außergerichtliche Beilegung von Verbraucherrechtsstreitigkeiten zustän-

dig sind(4), können die Mitgliedstaaten Einrichtungen schaffen, die eine unparteiische und effiziente Beschwerdebehandlung im nationalen und grenzüberschreitenden Rahmen gewährleisten und die von den Verbrauchern als Vermittler in Anspruch genommen werden können.
(26) Zum Schutz der Kollektivinteressen der Verbraucher ist es angebracht, diese Richtlinie in das im Anhang der Richtlinie 98/27/EG des Europäischen Parlaments und des Rates vom 19. Mai 1998 über Unterlassungsklagen zum Schutz der Verbraucherinteressen (5) enthaltene Richtlinienverzeichnis aufzunehmen -

## HABEN FOLGENDE RICHTLINIE ERLASSEN:

**Artikel 1 – Geltungsbereich und Begriffsbestimmungen**

(1) Zweck dieser Richtlinie ist die Angleichung der Rechts- und Verwaltungsvorschriften der Mitgliedstaaten zu bestimmten Aspekten des Verbrauchsgüterkaufs und der Garantien für Verbrauchsgüter zur Gewährleistung eines einheitlichen Verbraucherschutz-Mindestniveaus im Rahmen des Binnenmarkts.
(2) Im Sinne dieser Richtlinie bezeichnet der Ausdruck
a) „Verbraucher" jede natürliche Person, die im Rahmen der unter diese Richtlinie fallenden Verträge zu einem Zweck handelt, der nicht ihrer beruflichen oder gewerblichen Tätigkeit zugerechnet werden kann;
b) „Verbrauchsgüter" bewegliche körperliche Gegenstände, mit Ausnahme von
- Gütern, die aufgrund von Zwangsvollstreckungsmaßnahmen oder anderen gerichtlichen Maßnahmen verkauft werden,
- Wasser und Gas, wenn sie nicht in einem begrenzten Volumen oder in einer bestimmten Menge abgefüllt sind,
- Strom;
c) „Verkäufer" jede natürliche oder juristische Person, die aufgrund eines Vertrags im Rahmen ihrer beruflichen oder gewerblichen Tätigkeit Verbrauchsgüter verkauft;
d) „Hersteller" den Hersteller von Verbrauchsgütern, deren Importeur für das Gebiet der Gemeinschaft oder jede andere Person, die sich dadurch, dass sie ihren Namen, ihre Marke oder ein anderes Kennzeichen an den Verbrauchsgütern anbringt, als Hersteller bezeichnet;
e) „Garantie" jede von einem Verkäufer oder Hersteller gegenüber dem Verbraucher ohne Aufpreis eingegangene Verpflichtung, den Kaufpreis zu erstatten, das Verbrauchsgut zu ersetzen oder nachzubessern oder in sonstiger Weise Abhilfe zu schaffen, wenn das Verbrauchsgut nicht den in der Garantieerklärung oder in der einschlägigen Werbung genannten Eigenschaften entspricht;
f) „Nachbesserung" bei Vertragswidrigkeit die Herstellung des vertragsgemäßen Zustands des Verbrauchsgutes.
(3) Die Mitgliedstaaten können festlegen, dass unter „Verbrauchsgütern" keine gebrauchten Güter zu verstehen sind, die in einer öffentlichen Versteigerung verkauft werden, bei der die Verbraucher die Möglichkeit haben, dem Verkauf persönlich beizuwohnen.
(4) Als Kaufverträge im Sinne dieser Richtlinie gelten auch Verträge über die Lieferung herzustellender oder zu erzeugender Verbrauchsgüter.

**Artikel 2 – Vertragsmäßigkeit**

(1) Der Verkäufer ist verpflichtet, dem Verbraucher dem Kaufvertrag gemäße Güter zu liefern.

(2) Es wird vermutet, dass Verbrauchsgüter vertragsgemäß sind, wenn sie

a) mit der vom Verkäufer gegebenen Beschreibung übereinstimmen und die Eigenschaften des Gutes besitzen, das der Verkäufer dem Verbraucher als Probe oder Muster vorgelegt hat;

b) sich für einen bestimmten vom Verbraucher angestrebten Zweck eignen, den der Verbraucher dem Verkäufer bei Vertragsschluss zur Kenntnis gebracht hat und dem der Verkäufer zugestimmt hat;

c) sich für die Zwecke eignen, für die Güter der gleichen Art gewöhnlich gebraucht werden;

d) eine Qualität und Leistungen aufweisen, die bei Gütern der gleichen Art üblich sind und die der Verbraucher vernünftigerweise erwarten kann, wenn die Beschaffenheit des Gutes und gegebenenfalls die insbesondere in der Werbung oder bei der Etikettierung gemachten öffentlichen Äußerungen des Verkäufers, des Herstellers oder dessen Vertreters über die konkreten Eigenschaften des Gutes in Betracht gezogen werden.

(3) Es liegt keine Vertragswidrigkeit im Sinne dieses Artikels vor, wenn der Verbraucher zum Zeitpunkt des Vertragsschlusses Kenntnis von der Vertragswidrigkeit hatte oder vernünftigerweise nicht in Unkenntnis darüber sein konnte oder wenn die Vertragswidrigkeit auf den vom Verbraucher gelieferten Stoff zurückzuführen ist.

(4) Der Verkäufer ist durch die in Absatz 2 Buchstabe d) genannten öffentlichen Äußerungen nicht gebunden, wenn er

- nachweist, dass er die betreffende Äußerung nicht kannte und vernünftigerweise nicht davon Kenntnis haben konnte,
- nachweist, dass die betreffende Äußerung zum Zeitpunkt des Vertragsschlusses berichtigt war, oder
- nachweist, dass die Kaufentscheidung nicht durch die betreffende Äußerung beeinflusst sein konnte.

(5) Ein Mangel infolge unsachgemäßer Montage des Verbrauchsgutes wird der Vertragswidrigkeit gleichgestellt, wenn die Montage Bestandteil des Kaufvertrags über das Verbrauchsgut war und vom Verkäufer oder unter dessen Verantwortung vorgenommen wurde. Das gleiche gilt, wenn das zur Montage durch den Verbraucher bestimmte Erzeugnis vom Verbraucher montiert worden ist und die unsachgemäße Montage auf einen Mangel in der Montageanleitung zurückzuführen ist.

**Artikel 3 – Rechte des Verbrauchers**

(1) Der Verkäufer haftet dem Verbraucher für jede Vertragswidrigkeit, die zum Zeitpunkt der Lieferung des Verbrauchsgutes besteht.

(2) Bei Vertragswidrigkeit hat der Verbraucher entweder Anspruch auf die unentgeltliche Herstellung des vertragsgemäßen Zustands des Verbrauchsgutes durch Nachbesserung oder Ersatzlieferung nach Maßgabe des Absatzes 3 oder auf angemessene Minderung des Kaufpreises oder auf Vertragsauflösung in bezug auf das betreffende Verbrauchsgut nach Maßgabe der Absätze 5 und 6.

(3) Zunächst kann der Verbraucher vom Verkäufer die unentgeltliche Nachbesserung des Verbrauchsgutes oder eine unentgeltliche Ersatzlieferung verlangen, sofern dies nicht unmöglich oder unverhältnismäßig ist.
Eine Abhilfe gilt als unverhältnismäßig, wenn sie dem Verkäufer Kosten verursachen würde, die
- angesichts des Werts, den das Verbrauchsgut ohne die Vertragswidrigkeit hätte,
- unter Berücksichtigung der Bedeutung der Vertragswidrigkeit und
- nach Erwägung der Frage, ob auf die alternative Abhilfemöglichkeit ohne erhebliche Unannehmlichkeiten für den Verbraucher zurückgegriffen werden könnte,
verglichen mit der alternativen Abhilfemöglichkeit unzumutbar wären.
Die Nachbesserung oder die Ersatzlieferung muss innerhalb einer angemessenen Frist und ohne erhebliche Unannehmlichkeiten für den Verbraucher erfolgen, wobei die Art des Verbrauchsgutes sowie der Zweck, für den der Verbraucher das Verbrauchsgut benötigte, zu berücksichtigen sind.
(4) Der Begriff „unentgeltlich" in den Absätzen 2 und 3 umfasst die für die Herstellung des vertragsgemäßen Zustands des Verbrauchsgutes notwendigen Kosten, insbesondere Versand-, Arbeits- und Materialkosten.
(5) Der Verbraucher kann eine angemessene Minderung des Kaufpreises oder eine Vertragsauflösung verlangen,
- wenn der Verbraucher weder Anspruch auf Nachbesserung noch auf Ersatzlieferung hat oder
- wenn der Verkäufer nicht innerhalb einer angemessenen Frist Abhilfe geschaffen hat oder
- wenn der Verkäufer nicht ohne erhebliche Unannehmlichkeiten für den Verbraucher Abhilfe geschaffen hat.
(6) Bei einer geringfügigen Vertragswidrigkeit hat der Verbraucher keinen Anspruch auf Vertragsauflösung.

**Artikel 4 – Rückgriffsrechte**

Haftet der Letztverkäufer dem Verbraucher aufgrund einer Vertragswidrigkeit infolge eines Handelns oder Unterlassens des Herstellers, eines früheren Verkäufers innerhalb derselben Vertragskette oder einer anderen Zwischenperson, so kann der Letztverkäufer den oder die Haftenden innerhalb der Vertragskette in Regress nehmen. Das innerstaatliche Recht bestimmt den oder die Haftenden, den oder die der Letztverkäufer in Regress nehmen kann, sowie das entsprechende Vorgehen und die Modalitäten.

**Artikel 5 – Fristen**

(1) Der Verkäufer haftet nach Artikel 3, wenn die Vertragswidrigkeit binnen zwei Jahren nach der Lieferung des Verbrauchsgutes offenbar wird. Gilt nach dem innerstaatlichen Recht für die Ansprüche nach Artikel 3 Absatz 2 eine Verjährungsfrist, so endet sie nicht vor Ablauf eines Zeitraums von zwei Jahren ab dem Zeitpunkt der Lieferung.
(2) Die Mitgliedstaaten können vorsehen, dass der Verbraucher den Verkäufer zur Inanspruchnahme seiner Rechte über die Vertragswidrigkeit binnen zwei Monaten nach dem Zeitpunkt, zu dem er die Vertragswidrigkeit festgestellt hat, unterrichten muss.
Die Mitgliedstaaten unterrichten die Kommission über ihre bezüglich dieses Absatzes

gewählte Lösung. Die Kommission überwacht die Auswirkungen dieser den Mitgliedstaaten eingeräumten Möglichkeit auf die Verbraucher und den Binnenmarkt.
Die Kommission erstellt bis zum 7. Januar 2003 einen Bericht über die von den Mitgliedstaaten bezüglich dieses Absatzes gewählte Lösung. Dieser Bericht wird im Amtsblatt der Europäischen Gemeinschaften veröffentlicht.
(3) Bis zum Beweis des Gegenteils wird vermutet, dass Vertragswidrigkeiten, die binnen sechs Monaten nach der Lieferung des Gutes offenbar werden, bereits zum Zeitpunkt der Lieferung bestanden, es sei denn, diese Vermutung ist mit der Art des Gutes oder der Art der Vertragswidrigkeit unvereinbar.

**Artikel 6 – Garantien**

(1) Die Garantie muss denjenigen, der sie anbietet, zu den in der Garantieerklärung und der einschlägigen Werbung angegebenen Bedingungen binden.
(2) Die Garantie muss
- darlegen, dass der Verbraucher im Rahmen der geltenden innerstaatlichen Rechtsvorschriften über den Verbrauchsgüterkauf gesetzliche Rechte hat, und klarstellen, dass diese Rechte von der Garantie nicht berührt werden;
- in einfachen und verständlichen Formulierungen den Inhalt der Garantie und die wesentlichen Angaben enthalten, die für die Inanspruchnahme der Garantie notwendig sind, insbesondere die Dauer und den räumlichen Geltungsbereich des Garantieschutzes sowie Namen und Anschrift des Garantiegebers.

(3) Auf Wunsch des Verbrauchers muss diesem die Garantie schriftlich zur Verfügung gestellt werden oder auf einem anderen dauerhaften Datenträger enthalten sein, der dem Verbraucher zur Verfügung steht und ihm zugänglich ist.
(4) Die Mitgliedstaaten, in denen das Verbrauchsgut in Verkehr gebracht wird, können, soweit dies mit den Vorschriften des Vertrags vereinbar ist, für ihr Gebiet vorschreiben, dass die Garantie in einer oder in mehreren Sprachen abzufassen ist, die der jeweilige Mitgliedstaat unter den Amtssprachen der Gemeinschaft auswählt.
(5) Werden für eine Garantie die Anforderungen der Absätze 2, 3 oder 4 nicht erfüllt, so berührt dies in keinem Fall die Gültigkeit dieser Garantie; der Verbraucher kann sie weiterhin geltend machen und ihre Einhaltung verlangen.

**Artikel 7 – Unabdingbarkeit**

(1) Vertragsklauseln oder mit dem Verkäufer vor dessen Unterrichtung über die Vertragswidrigkeit getroffene Vereinbarungen, durch welche die mit dieser Richtlinie gewährten Rechte unmittelbar oder mittelbar außer Kraft gesetzt oder eingeschränkt werden, sind für den Verbraucher gemäß dem innerstaatlichen Recht nicht bindend.
Im Fall gebrauchter Güter können die Mitgliedstaaten vorsehen, dass der Verkäufer und der Verbraucher sich auf Vertragsklauseln oder Vereinbarungen einigen können, denen zufolge der Verkäufer weniger lange haftet als in Artikel 5 Absatz 1 vorgesehen. Diese kürzere Haftungsdauer darf ein Jahr nicht unterschreiten.
(2) Die Mitgliedstaaten treffen die erforderlichen Maßnahmen, damit dem Verbraucher der durch diese Richtlinie gewährte Schutz nicht dadurch vorenthalten wird, dass das

Recht eines Nichtmitgliedstaats als das auf den Vertrag anzuwendende Recht gewählt wird, sofern dieser Vertrag einen engen Zusammenhang mit dem Gebiet der Mitgliedstaaten aufweist.

**Artikel 8 – Innerstaatliches Recht und Mindestschutz**
(1) Andere Ansprüche, die der Verbraucher aufgrund innerstaatlicher Rechtsvorschriften über die vertragliche oder außervertragliche Haftung geltend machen kann, werden durch die aufgrund dieser Richtlinie gewährten Rechte nicht berührt.
(2) Die Mitgliedstaaten können in dem unter diese Richtlinie fallenden Bereich mit dem Vertrag in Einklang stehende strengere Bestimmungen erlassen oder aufrechterhalten, um ein höheres Schutzniveau für die Verbraucher sicherzustellen.

**Artikel 9**
Die Mitgliedstaaten ergreifen geeignete Maßnahmen zur Unterrichtung der Verbraucher über das innerstaatliche Recht, mit dem diese Richtlinie umgesetzt wird, und rufen, falls angebracht, Berufsorganisationen dazu auf, die Verbraucher über ihre Rechte zu unterrichten.

**Artikel 10**
Der Anhang der Richtlinie 98/27/EG wird wie folgt ergänzt: „10. Richtlinie 1999/44/EG des Europäischen Parlaments und des Rates vom 25. Mai 1999 zu bestimmten Aspekten des Verbrauchsgüterkaufs und der Garantien für Verbrauchsgüter (ABl. L 171 vom 7.7.1999, S. 12)."

**Artikel 11 – Umsetzung**
(1) Die Mitgliedstaaten setzen die Rechts- und Verwaltungsvorschriften in Kraft, die erforderlich sind, um dieser Richtlinie spätestens ab dem 1. Januar 2002 nachzukommen. Sie setzen die Kommission unverzüglich davon in Kenntnis.
Wenn die Mitgliedstaaten diese Vorschriften erlassen, nehmen sie in den Vorschriften selbst oder durch einen Hinweis bei der amtlichen Veröffentlichung auf diese Richtlinie Bezug. Die Mitgliedstaaten regeln die Einzelheiten der Bezugnahme.
(2) Die Mitgliedstaaten teilen der Kommission den Wortlaut der innerstaatlichen Rechtsvorschriften mit, die sie auf dem unter diese Richtlinie fallenden Gebiet erlassen.

**Artikel 12 – Überprüfung**
Die Kommission überprüft die Anwendung dieser Richtlinie spätestens zum 7. Juli 2006 und legt dem Europäischen Parlament und dem Rat einen Bericht vor. In dem Bericht ist unter anderem zu prüfen, ob Veranlassung besteht, eine unmittelbare Haftung des Herstellers einzuführen; der Bericht ist gegebenenfalls mit Vorschlägen zu versehen.

**Artikel 13 – Inkrafttreten**
Diese Richtlinie tritt am Tag ihrer Veröffentlichung im Amtsblatt der Europäischen Gemeinschaften in Kraft.

**Artikel 14**
Diese Richtlinie ist an die Mitgliedstaaten gerichtet.
Geschehen zu Brüssel am 25. Mai 1999.
Im Namen des Europäischen Parlaments
Der Präsident
J. M. GIL-ROBLES

Im Namen des Rates
Der Präsident
H. EICHEL

---

(1) ABl. C 307 vom 16.10.1996, S. 8, und ABl. C 148 vom 14.5.1998, S. 12.
(2) ABl. C 66 vom 3.3.1997, S. 5.
(3) Stellungnahme des Europäischen Parlaments vom 10. März 1998 (ABl. C 104 vom 6.4.1998, S. 30), Gemeinsamer Standpunkt des Rates vom 24. September 1998 (ABl. C 333 vom 30.10.1998, S. 46) und Beschluss des Europäischen Parlaments vom 17. Dezember 1998 (ABl. C 98 vom 9.4.1999, S. 226). Beschluss des Europäischen Parlaments vom 5. Mai 1999 und Beschluss des Rates vom 17. Mai 1999.
(4) ABl. L 115 vom 17.4.1998, S. 31.
(5) ABl. L 166 vom 11.6.1998, S. 51.

## 3. EU-Richtlinie über den Verbraucherschutz bei Vertragsabschlüssen im Fernabsatz

(97/7/EG des Europäischen Parlaments und des Rates vom 20. Mai 1997; *Amtsblatt Nr. L 144 vom 04/06/1997* S. 0018 - 0027)

DAS EUROPÄISCHE PARLAMENT UND DER RAT DER EUROPÄISCHEN UNION -

gestützt auf den Vertrag zur Gründung der Europäischen Gemeinschaft, insbesondere auf Artikel 100a,
auf Vorschlag der Kommission (1),
nach Stellungnahme des Wirtschafts- und Sozialausschusses (2),
gemäß dem Verfahren des Artikels 189b des Vertrags (3), aufgrund des am 27. November 1996 vom Vermittlungsausschuss gebilligten gemeinsamen Entwurfs,
in Erwägung nachstehender Gründe:

(1) Im Rahmen der Verwirklichung der Ziele des Binnenmarkts sind geeignete Maßnahmen zu dessen schrittweiser Festigung zu ergreifen.

(2) Der freie Verkehr von Waren und Dienstleistungen betrifft nicht nur den gewerblichen Handel, sondern auch Privatpersonen. Er bedeutet für den Verbraucher, dass dieser zu den Gütern und Dienstleistungen eines anderen Mitgliedstaats zu den gleichen Bedingungen Zugang hat wie die Bevölkerung dieses Staates.

(3) Die Vollendung des Binnenmarkts kann für den Verbraucher besonders im grenzüberschreitenden Fernabsatz sichtbar zum Ausdruck kommen, wie dies unter anderem in der Mitteilung der Kommission an den Rat „Auf dem Weg zu einem Binnenmarkt für den Handel" festgestellt wurde. Es ist für das reibungslose Funktionieren des Binnenmarkts unabdingbar, dass der Verbraucher sich an ein Unternehmen außerhalb seines Landes wenden kann, auch wenn dieses Unternehmen über eine Filiale in dem Land verfügt, in dem der Verbraucher lebt.

(4) Mit der Einführung neuer Technologien erhalten die Verbraucher einen immer besseren Überblick über das Angebot in der ganzen Gemeinschaft und zahlreiche neue Möglichkeiten, Bestellungen zu tätigen. Einige Mitgliedstaaten haben bereits unterschiedliche oder abweichende Verbraucherschutzbestimmungen für den Fernabsatz erlassen, was negative Auswirkungen auf den Wettbewerb zwischen den Unternehmen im Binnenmarkt zur Folge hat. Es ist daher geboten, auf Gemeinschaftsebene eine Mindestzahl gemeinsamer Regeln in diesem Bereich einzuführen.

(5) Unter den Nummern 18 und 19 des Anhangs zur Entschließung des Rates vom 14. April 1975 über das erste Programm der Europäischen Wirtschaftsgemeinschaft für eine Politik zum Schutz und zur Information der Verbraucher (4) wird von der Notwendigkeit gesprochen, die Käufer von Gütern oder Dienstleistungen vor der Forderung nach Zahlung nicht bestellter Waren und vor aggressiven Verkaufsmethoden zu schützen.

(6) In der Mitteilung der Kommission an den Rat mit dem Titel „Neuer Impuls für die Verbraucherschutzpolitik", die durch die Entschließung des Rates vom 23. Juni 1986 (5) gebilligt wurde, wird unter Nummer 33 erklärt, dass die Kommission Vorschläge zur Verwendung neuer Informationstechnologien unterbreiten wird, die es den Verbrauchern ermöglichen, Bestellungen an einen Lieferer von zu Hause aus zu tätigen.

(7) In der Entschließung des Rates vom 9. November 1989 über künftige Prioritäten bei der Neubelebung der Verbraucherschutzpolitik (6) wird die Kommission aufgefordert, ihre Bemühungen vor allem auf die im Anhang der Entschließung angegebenen Bereiche zu konzentrieren. In diesem Anhang werden die neuen Technologien, die den Fernabsatz ermöglichen, erwähnt. Die Kommission ist dieser Entschließung durch die Annahme eines „Dreijahresplans für die Verbraucherpolitik in der EWG (1990-1992)" nachgekommen; dieser Plan sieht die Verabschiedung einer diesbezüglichen Richtlinie vor.

(8) Die Frage, welche Sprachen bei Vertragsabschlüssen im Fernabsatz zu verwenden sind, fällt in die Zuständigkeit der Mitgliedstaaten.
(9) Der Abschluss von Verträgen im Fernabsatz ist durch die Verwendung einer oder mehrerer Fernkommunikationstechniken gekennzeichnet. Diese verschiedenen Techniken werden im Rahmen eines für den Fernabsatz organisierten Vertriebs- bzw. Dienstleistungssystems ohne gleichzeitige Anwesenheit des Lieferers oder Dienstleistungserbringers und des Verbrauchers eingesetzt. Aufgrund ihrer ständigen Weiterentwicklung können diese Techniken nicht in einer erschöpfenden Liste erfasst werden; es ist daher notwendig, brauchbare Prinzipien auch für die wenig verwendeten unter ihnen festzulegen.
(10) Dieselbe Transaktion, die sukzessive Vorgänge oder eine Reihe von getrennten Vorgängen, die sich über einen bestimmten Zeitraum erstrecken, umfasst, kann je nach Gesetzeslage in den Mitgliedstaaten in rechtlicher Hinsicht unterschiedlich ausgestaltet sein. Die Bestimmungen dieser Richtlinie können - vorbehaltlich der Inanspruchnahme von Artikel 14 - nicht unterschiedlich je nach den Rechtsvorschriften der Mitgliedstaaten angewandt werden. Es erscheint deshalb angebracht, dass den Bestimmungen der Richtlinie zumindest zu dem Zeitpunkt nachgekommen werden muss, zu dem der erste einer Reihe von sukzessiven Vorgängen oder der erste einer Reihe von getrennten Vorgängen erfolgt, die sich über einen bestimmten Zeitraum erstrecken und als ein Gesamtvorgang gelten können, und zwar ungeachtet, ob dieser Vorgang oder diese Reihe von Vorgängen Gegenstand eines einzigen Vertrags oder aufeinanderfolgender getrennter Verträge ist.
(11) Die Verwendung dieser Techniken darf nicht zu einer Verringerung der dem Verbraucher vermittelten Informationen führen. Es sind daher die Informationen festzulegen, die dem Verbraucher unabhängig von der verwendeten Kommunikationstechnik zwingend übermittelt werden müssen. Außerdem muss die Übermittlung dieser Informationen entsprechend den sonstigen einschlägigen Gemeinschaftsvorschriften erfolgen, und zwar insbesondere gemäß der Richtlinie 84/450/EWG des Rates vom 10. September 1984 über die Angleichung der Rechts- und Verwaltungsvorschriften der Mitgliedstaaten auf dem Gebiet der irreführenden Werbung (7). Falls Ausnahmen von der Verpflichtung zur Übermittlung von Informationen gemacht werden, obliegt es dem Verbraucher, nach seiner Wahl bestimmte grundlegende Angaben wie Identität des Lieferers, wesentliche Eigenschaften und Preis der Waren oder Dienstleistungen zu verlangen.
(12) Bei Benutzung des Telefons sollte der Verbraucher zu Beginn des Gesprächs genügend Informationen erhalten, um zu entscheiden, ob er das Gespräch fortsetzen will oder nicht.
(13) Die mit Hilfe bestimmter elektronischer Technologien verbreitete Information ist häufig nicht beständig, soweit sie nicht auf einem dauerhaften Datenträger empfangen wird. Infolgedessen ist es notwendig, dass der Verbraucher rechtzeitig schriftlich Informationen erhält, die zur korrekten Ausführung des Vertrags erforderlich sind.
(14) Der Verbraucher hat in der Praxis keine Möglichkeit, vor Abschluss des Vertrags das Erzeugnis zu sehen oder die Eigenschaften der Dienstleistung im einzelnen zur Kenntnis zu nehmen. Daher sollte ein Widerrufsrecht bestehen, sofern in dieser Richtlinie nicht etwas anderes bestimmt ist. Damit es sich um mehr als ein bloß formales Recht handelt, müssen die Kosten, die, wenn überhaupt, vom Verbraucher im Fall der Ausübung des Widerrufsrechts getragen werden, auf die unmittelbaren Kosten der Rücksendung der Waren begrenzt werden. Das Widerrufsrecht berührt nicht die im einzelstaatlichen Recht vorgesehenen Rechte des Verbrauchers, insbesondere bei Erhalt von beschädigten Erzeugnissen oder unzulänglichen Dienstleistungen oder Erzeugnissen und Dienstleistungen, die mit der entsprechenden Beschreibung in der Aufforderung nicht übereinstimmen. Es ist Sache der Mitgliedstaaten, weitere Bedingungen und Einzelheiten für den Fall der Ausübung des Widerrufsrechts festzulegen.
(15) Ebenso ist eine Frist für die Erfüllung des Vertrags vorzusehen, wenn sie nicht bei der Bestellung festgelegt worden ist.
(16) Die Absatztechnik, die darin besteht, dem Verbraucher ohne vorherige Bestellung oder ohne ausdrückliches Einverständnis gegen Entgelt Waren zu liefern oder Dienstleistungen zu erbringen, ist als nicht zulässig anzusehen, es sei denn, es handele sich um eine Ersatzlieferung.

(17) Die in den Artikeln 8 und 10 der Europäischen Konvention zum Schutz der Menschenrechte und Grundfreiheiten vom 4. November 1950 festgelegten Prinzipien sind zu berücksichtigen. Es ist daher angezeigt, dem Verbraucher ein Recht auf den Schutz des Privatlebens, insbesondere vor Belästigungen durch gewisse besonders aufdringliche Kommunikationstechniken, zuzuerkennen und mithin die spezifischen Grenzen der Nutzung solcher Techniken genau zu bestimmen. Die Mitgliedstaaten sollten die geeigneten Maßnahmen ergreifen, um die Verbraucher, die keine Kontaktaufnahme durch bestimmte Kommunikationsmittel wünschen, auf wirksame Weise vor derartigen Kontakten zu schützen, und zwar ohne Beeinträchtigung der zusätzlichen Garantien, die dem Verbraucher aufgrund gemeinschaftlicher Regelungen über den Schutz personenbezogener Daten und der Privatsphäre zustehen.
(18) Es ist wichtig, dass die verbindlichen Grundregeln dieser Richtlinie im Einklang mit der Empfehlung 92/295/EWG der Kommission vom 7. April 1992 über Verhaltenskodizes zum Verbraucherschutz bei Vertragsabschlüssen im Fernabsatz (8) gegebenenfalls durch freiwillige Bestimmungen der betreffenden Berufszweige ergänzt werden.
(19) Im Hinblick auf einen optimalen Verbraucherschutz ist es wichtig, dass der Verbraucher in ausreichendem Umfang über die Bestimmungen dieser Richtlinie und etwaige Verhaltenskodizes auf diesem Gebiet unterrichtet wird.
(20) Die Nichteinhaltung der Bestimmungen dieser Richtlinie kann den Verbrauchern, aber auch Mitbewerbern, schaden. Es können daher Bestimmungen vorgesehen werden, die es öffentlichen Einrichtungen oder deren Vertretern oder Verbraucherverbänden, die nach dem innerstaatlichen Recht ein berechtigtes Interesse am Schutz der Verbraucher haben, oder Berufsverbänden mit berechtigtem Interesse erlauben, auf Anwendung dieser Richtlinie zu dringen.
(21) Im Hinblick auf den Verbraucherschutz ist es wichtig, die Frage grenzüberschreitender Beschwerden so bald wie möglich zu behandeln. Die Kommission hat am 14. Februar 1996 einen Aktionsplan für den Zugang der Verbraucher zum Recht und die Beilegung von Rechtsstreitigkeiten der Verbraucher im Binnenmarkt veröffentlicht. Dieser Aktionsplan umfasst spezifische Initiativen zur Förderung außergerichtlicher Verfahren. Es werden objektive Kriterien (Anhang II) vorgeschlagen, um die Verlässlichkeit jener Verfahren sicherzustellen, und es wird die Verwendung von genormten Formblättern (Anhang III) vorgesehen.
(22) Bei den neuen Technologien entzieht sich die technische Seite dem Einfluss des Verbrauchers. Es ist daher vorzusehen, dass die Beweislast dem Lieferer auferlegt werden kann.
(23) In bestimmten Fällen besteht die Gefahr, dass dem Verbraucher der in dieser Richtlinie aufgestellte Schutz entzogen wird, indem das Recht eines Drittlands zum auf den Vertrag anwendbaren Recht erklärt wird. Diese Richtlinie sollte deshalb Bestimmungen enthalten, die dies ausschließen.
(24) Ein Mitgliedstaat kann im Interesse der Allgemeinheit in seinem Hoheitsgebiet die Vermarktung bestimmter Erzeugnisse und Dienstleistungen im Rahmen von Vertragsabschlüssen im Fernabsatz untersagen. Dieses Verbot muss unter Einhaltung der Rechtsvorschriften der Gemeinschaft gehandhabt werden. Entsprechende Verbote sind insbesondere im Hinblick auf Arzneimittel im Rahmen der Richtlinie 89/552/EWG des Rates vom 3. Oktober 1989 zur Koordinierung bestimmter Rechts- und Verwaltungsvorschriften der Mitgliedstaaten über die Ausübung der Fernsehtätigkeit (9) und der Richtlinie 92/28/EWG des Rates vom 31. März 1992 über die Werbung für Humanarzneimittel (10) bereits vorgesehen -

HABEN FOLGENDE RICHTLINIE ERLASSEN:

## Artikel 1 – Gegenstand

Gegenstand dieser Richtlinie ist die Angleichung der Rechts- und Verwaltungsvorschriften der Mitgliedstaaten über Vertragsabschlüsse im Fernabsatz zwischen Verbrauchern und Lieferern.

**Artikel 2 – Definitionen**

Im Sinne dieser Richtlinie bezeichnet der Ausdruck

1. „Vertragsabschluß im Fernabsatz" jeden zwischen einem Lieferer und einem Verbraucher geschlossenen, eine Ware oder eine Dienstleistung betreffenden Vertrag, der im Rahmen eines für den Fernabsatz organisierten Vertriebs- bzw. Dienstleistungssystems des Lieferers geschlossen wird, wobei dieser für den Vertrag bis zu dessen Abschluss einschließlich des Vertragsabschlusses selbst ausschließlich eine oder mehrere Fernkommunikationstechniken verwendet;
2. „Verbraucher" jede natürliche Person, die beim Abschluss von Verträgen im Sinne dieser Richtlinie zu Zwecken handelt, die nicht ihrer gewerblichen oder beruflichen Tätigkeit zugerechnet werden können;
3. „Lieferer" jede natürliche oder juristische Person, die beim Abschluss von Verträgen im Sinne dieser Richtlinie im Rahmen ihrer gewerblichen oder beruflichen Tätigkeit handelt;
4. „Fernkommunikationstechnik" jedes Kommunikationsmittel, das zum Abschluss eines Vertrags zwischen einem Verbraucher und einem Lieferer ohne gleichzeitige körperliche Anwesenheit der Vertragsparteien eingesetzt werden kann. Eine beispielhafte Liste der Techniken im Sinne dieser Richtlinie ist in Anhang I enthalten;
5. „Betreiber einer Kommunikationstechnik" jede natürliche oder juristische Person des öffentlichen oder privaten Rechts, deren gewerbliche oder berufliche Tätigkeit darin besteht, den Lieferern eine oder mehrere Fernkommunikationstechniken zur Verfügung zu stellen.

**Artikel 3 – Ausnahmen**

(1) Diese Richtlinie gilt nicht für Verträge, die

- in einer nicht erschöpfenden Liste in Anhang II angeführte Finanzdienstleistungen betreffen;
- unter Verwendung von Warenautomaten oder automatisierten Geschäftsräumen geschlossen werden;
- mit Betreibern von Telekommunikationsmitteln aufgrund der Benutzung von öffentlichen Fernsprechern geschlossen werden;
- für den Bau und den Verkauf von Immobilien geschlossen werden oder die sonstige Rechte an Immobilien mit Ausnahme der Vermietung betreffen;
- bei einer Versteigerung geschlossen werden.

(2) Die Artikel 4, 5 und 6 sowie Artikel 7 Absatz 1 gelten nicht für

- Verträge über die Lieferung von Lebensmitteln, Getränken oder sonstigen Haushaltsgegenständen des täglichen Bedarfs, die am Wohnsitz, am Aufenthaltsort oder am Arbeitsplatz eines Verbrauchers von Händlern im Rahmen häufiger und regelmäßiger Fahrten geliefert werden;
- Verträge über die Erbringung von Dienstleistungen in den Bereichen Unterbringung, Beförderung, Lieferung von Speisen und Getränken sowie Freizeitgestaltung, wenn sich der Lieferer bei Vertragsabschluß verpflichtet, die Dienstleistungen zu einem bestimmten Zeitpunkt oder innerhalb eines genau angegebenen Zeitraums zu erbringen; ausnahmsweise kann der Lieferer sich bei Freizeitveranstaltungen unter freiem Himmel das Recht vorbehalten, Artikel 7 Absatz 2 unter besonderen Umständen nicht anzuwenden.

**Artikel 4 – Vorherige Unterrichtung**

(1) Der Verbraucher muss rechtzeitig vor Abschluss eines Vertrags im Fernabsatz über folgende Informationen verfügen:

a) Identität des Lieferers und im Fall von Verträgen, bei denen eine Vorauszahlung erforderlich ist, seine Anschrift;

b) wesentliche Eigenschaften der Ware oder Dienstleistung;

c) Preis der Ware oder Dienstleistung einschließlich aller Steuern;

d) gegebenenfalls Lieferkosten;

e) Einzelheiten hinsichtlich der Zahlung und der Lieferung oder Erfüllung;

f) Bestehen eines Widerrufrechts, außer in den in Artikel 6 Absatz 3 genannten Fällen;

g) Kosten für den Einsatz der Fernkommunikationstechnik, sofern nicht nach dem Grundtarif berechnet;

h) Gültigkeitsdauer des Angebots oder des Preises;

i) gegebenenfalls Mindestlaufzeit des Vertrags über die Lieferung von Waren oder Erbringung von Dienstleistungen, wenn dieser eine dauernde oder regelmäßig wiederkehrende Leistung zum Inhalt hat.

(2) Die Informationen nach Absatz 1, deren kommerzieller Zweck unzweideutig erkennbar sein muss, müssen klar und verständlich auf jedwede der verwendeten Fernkommunikationstechnik angepasste Weise erteilt werden; dabei sind insbesondere die Grundsätze der Lauterkeit bei Handelsgeschäften sowie des Schutzes solcher Personen, die nach den Gesetzen der einzelnen Mitgliedstaaten nicht geschäftsfähig sind (wie zum Beispiel Minderjährige), zu beachten.

(3) Bei Telefongesprächen mit Verbrauchern ist darüber hinaus zu Beginn des Gesprächs die Identität des Lieferers und der kommerzielle Zweck des Gesprächs ausdrücklich offenzulegen.

**Artikel 5 – Schriftliche Bestätigung der Informationen**

(1) Der Verbraucher muss eine Bestätigung der Informationen gemäß Artikel 4 Absatz 1 Buchstaben a) bis f) rechtzeitig während der Erfüllung des Vertrags, bei nicht zur Lieferung an Dritte bestimmten Waren spätestens zum Zeitpunkt der Lieferung, schriftlich oder auf einem anderen für ihn verfügbaren dauerhaften Datenträger erhalten, soweit ihm diese Informationen nicht bereits vor Vertragsabschluß schriftlich oder auf einem anderen für ihn verfügbaren dauerhaften Datenträger erteilt wurden.

Auf jeden Fall ist folgendes zu übermitteln:

- schriftliche Informationen über die Bedingungen und Einzelheiten der Ausübung des Widerrufsrechts im Sinne des Artikels 6, einschließlich der in Artikel 6 Absatz 3 erster Gedankenstrich genannten Fälle;
- die geographische Anschrift der Niederlassung des Lieferers, bei der der Verbraucher seine Beanstandungen vorbringen kann;
- Informationen über Kundendienst und geltende Garantiebedingungen;
- die Kündigungsbedingungen bei unbestimmter Vertragsdauer bzw. einer mehr als einjährigen Vertragsdauer.

(2) Absatz 1 ist nicht anwendbar auf Dienstleistungen, die unmittelbar durch Einsatz einer Fernkommunikationstechnik erbracht werden, sofern diese Leistungen in einem Mal

erfolgen und über den Betreiber der Kommunikationstechnik abgerechnet werden. Allerdings muss der Verbraucher in jedem Fall die Möglichkeit haben, die geographische Anschrift der Niederlassung des Lieferers zu erfahren, bei der er seine Beanstandungen vorbringen kann.

**Artikel 6 – Widerrufsrecht**

(1) Der Verbraucher kann jeden Vertragsabschluß im Fernabsatz innerhalb einer Frist von mindestens sieben Werktagen ohne Angabe von Gründen und ohne Strafzahlung widerrufen. Die einzigen Kosten, die dem Verbraucher infolge der Ausübung seines Widerrufsrechts auferlegt werden können, sind die unmittelbaren Kosten der Rücksendung der Waren.

Die Frist für die Wahrnehmung dieses Rechts beginnt

- bei Waren mit dem Tag ihres Eingangs beim Verbraucher, wenn die Verpflichtungen im Sinne des Artikels 5 erfüllt sind;
- bei Dienstleistungen mit dem Tag des Vertragsabschlusses oder dem Tag, an dem die Verpflichtungen im Sinne des Artikels 5 erfüllt sind, wenn dies nach Vertragsabschluß der Fall ist, sofern damit nicht die nachstehend genannte Dreimonatsfrist überschritten wird.

Falls der Lieferer die Bedingungen im Sinne des Artikels 5 nicht erfüllt hat, beträgt die Frist drei Monate. Diese Frist beginnt

- bei Waren mit dem Tag ihres Eingangs beim Verbraucher;
- bei Dienstleistungen mit dem Tag des Vertragsabschlusses.

Werden innerhalb dieser Dreimonatsfrist die Informationen gemäß Artikel 5 übermittelt, so beginnt die Frist von sieben Werktagen gemäß Unterabsatz 1 mit diesem Zeitpunkt.

(2) Übt der Verbraucher das Recht auf Widerruf gemäß diesem Artikel aus, so hat der Lieferer die vom Verbraucher geleisteten Zahlungen kostenlos zu erstatten. Die einzigen Kosten, die dem Verbraucher infolge der Ausübung seines Widerrufsrechts auferlegt werden können, sind die unmittelbaren Kosten der Rücksendung der Waren. Die Erstattung hat so bald wie möglich in jedem Fall jedoch binnen 30 Tagen zu erfolgen.

(3) Sofern die Parteien nichts anderes vereinbart haben, kann der Verbraucher das in Absatz 1 vorgesehene Widerrufsrecht nicht ausüben bei

- Verträgen zur Erbringung von Dienstleistungen, deren Ausführung mit Zustimmung des Verbrauchers vor Ende der Frist von sieben Werktagen gemäß Absatz 1 begonnen hat;
- Verträgen zur Lieferung von Waren oder Erbringung von Dienstleistungen, deren Preis von der Entwicklung der Sätze auf den Finanzmärkten, auf die der Lieferer keinen Einfluss hat, abhängt;
- Verträgen zur Lieferung von Waren, die nach Kundenspezifikation angefertigt werden oder eindeutig auf die persönlichen Bedürfnisse zugeschnitten sind oder die aufgrund ihrer Beschaffenheit nicht für eine Rücksendung geeignet sind oder schnell verderben können oder deren Verfallsdatum überschritten würde;
- Verträgen zur Lieferung von Audio- oder Videoaufzeichnungen oder Software, die vom Verbraucher entsiegelt worden sind;
- Verträgen zur Lieferung von Zeitungen, Zeitschriften und Illustrierten;
- Verträgen zur Erbringung von Wett- und Lotterie-Dienstleistungen.

(4) Die Mitgliedstaaten sehen in ihren Rechtsvorschriften folgendes vor:
- Wenn der Preis einer Ware oder einer Dienstleistung vollständig oder zum Teil durch einen vom Lieferer gewährten Kredit finanziert wird, oder
- wenn dieser Preis vollständig oder zum Teil durch einen Kredit finanziert wird, der dem Verbraucher von einem Dritten aufgrund einer Vereinbarung zwischen dem Dritten und dem Lieferer gewährt wird,
wird der Kreditvertrag entschädigungsfrei aufgelöst, falls der Verbraucher von seinem Widerrufsrecht gemäß Absatz 1 Gebrauch macht.
Die Mitgliedstaaten legen die Einzelheiten der Auflösung des Kreditvertrags fest.

**Artikel 7 – Erfüllung des Vertrags**
(1) Sofern die Parteien nichts anderes vereinbart haben, hat der Lieferer die Bestellung spätestens 30 Tage nach dem Tag auszuführen, der auf den Tag, an dem der Verbraucher dem Lieferer seine Bestellung übermittelt hat, folgt.
(2) Wird ein Vertrag vom Lieferer nicht erfüllt, weil die bestellte Ware oder Dienstleistung nicht verfügbar ist, so ist der Verbraucher davon zu unterrichten, und er muss die Möglichkeit haben, sich geleistete Zahlungen möglichst bald, in jedem Fall jedoch binnen 30 Tagen, erstatten zu lassen.
(3) Die Mitgliedstaaten können indessen vorsehen, dass der Lieferer dem Verbraucher eine qualitätsmäßig und preislich gleichwertige Ware liefern oder eine qualitätsmäßig und preislich gleichwertige Dienstleistung erbringen kann, wenn diese Möglichkeit vor Vertragsabschluß oder in dem Vertrag vorgesehen wurde. Der Verbraucher ist von dieser Möglichkeit in klarer und verständlicher Form zu unterrichten. Die Kosten der Rücksendung infolge der Ausübung des Widerrufsrechts gehen in diesem Fall zu Lasten des Lieferers; der Verbraucher ist davon zu unterrichten. In diesem Fall handelt es sich bei der Lieferung einer Ware oder der Erbringung einer Dienstleistung nicht um eine unbestellte Ware oder Dienstleistung im Sinne des Artikels 9.

**Artikel 8 – Zahlung mittels Karte**
Die Mitgliedstaaten tragen dafür Sorge, dass geeignete Vorkehrungen bestehen, damit
- der Verbraucher im Fall einer betrügerischen Verwendung seiner Zahlungskarte im Rahmen eines unter diese Richtlinie fallenden Vertragsabschlusses im Fernabsatz die Stornierung einer Zahlung verlangen kann;
- dem Verbraucher im Fall einer solchen betrügerischen Verwendung die Zahlungen gutgeschrieben oder erstattet werden.

**Artikel 9 – Unbestellte Waren oder Dienstleistungen**
Die Mitgliedstaaten treffen die erforderlichen Maßnahmen, um
- zu untersagen, dass einem Verbraucher ohne vorherige Bestellung Waren geliefert oder Dienstleistungen erbracht werden, wenn mit der Warenlieferung oder Dienstleistungserbringung eine Zahlungsaufforderung verbunden ist;
- den Verbraucher von jedweder Gegenleistung für den Fall zu befreien, dass unbestellte Waren geliefert oder unbestellte Dienstleistungen erbracht wurden, wobei das Ausbleiben einer Reaktion nicht als Zustimmung gilt.

**Artikel 10 – Beschränkungen in der Verwendung bestimmter Fernkommunikationstechniken**
(1) Die Verwendung folgender Techniken durch den Lieferer bedarf der vorherigen Zustimmung des Verbrauchers:
- Kommunikation mit Automaten als Gesprächspartner (Voice-Mail-System);
- Fernkopie (Telefax).
(2) Die Mitgliedstaaten tragen dafür Sorge, dass Fernkommunikationstechniken, die eine individuelle Kommunikation erlauben, mit Ausnahme der in Absatz 1 genannten Techniken, nur dann verwendet werden dürfen, wenn der Verbraucher ihre Verwendung nicht offenkundig abgelehnt hat.

**Artikel 11 – Rechtsbehelfe bei Gericht oder Verwaltungsbehörden**
(1) Die Mitgliedstaaten sorgen im Interesse der Verbraucher für geeignete und wirksame Mittel, die die Einhaltung der Bestimmungen dieser Richtlinie gewährleisten.
(2) Die in Absatz 1 genannten Mittel schließen Rechtsvorschriften ein, wonach eine oder mehrere der folgenden, im innerstaatlichen Recht festzulegenden Einrichtungen im Einklang mit den innerstaatlichen Rechtsvorschriften die Gerichte oder die zuständigen Verwaltungsbehörden anrufen können, um die Anwendung der innerstaatlichen Vorschriften zur Umsetzung dieser Richtlinie zu erreichen:
a) öffentliche Einrichtungen oder ihre Vertreter;
b) Verbraucherverbände, die ein berechtigtes Interesse am Schutz der Verbraucher haben;
c) Berufsverbände mit berechtigtem Interesse.
(3) a) Die Mitgliedstaaten können bestimmen, dass der Nachweis, dass eine vorherige Unterrichtung stattfand, eine schriftliche Bestätigung erfolgte oder die Fristen eingehalten wurden und die Zustimmung des Verbrauchers erteilt wurde, dem Lieferer obliegen kann.
b) Die Mitgliedstaaten treffen die erforderlichen Maßnahmen, um sicherzustellen, dass die Lieferer und die Betreiber von Kommunikationstechniken, sofern sie hierzu in der Lage sind, Praktiken unterlassen, die nicht mit den gemäß dieser Richtlinie erlassenen Bestimmungen im Einklang stehen.
(4) Die Mitgliedstaaten können zusätzlich zu den Mitteln, die sie zur Gewährleistung der Einhaltung der Bestimmungen dieser Richtlinie vorsehen müssen, eine freiwillige Kontrolle der Einhaltung der Bestimmungen dieser Richtlinie durch unabhängige Einrichtungen sowie die Inanspruchnahme solcher Einrichtungen zwecks Streitschlichtung vorsehen.

**Artikel 12 – Unabdingbarkeit**
(1) Der Verbraucher kann auf die Rechte, die ihm aufgrund der Umsetzung dieser Richtlinie in innerstaatliches Recht zustehen, nicht verzichten.
(2) Die Mitgliedstaaten ergreifen die erforderlichen Maßnahmen, damit der Verbraucher den durch diese Richtlinie gewährten Schutz nicht verliert, wenn das Recht eines Drittlands als das auf den Vertrag anzuwendende Recht gewählt wurde und der Vertrag einen engen Zusammenhang mit dem Gebiet eines oder mehrerer Mitgliedstaaten aufweist.

**Artikel 13 – Gemeinschaftsbestimmungen**
(1) Die Bestimmungen dieser Richtlinie gelten, soweit es im Rahmen von Rechtsvor-

schriften der Gemeinschaft keine besonderen Bestimmungen gibt, die bestimmte Vertragstypen im Fernabsatz umfassend regeln.
(2) Enthalten spezifische Rechtsvorschriften der Gemeinschaft Bestimmungen, die nur gewisse Aspekte der Lieferung von Waren oder der Erbringung von Dienstleistungen regeln, dann sind diese Bestimmungen - und nicht die Bestimmungen der vorliegenden Richtlinie für diese bestimmten Aspekte der Verträge im Fernabsatz anzuwenden.

**Artikel 14 – Mindestklauseln**
Die Mitgliedstaaten können in dem unter diese Richtlinie fallenden Bereich mit dem EG-Vertrag in Einklang stehende strengere Bestimmungen erlassen oder aufrechterhalten, um ein höheres Schutzniveau für die Verbraucher sicherzustellen. Durch solche Bestimmungen können sie im Interesse der Allgemeinheit den Vertrieb im Fernabsatz für bestimmte Waren und Dienstleistungen, insbesondere Arzneimittel, in ihrem Hoheitsgebiet unter Beachtung des EG-Vertrags verbieten.

**Artikel 15 – Durchführung**
(1) Die Mitgliedstaaten setzen die erforderlichen Rechts- und Verwaltungsvorschriften in Kraft, um dieser Richtlinie spätestens drei Jahre nach ihrem Inkrafttreten nachzukommen. Sie setzen die Kommission unverzüglich davon in Kenntnis.
(2) Wenn die Mitgliedstaaten Vorschriften nach Absatz 1 erlassen, nehmen sie in den Vorschriften selbst oder durch einen Hinweis bei der amtlichen Veröffentlichung auf diese Richtlinie Bezug. Die Mitgliedstaaten regeln die Einzelheiten der Bezugnahme.
(3) Die Mitgliedstaaten teilen der Kommission die innerstaatlichen Rechtsvorschriften mit, die sie auf dem durch diese Richtlinie geregelten Gebiet erlassen.
(4) Spätestens vier Jahre nach Inkrafttreten dieser Richtlinie legt die Kommission dem Europäischen Parlament und dem Rat einen Bericht über die Anwendung dieser Richtlinie, gegebenenfalls verbunden mit einem Änderungsvorschlag, vor.

**Artikel 16 – Unterrichtung der Verbraucher**
Die Mitgliedstaaten sehen angemessene Maßnahmen zur Unterrichtung der Verbraucher über das zur Umsetzung dieser Richtlinie erlassene innerstaatliche Recht vor und fordern, falls angebracht, Berufsorganisationen auf, die Verbraucher über ihre Verhaltenskodizes zu unterrichten.

**Artikel 17 – Beschwerdesysteme**
Die Kommission untersucht, ob wirksame Verfahren zur Behandlung von Verbraucherbeschwerden, die den Fernabsatz betreffen, geschaffen werden können. Binnen zwei Jahren nach Inkrafttreten dieser Richtlinie legt die Kommission dem Europäischen Parlament und dem Rat einen Bericht über die Untersuchungsergebnisse gegebenenfalls zusammen mit Vorschlägen vor.

**Artikel 18**
Diese Richtlinie tritt am Tag ihrer Veröffentlichung im Amtsblatt der Europäischen Gemeinschaften in Kraft.

**Artikel 19**
Diese Richtlinie ist an die Mitgliedstaaten gerichtet.
Geschehen zu Brüssel am 20. Mai 1997.
Im Namen des Europäischen Parlaments
Der Präsident
J.M. GIL-ROBLESIm Namen des Rates
Der Präsident
J. VAN AARTSEN

---

(1) ABl. Nr. C 156 vom 23. 6. 1992, S. 14 und ABl. Nr. C 308 vom 15. 11. 1993, S. 18.
(2) ABl. Nr. C 19 vom 25. 1. 1993, S. 111.
(3) Stellungnahme des Europäischen Parlaments vom 26. Mai 1993 (ABl. Nr. C 176 vom 28. 6. 1993, S. 95), gemeinsamer Standpunkt des Rates vom 29. Juni 1995 (ABl. Nr. C 288 vom 30. 10. 1995, S. 1) und Beschluss des Europäischen Parlaments vom 13. Dezember 1995 (ABl. Nr. C 17 vom 22. 1. 1996, S. 51). Entscheidung des Europäischen Parlaments vom 16. Januar 1997 und Entscheidung des Rates vom 20. Januar 1997.
(4) ABl. Nr. C 92 vom 25. 4. 1975, S. 1.
(5) ABl. Nr. C 167 vom 5. 7. 1986, S. 1.
(6) ABl. Nr. C 294 vom 22. 11. 1989, S. 1.
(7) ABl. Nr. L 250 vom 19. 9. 1984, S. 17.
(8) ABl. Nr. L 156 vom 10. 6. 1992, S. 21.
(9) ABl. Nr. L 298 vom 17. 10. 1989, S. 23.
(10) ABl. Nr. L 113 vom 30. 4. 1992, S. 13.

## ANHANG I

KOMMUNIKATIONSTECHNIKEN NACH ARTIKEL 2 NUMMER 4

- Drucksache ohne Anschrift,
- Drucksache mit Anschrift,
- vorgefertigter Standardbrief,
- Pressewerbung mit Bestellschein,
- Katalog,
- telefonische Kommunikation mit Person als Gesprächspartner,
- telefonische Kommunikation mit Automaten als Gesprächspartner (Voice-Mail-System, Audiotext),
- Hörfunk,
- Bildtelefon,
- Videotext (Mikrocomputer, Fernsehbildschirm) mit Tastatur oder Kontaktbildschirm,
- elektronische Post,
- Fernkopie (Telefax),
- Fernsehen (Teleshopping).

## ANHANG II

FINANZDIENSTLEISTUNGEN NACH ARTIKEL 3 ABSATZ 1

- Wertpapierdienstleistungen;
- Versicherungs- und Rückversicherungsgeschäfte;
- Bankdienstleistungen;
- Tätigkeiten im Zusammenhang mit Versorgungsfonds;
- Dienstleistungen im Zusammenhang mit Termin- oder Optionsgeschäften.

Diese Dienstleistungen umfassen insbesondere:

- Wertpapierdienstleistungen gemäß dem Anhang der Richtlinie 93/22/EWG (1); Dienstleistungen von Wertpapierfirmen für gemeinsame Anlagen;
- Dienstleistungen im Zusammenhang mit den Tätigkeiten, die im Anhang zur Richtlinie 89/646/EWG (2) genannt sind und für die die gegenseitige Anerkennung gilt;
- Versicherungs- und Rückversicherungsgeschäfte gemäß
- Artikel 1 der Richtlinie 73/239/EWG (3);
- dem Anhang der Richtlinie 79/267/EWG (4);
- der Richtlinie 64/225/EWG (5);
- den Richtlinien 92/49/EWG (6) und 92/96/EWG (7).

## ERKLÄRUNGEN DES RATES UND DES PARLAMENTS ZU ARTIKEL & ABSATZ 1

Der Rat und das Parlament nehmen zur Kenntnis, dass die Kommission prüfen wird, ob es möglich und wünschenswert ist, die Berechnungsmethode für die Bedenkzeit in den derzeit geltenden Verbraucherschutzvorschriften, insbesondere der Richtlinie 85/577/EWG vom 20. Dezember 1985 betreffend den Verbraucherschutz im Falle von außerhalb von Geschäftsräumen geschlossenen Verträgen („Haustürgeschäfte") (8) zu harmonisieren.

## ERKLÄRUNG DER KOMMISION ZU ARTIKEL 3 ABSATZ 1 ERSTER GEDANKENSTRICH

Die Kommission erkennt die Bedeutung des Verbraucherschutzes für Vertragsabschlüsse im Fernabsatz bei finanziellen Dienstleistungen an und hat daher ein Grünbuch „Finanzdienstleistungen - Wahrung der Verbraucherinteressen" vorgelegt. Im Lichte der Ergebnisse dieses Grünbuchs wird die Kommission prüfen, wie der Verbraucherschutz in die Finanzdienstleistungspolitik und in etwaige Rechtsvorschriften in diesem Bereich einbezogen werden kann, und erforderlichenfalls geeignete Vorschläge unterbreiten.

---

(1) ABl. Nr. L 141 vom 11. 6. 1993, S. 27.
(2) ABl. Nr. L 386 vom 30. 12. 1989, S. 1. Richtlinie zuletzt geändert durch die Richtlinie 92/30/EWG (ABl. Nr. L 110 vom 28. 4. 1992, S. 52).
(3) ABl. Nr. L 228 vom 16. 8. 1973, S. 3. Richtlinie zuletzt geändert durch die Richtlinie 92/49/EWG (ABl. Nr. L 228 vom 11. 8. 1992, S. 1).
(4) ABl. Nr. L 63 vom 13. 3. 1979, S. 1. Richtlinie zuletzt geändert durch die Richtlinie 90/619/EWG (ABl. Nr. L 330 vom 29. 11. 1990, S. 50).
(5) ABl. Nr. 56 vom 4. 4. 1964, S. 878/64. Richtlinie geändert durch die Beitrittsakte von 1973.
(6) ABl. Nr. L 228 vom 11. 8. 1992, S. 1.
(7) ABl. Nr. L 360 vom 9. 12. 1992, S. 1.
(8) ABl. Nr. L 372 vom 31. 12. 1985, S. 31.

## 4. EU-Richtlinie über bestimmte rechtliche Aspekte der Dienste der Informationsgesellschaft, insbesondere des elektronischen Geschäftsverkehrs, im Binnenmarkt („Richtlinie über den elektronischen Geschäftsverkehr“)

(2000/31/EG des Europäischen Parlaments und des Rates vom 8. Juni 2000; *Amtsblatt Nr. L 178 vom 17/07/2000* S. 0001 - 0016)

DAS EUROPÄISCHE PARLAMENT UND DER RAT DER EUROPÄISCHEN UNION -

gestützt auf den Vertrag zur Gründung der Europäischen Gemeinschaft, insbesondere auf Artikel 47 Absatz 2 und die Artikel 55 und 95,

auf Vorschlag der Kommission (1),

nach Stellungnahme des Wirtschafts- und Sozialausschusses (2),

gemäß dem Verfahren des Artikels 251 des Vertrags (3)

in Erwägung nachstehender Gründe:

(1) Ziel der Europäischen Union ist es, einen immer engeren Zusammenschluss der europäischen Staaten und Völker zu schaffen, um den wirtschaftlichen und sozialen Fortschritt zu sichern. Der Binnenmarkt umfasst nach Artikel 14 Absatz 2 des Vertrags einen Raum ohne Binnengrenzen, in dem der freie Verkehr von Waren und Dienstleistungen sowie die Niederlassungsfreiheit gewährleistet sind. Die Weiterentwicklung der Dienste der Informationsgesellschaft in dem Raum ohne Binnengrenzen ist ein wichtiges Mittel, um die Schranken, die die europäischen Völker trennen, zu beseitigen.

(2) Die Entwicklung des elektronischen Geschäftsverkehrs in der Informationsgesellschaft bietet erhebliche Beschäftigungsmöglichkeiten in der Gemeinschaft, insbesondere in kleinen und mittleren Unternehmen, und wird das Wirtschaftswachstum sowie die Investitionen in Innovationen der europäischen Unternehmen anregen; diese Entwicklung kann auch die Wettbewerbsfähigkeit der europäischen Wirtschaft stärken, vorausgesetzt, dass das Internet allen zugänglich ist.

(3) Das Gemeinschaftsrecht und die charakteristischen Merkmale der gemeinschaftlichen Rechtsordnung sind ein wichtiges Instrument, damit die europäischen Bürger und Unternehmen uneingeschränkt und ohne Behinderung durch Grenzen Nutzen aus den Möglichkeiten des elektronischen Geschäftsverkehrs ziehen können. Diese Richtlinie zielt daher darauf ab, ein hohes Niveau der rechtlichen Integration in der Gemeinschaft sicherzustellen, um einen wirklichen Raum ohne Binnengrenzen für die Dienste der Informationsgesellschaft zu verwirklichen.

(4) Es ist wichtig zu gewährleisten, dass der elektronische Geschäftsverkehr die Chancen des Binnenmarktes voll nutzen kann und dass somit ebenso wie mit der Richtlinie 89/552/EWG des Rates vom 3. Oktober 1989 zur Koordinierung bestimmter Rechts- und Verwaltungsvorschriften der Mitgliedstaaten über die Ausübung der Fernsehtätigkeit (4) ein hohes Niveau der gemeinschaftlichen Integration erzielt wird.

(5) Die Weiterentwicklung der Dienste der Informationsgesellschaft in der Gemeinschaft wird durch eine Reihe von rechtlichen Hemmnissen für das reibungslose Funktionieren des Binnenmarktes behindert, die die Ausübung der Niederlassungsfreiheit und des freien Dienstleistungsverkehrs weniger attraktiv machen. Die Hemmnisse bestehen in Unterschieden der innerstaatlichen Rechtsvorschriften sowie in der Rechtsunsicherheit hinsichtlich der auf Dienste der Informationsgesellschaft jeweils anzuwendenden nationalen Regelungen. Solange die innerstaatlichen Rechtsvorschriften in den betreffenden Bereichen nicht koordiniert und angepasst sind, können diese Hemmnisse gemäß der Rechtsprechung des Gerichtshofes der Europäischen Gemeinschaften gerechtfertigt sein. Rechtsunsicherheit besteht im Hinblick darauf, in welchem Ausmaß die Mitgliedstaaten über Dienste aus einem anderen Mitgliedstaat Kontrolle ausüben dürfen.

(6) In Anbetracht der Ziele der Gemeinschaft, der Artikel 43 und 49 des Vertrags und des abgeleite-

ten Gemeinschaftsrechts gilt es, die genannten Hemmnisse durch Koordinierung bestimmter innerstaatlicher Rechtsvorschriften und durch Klarstellung von Rechtsbegriffen auf Gemeinschaftsebene zu beseitigen, soweit dies für das reibungslose Funktionieren des Binnenmarktes erforderlich ist. Diese Richtlinie befasst sich nur mit bestimmten Fragen, die Probleme für das Funktionieren des Binnenmarktes aufwerfen, und wird damit in jeder Hinsicht dem Subsidiaritätsgebot gemäß Artikel 5 des Vertrags gerecht.

(7) Um Rechtssicherheit zu erreichen und das Vertrauen der Verbraucher zu gewinnen, muss diese Richtlinie einen klaren allgemeinen Rahmen für den Binnenmarkt bezüglich bestimmter rechtlicher Aspekte des elektronischen Geschäftsverkehrs festlegen.

(8) Ziel dieser Richtlinie ist es, einen rechtlichen Rahmen zur Sicherstellung des freien Verkehrs von Diensten der Informationsgesellschaft zwischen den Mitgliedstaaten zu schaffen, nicht aber, den Bereich des Strafrechts als solchen zu harmonisieren.

(9) In vieler Hinsicht kann der freie Verkehr von Diensten der Informationsgesellschaft die besondere gemeinschaftsrechtliche Ausprägung eines allgemeineren Grundsatzes darstellen, nämlich des Rechts auf freie Meinungsäußerung im Sinne des Artikels 10 Absatz 1 der von allen Mitgliedstaaten ratifizierten Konvention zum Schutze der Menschenrechte und Grundfreiheiten. Richtlinien, die das Angebot von Diensten der Informationsgesellschaft betreffen, müssen daher sicherstellen, dass diese Tätigkeit gemäß jenem Artikel frei ausgeübt werden kann und nur den Einschränkungen unterliegt, die in Absatz 2 des genannten Artikels und in Artikel 46 Absatz 1 des Vertrages niedergelegt sind. Die grundlegenden Regeln und Prinzipien des einzelstaatlichen Rechts, die die freie Meinungsäußerung betreffen, sollen von dieser Richtlinie unberührt bleiben.

(10) Gemäß dem Grundsatz der Verhältnismäßigkeit sind in dieser Richtlinie nur diejenigen Maßnahmen vorgesehen, die zur Gewährleistung des reibungslosen Funktionierens des Binnenmarktes unerlässlich sind. Damit der Binnenmarkt wirklich zu einem Raum ohne Binnengrenzen für den elektronischen Geschäftsverkehr wird, muss diese Richtlinie in den Bereichen, in denen ein Handeln auf Gemeinschaftsebene geboten ist, ein hohes Schutzniveau für die dem Allgemeininteresse dienenden Ziele, insbesondere für den Jugendschutz, den Schutz der Menschenwürde, den Verbraucherschutz und den Schutz der öffentlichen Gesundheit, gewährleisten. Nach Artikel 152 des Vertrags ist der Schutz der öffentlichen Gesundheit ein wesentlicher Bestandteil anderer Gemeinschaftspolitiken.

(11) Diese Richtlinie lässt das durch Gemeinschaftsrechtsakte eingeführte Schutzniveau, insbesondere für öffentliche Gesundheit und den Verbraucherschutz, unberührt. Unter anderem bilden die Richtlinie 93/13/EWG des Rates vom 5. April 1993 über missbräuchliche Klauseln in Verbraucherverträgen (5) und die Richtlinie 97/7/EG des Europäischen Parlaments und des Rates vom 20. Mai 1997 über den Verbraucherschutz bei Vertragsabschlüssen im Fernabsatz (6) wichtige Errungenschaften für den Verbraucherschutz im Bereich des Vertragsrechts. Jene Richtlinien gelten voll und ganz auch für die Dienste der Informationsgesellschaft. Zum Rechtsstand auf Gemeinschaftsebene, der uneingeschränkt für die Dienste der Informationsgesellschaft gilt, gehören insbesondere auch die Richtlinien 84/450/EWG des Rates vom 10. September 1984 über irreführende und vergleichende Werbung (7), die Richtlinie 87/102/EWG des Rates vom 22. Dezember 1986 zur Angleichung der Rechts- und Verwaltungsvorschriften der Mitgliedstaaten über den Verbraucherkredit (8), die Richtlinie 93/22/EWG des Rates vom 10. Mai 1993 über Wertpapierdienstleistungen (9), die Richtlinie 90/314/EWG des Rates vom 13. Juni 1990 über Pauschalreisen (10), die Richtlinie 98/6/EG des Europäischen Parlaments und des Rates vom 16. Februar 1998 über den Schutz der Verbraucher bei der Angabe der Preise der ihnen angebotenen Erzeugnisse (11), die Richtlinie 92/59/EWG des Rates vom 29. Juni 1992 über die allgemeine Produktsicherheit (12), die Richtlinie 94/47/EG des Europäischen Parlaments und des Rates vom 26. Oktober 1994 zum Schutz der Erwerber im Hinblick auf bestimmte Aspekte von Verträgen über den Erwerb von Teilzeitnutzungsrechten an Immobilien (13), die Richtlinie 98/27/EG des Europäischen Parlaments und des Rates vom 19. Mai 1998 über Unterlassungsklagen zum Schutz der Verbraucherinteressen (14), die Richtlinie 85/374/EWG des Rates vom 25. Juli 1985 zur Angleichung der Rechts- und Verwaltungsvorschriften der Mitgliedstaaten über die Haftung für fehlerhafte Produkte (15), die

Richtlinie 1999/44/EG des Europäischen Parlaments und des Rates vom 25. Mai 1999 zu bestimmten Aspekten des Verbrauchsgüterkaufs und der Garantien für Verbrauchsgüter (16), die künftige Richtlinie des Europäischen Parlaments und des Rates über den Fernabsatz von Finanzdienstleistungen an Verbraucher, und die Richtlinie 92/28/EWG des Rates vom 31. März 1992 über die Werbung für Humanarzneimittel (17). Die vorliegende Richtlinie sollte die im Rahmen des Binnenmarktes angenommene Richtlinie 98/43/EG des Europäischen Parlaments und des Rates vom 6. Juli 1998 zur Angleichung der Rechts- und Verwaltungsvorschriften der Mitgliedstaaten über Werbung und Sponsoring zugunsten von Tabakerzeugnissen (18) und die Richtlinien über den Gesundheitsschutz unberührt lassen. Diese Richtlinie ergänzt die Informationserfordernisse, die durch die vorstehend genannten Richtlinien und insbesondere durch die Richtlinie 97/7/EG eingeführt wurden.

(12) Bestimmte Tätigkeiten müssen aus dem Geltungsbereich dieser Richtlinie ausgenommen werden, da gegenwärtig in diesen Bereichen der freie Dienstleistungsverkehr aufgrund der Bestimmungen des Vertrags bzw. des abgeleiteten Gemeinschaftsrechts nicht sicherzustellen ist. Dieser Ausschluss darf Maßnahmen, die zur Gewährleistung des reibungslosen Funktionierens des Binnenmarkts erforderlich sein könnten, nicht berühren. Das Steuerwesen, insbesondere die Mehrwertsteuer, die auf eine große Zahl von Diensten erhoben wird, die in den Anwendungsbereich dieser Richtlinie fallen, muss von ihrem Anwendungsbereich ausgenommen werden.

(13) Mit dieser Richtlinie sollen weder Regelungen über steuerliche Verpflichtungen festgelegt werden, noch greift sie der Ausarbeitung von Gemeinschaftsrechtsakten zu den steuerlichen Aspekten des elektronischen Geschäftsverkehrs vor.

(14) Der Schutz natürlicher Personen bei der Verarbeitung personenbezogener Daten ist ausschließlich Gegenstand der Richtlinie 95/46/EG des Europäischen Parlaments und des Rates vom 24. Oktober 1995 zum Schutz natürlicher Personen bei der Verarbeitung personenbezogener Daten und zum freien Datenverkehr (19) und der Richtlinie 97/66/EG des Europäischen Parlaments und des Rates vom 15. Dezember 1997 über die Verarbeitung personenbezogener Daten und den Schutz der Privatsphäre im Bereich der Telekommunikation (20), beide Richtlinien sind uneingeschränkt auf die Dienste der Informationsgesellschaft anwendbar. Jene Richtlinien begründen bereits einen gemeinschaftsrechtlichen Rahmen für den Bereich personenbezogener Daten, so dass diese Frage in der vorliegenden Richtlinie nicht geregelt werden muss, um das reibungslose Funktionieren des Binnenmarkts und insbesondere den freien Fluss personenbezogener Daten zwischen den Mitgliedstaaten zu gewährleisten. Die Grundsätze des Schutzes personenbezogener Daten sind bei der Umsetzung und Anwendung dieser Richtlinie uneingeschränkt zu beachten, insbesondere in bezug auf nicht angeforderte kommerzielle Kommunikation und die Verantwortlichkeit von Vermittlern. Die anonyme Nutzung offener Netze wie des Internets kann diese Richtlinie nicht unterbinden.

(15) Die Vertraulichkeit der Kommunikation ist durch Artikel 5 der Richtlinie 97/66/EG gewährleistet. Gemäß jener Richtlinie untersagen die Mitgliedstaaten jede Art des Abfangens oder Überwachens dieser Kommunikation durch andere Personen als Sender und Empfänger, es sei denn, diese Personen sind gesetzlich dazu ermächtigt.

(16) Die Ausklammerung von Gewinnspielen aus dem Anwendungsbereich dieser Richtlinie betrifft nur Glücksspiele, Lotterien und Wetten mit einem einen Geldwert darstellenden Einsatz. Preisausschreiben und Gewinnspiele, mit denen der Verkauf von Waren oder Dienstleistungen gefördert werden soll und bei denen etwaige Zahlungen nur dem Erwerb der angebotenen Waren oder Dienstleistungen dienen, werden hiervon nicht erfasst.

(17) Das Gemeinschaftsrecht enthält in der Richtlinie 98/34/EG des Europäischen Parlaments und des Rates vom 22. Juni 1998 über ein Informationsverfahren auf dem Gebiet der Normen und technischen Vorschriften und der Vorschriften für die Dienste der Informationsgesellschaft (21) sowie in der Richtlinie 98/84/EG des Europäischen Parlaments und des Rates vom 20. November 1998 über den rechtlichen Schutz von zugangskontrollierten Diensten und von Zugangskontrolldiensten (22) bereits eine Definition der Dienste der Informationsgesellschaft. Diese Definition umfasst alle Dienstleistungen, die in der Regel gegen Entgelt im Fernabsatz mittels Geräten für die elektronische Verarbeitung (einschließlich digitaler Kompression) und Speicherung von Daten auf individuellen Abruf eines Empfängers erbracht werden. Nicht unter diese Definition fallen die Dienstleistungen,

auf die in der Liste von Beispielen in Anhang V der Richtlinie 98/34/EG Bezug genommen wird und die ohne Verarbeitung und Speicherung von Daten erbracht werden.

(18) Die Dienste der Informationsgesellschaft umfassen einen weiten Bereich von wirtschaftlichen Tätigkeiten, die online vonstatten gehen. Diese Tätigkeiten können insbesondere im Online-Verkauf von Waren bestehen. Tätigkeiten wie die Auslieferung von Waren als solche oder die Erbringung von Offline-Diensten werden nicht erfasst. Die Dienste der Informationsgesellschaft beschränken sich nicht nur auf Dienste, bei denen online Verträge geschlossen werden können, sondern erstrecken sich, soweit es sich überhaupt um eine wirtschaftliche Tätigkeit handelt, auch auf Dienste, die nicht von denjenigen vergütet werden, die sie empfangen, wie etwa Online-Informationsdienste, kommerzielle Kommunikation oder Dienste, die Instrumente zur Datensuche, zum Zugang zu Daten und zur Datenabfrage bereitstellen. Zu den Diensten der Informationsgesellschaft zählen auch Dienste, die Informationen über ein Kommunikationsnetz übermitteln, Zugang zu einem Kommunikationsnetz anbieten oder Informationen, die von einem Nutzer des Dienstes stammen, speichern. Fernsehsendungen im Sinne der Richtlinie 89/552/EWG und Radiosendungen sind keine Dienste der Informationsgesellschaft, da sie nicht auf individuellen Abruf erbracht werden. Dagegen sind Dienste, die von Punkt zu Punkt erbracht werden, wie Video auf Abruf oder die Verbreitung kommerzieller Kommunikationen mit elektronischer Post, Dienste der Informationsgesellschaft. Die Verwendung der elektronischen Post oder gleichwertiger individueller Kommunikationen zum Beispiel durch natürliche Personen außerhalb ihrer gewerblichen, geschäftlichen oder beruflichen Tätigkeit, einschließlich ihrer Verwendung für den Abschluss von Verträgen zwischen derartigen Personen, ist kein Dienst der Informationsgesellschaft. Die vertragliche Beziehung zwischen einem Arbeitnehmer und seinem Arbeitgeber ist kein Dienst der Informationsgesellschaft. Tätigkeiten, die ihrer Art nach nicht aus der Ferne und auf elektronischem Wege ausgeübt werden können, wie die gesetzliche Abschlussprüfung von Unternehmen oder ärztlicher Rat mit einer erforderlichen körperlichen Untersuchung eines Patienten, sind keine Dienste der Informationsgesellschaft.

(19) Die Bestimmung des Ortes der Niederlassung des Anbieters hat gemäß den in der Rechtsprechung des Gerichtshofs entwickelten Kriterien zu erfolgen, nach denen der Niederlassungsbegriff die tatsächliche Ausübung einer wirtschaftlichen Tätigkeit mittels einer festen Einrichtung auf unbestimmte Zeit umfasst. Diese Bedingung ist auch erfüllt, wenn ein Unternehmen für einen festgelegten Zeitraum gegründet wird. Erbringt ein Unternehmen Dienstleistungen über eine Web-Site des Internets, so ist es weder dort niedergelassen, wo sich die technischen Mittel befinden, die diese Web-Site beherbergen, noch dort, wo die Web-Site zugänglich ist, sondern an dem Ort, an dem es seine Wirtschaftstätigkeit ausübt. In Fällen, in denen ein Anbieter an mehreren Orten niedergelassen ist, ist es wichtig zu bestimmen, von welchem Niederlassungsort aus der betreffende Dienst erbracht wird. Ist im Falle mehrerer Niederlassungsorte schwierig zu bestimmen, von welchem Ort aus ein bestimmter Dienst erbracht wird, so gilt als solcher der Ort, an dem sich der Mittelpunkt der Tätigkeiten des Anbieters in bezug auf diesen bestimmten Dienst befindet.

(20) Die Definition des Begriffs des Nutzers eines Dienstes umfasst alle Arten der Inanspruchnahme von Diensten der Informationsgesellschaft sowohl durch Personen, die Informationen in offenen Netzen wie dem Internet anbieten, als auch durch Personen, die im Internet Informationen für private oder berufliche Zwecke suchen.

(21) Eine künftige gemeinschaftliche Harmonisierung auf dem Gebiet der Dienste der Informationsgesellschaft und künftige Rechtsvorschriften, die auf einzelstaatlicher Ebene in Einklang mit dem Gemeinschaftsrecht erlassen werden, bleiben vom Geltungsbereich des koordinierten Bereichs unberührt. Der koordinierte Bereich umfasst nur Anforderungen betreffend Online-Tätigkeiten, beispielsweise Online-Informationsdienste, Online-Werbung, Online-Verkauf und Online-Vertragsabschluß; er betrifft keine rechtlichen Anforderungen der Mitgliedstaaten bezüglich Waren, beispielsweise Sicherheitsnormen, Kennzeichnungspflichten oder Haftung für Waren, und auch keine Anforderungen der Mitgliedstaaten bezüglich der Lieferung oder Beförderung von Waren, einschließlich der Lieferung von Humanarzneimitteln. Der koordinierte Bereich umfasst nicht die Wahrnehmung des Vorkaufsrechts durch öffentliche Behörden in bezug auf bestimmte Güter wie beispielsweise Kunstwerke.

(22) Die Aufsicht über Dienste der Informationsgesellschaft hat am Herkunftsort zu erfolgen, um einen wirksamen Schutz der Ziele des Allgemeininteresses zu gewährleisten. Deshalb muss dafür gesorgt werden, dass die zuständige Behörde diesen Schutz nicht allein für die Bürger ihres Landes, sondern für alle Bürger der Gemeinschaft sichert. Um das gegenseitige Vertrauen der Mitgliedstaaten zu fördern, muss die Verantwortlichkeit des Mitgliedstaates des Herkunftsortes der Dienste klar herausgestellt werden. Um den freien Dienstleistungsverkehr und die Rechtssicherheit für Anbieter und Nutzer wirksam zu gewährleisten, sollten die Dienste der Informationsgesellschaft zudem grundsätzlich dem Rechtssystem desjenigen Mitgliedstaates unterworfen werden, in dem der Anbieter niedergelassen ist.
(23) Diese Richtlinie zielt weder darauf ab, zusätzliche Regeln im Bereich des internationalen Privatrechts hinsichtlich des anwendbaren Rechts zu schaffen, noch befasst sie sich mit der Zuständigkeit der Gerichte; Vorschriften des anwendbaren Rechts, die durch Regeln des Internationalen Privatrechts bestimmt sind, dürfen die Freiheit zur Erbringung von Diensten der Informationsgesellschaft im Sinne dieser Richtlinie nicht einschränken.
(24) Unbeschadet der Regel, dass Dienste der Informationsgesellschaft an der Quelle zu beaufsichtigen sind, ist es im Zusammenhang mit dieser Richtlinie gerechtfertigt, dass die Mitgliedstaaten unter den in dieser Richtlinie festgelegten Bedingungen Maßnahmen ergreifen dürfen, um den freien Verkehr für Dienste der Informationsgesellschaft einzuschränken.
(25) Nationale Gerichte, einschließlich Zivilgerichte, die mit privatrechtlichen Streitigkeiten befasst sind, können im Einklang mit den in dieser Richtlinie festgelegten Bedingungen Maßnahmen ergreifen, die von der Freiheit der Erbringung von Diensten der Informationsgesellschaft abweichen.
(26) Die Mitgliedstaaten können im Einklang mit den in dieser Richtlinie festgelegten Bedingungen ihre nationalen strafrechtlichen Vorschriften und Strafprozessvorschriften anwenden, um Ermittlungs- und andere Maßnahmen zu ergreifen, die zur Aufklärung und Verfolgung von Straftaten erforderlich sind, ohne diese Maßnahmen der Kommission mitteilen zu müssen.
(27) Diese Richtlinie trägt zusammen mit der künftigen Richtlinie des Europäischen Parlaments und des Rates über den Fernabsatz von Finanzdienstleistungen an Verbraucher dazu bei, einen rechtlichen Rahmen für die Online-Erbringung von Finanzdienstleistungen zu schaffen. Diese Richtlinie greift künftigen Initiativen im Bereich der Finanzdienstleistungen, insbesondere in bezug auf die Harmonisierung der Verhaltensregeln für diesen Bereich, nicht vor. Die durch diese Richtlinie geschaffene Möglichkeit für die Mitgliedstaaten, die Freiheit der Erbringung von Diensten der Informationsgesellschaft unter bestimmten Umständen zum Schutz der Verbraucher einzuschränken, erstreckt sich auch auf Maßnahmen im Bereich der Finanzdienstleistungen, insbesondere Maßnahmen zum Schutz von Anlegen.
(28) Die Verpflichtung der Mitgliedstaaten, den Zugang zur Tätigkeit eines Anbieters von Diensten der Informationsgesellschaft keiner Zulassung zu unterwerfen, gilt nicht für Postdienste, die unter die Richtlinie 97/67/EG des Europäischen Parlaments und des Rates vom 15. Dezember 1997 über gemeinsame Vorschriften für die Entwicklung des Binnenmarktes der Postdienste der Gemeinschaft und die Verbesserung der Dienstequalität (23) fallen und in der materiellen Auslieferung ausgedruckter Mitteilungen der elektronischen Post bestehen; freiwillige Akkreditierungssysteme, insbesondere für Anbieter von Diensten für die Zertifizierung elektronischer Signaturen, sind hiervon ebenfalls nicht betroffen.
(29) Kommerzielle Kommunikationen sind von entscheidender Bedeutung für die Finanzierung der Dienste der Informationsgesellschaft und die Entwicklung vielfältiger neuer und unentgeltlicher Dienste. Im Interesse des Verbraucherschutzes und der Lauterkeit des Geschäftsverkehrs müssen die verschiedenen Formen kommerzieller Kommunikation, darunter Preisnachlässe, Sonderangebote, Preisausschreiben und Gewinnspiele, bestimmten Transparenzerfordernissen genügen. Diese Transparenzerfordernisse lassen die Richtlinie 97/7/EG unberührt. Diese Richtlinie ist ferner ohne Auswirkung auf die Richtlinien, die bereits im Bereich der kommerziellen Kommunikationen bestehen, insbesondere die Richtlinie 98/43/EG.
(30) Die Zusendung nicht angeforderter kommerzieller Kommunikationen durch elektronische Post kann für Verbraucher und Anbieter von Diensten der Informationsgesellschaft unerwünscht sein und

das reibungslose Funktionieren interaktiver Netze beeinträchtigen. Die Frage der Zustimmung der Empfänger bestimmter Formen der nicht angeforderten kommerziellen Kommunikation ist nicht Gegenstand dieser Richtlinie, sondern ist, insbesondere in den Richtlinien 97/7/EG und 97/66/EG, bereits geregelt. In Mitgliedstaaten, die nicht angeforderte kommerzielle Kommunikationen über elektronische Post zulassen, sollten geeignete Initiativen der Branche zum Herausfiltern entsprechender Mitteilungen gefördert und erleichtert werden. Darüber hinaus müssen nicht angeforderte kommerzielle Kommunikationen auf jeden Fall klar als solche erkennbar sein, um die Transparenz zu verbessern und die Funktionsfähigkeit derartiger Filtersysteme der Branche zu fördern. Durch elektronische Post zugesandte nicht angeforderte kommerzielle Kommunikationen dürfen keine zusätzlichen Kommunikationskosten für den Empfänger verursachen.

(31) Mitgliedstaaten, die in ihrem Hoheitsgebiet niedergelassenen Diensteanbietern die Versendung nicht angeforderter kommerzieller Kommunikation mit elektronischer Post ohne vorherige Zustimmung des Empfängers gestatten, müssen dafür Sorge tragen, dass die Diensteanbieter regelmäßig sog. Robinson-Listen konsultieren, in die sich natürliche Personen eintragen können, die keine derartigen Informationen zu erhalten wünschen, und dass die Diensteanbieter diese Listen beachten.

(32) Um Hindernisse für die Entwicklung grenzüberschreitender Dienste innerhalb der Gemeinschaft zu beseitigen, die Angehörige der reglementierten Berufe im Internet anbieten könnten, muss die Wahrung berufsrechtlicher Regeln, insbesondere der Regeln zum Schutz der Verbraucher oder der öffentlichen Gesundheit, auf Gemeinschaftsebene gewährleistet sein. Zur Festlegung der für kommerzielle Kommunikation geltenden Berufsregeln sind vorzugsweise gemeinschaftsweit geltende Verhaltenskodizes geeignet. Die Erstellung oder gegebenenfalls die Anpassung solcher Regeln sollte unbeschadet der Autonomie von Berufsvereinigungen und -organisationen gefördert werden.

(33) Diese Richtlinie ergänzt gemeinschaftliche und einzelstaatliche Rechtsvorschriften für reglementierte Berufe, wobei in diesem Bereich ein kohärenter Bestand anwendbarer Regeln beibehalten wird.

(34) Jeder Mitgliedstaat hat seine Rechtsvorschriften zu ändern, in denen Bestimmungen festgelegt sind, die die Verwendung elektronisch geschlossener Verträge behindern könnten; dies gilt insbesondere für Formerfordernisse. Die Prüfung anpassungsbedürftiger Rechtsvorschriften sollte systematisch erfolgen und sämtliche Phasen bis zum Vertragsabschluß umfassen, einschließlich der Archivierung des Vertrages. Diese Änderung sollte bewirken, dass es möglich ist, elektronisch geschlossene Verträge zu verwenden. Die rechtliche Wirksamkeit elektronischer Signaturen ist bereits Gegenstand der Richtlinie 1999/93/EG des Europäischen Parlaments und des Rates vom 13. Dezember 1999 über gemeinschaftliche Rahmenbedingungen für elektronische Signaturen (24). Die Empfangsbestätigung durch den Diensteanbieter kann darin bestehen, dass dieser die bezahlte Dienstleistung online erbringt.

(35) Diese Richtlinie lässt die Möglichkeit der Mitgliedstaaten unberührt, allgemeine oder spezifische rechtliche Anforderungen für Verträge, die auf elektronischem Wege erfüllt werden können, insbesondere Anforderungen für sichere elektronische Signaturen, aufrechtzuerhalten oder festzulegen.

(36) Die Mitgliedstaaten können Beschränkungen für die Verwendung elektronisch geschlossener Verträge in bezug auf Verträge beibehalten, bei denen die Mitwirkung von Gerichten, Behörden oder öffentliche Befugnisse ausübenden Berufen gesetzlich vorgeschrieben ist. Diese Möglichkeit gilt auch für Verträge, bei denen die Mitwirkung von Gerichten, Behörden oder öffentliche Befugnisse ausübenden Berufen erforderlich ist, damit sie gegenüber Dritten wirksam sind, und für Verträge, bei denen eine notarielle Beurkundung oder Beglaubigung gesetzlich vorgeschrieben ist.

(37) Die Verpflichtung der Mitgliedstaaten, Hindernisse für die Verwendung elektronisch geschlossener Verträge zu beseitigen, betrifft nur Hindernisse, die sich aus rechtlichen Anforderungen ergeben, nicht jedoch praktische Hindernisse, die dadurch entstehen, dass in bestimmten Fällen elektronische Mittel nicht genutzt werden können.

(38) Die Verpflichtung der Mitgliedstaaten, Hindernisse für die Verwendung elektronisch geschlossener Verträge zu beseitigen, ist im Einklang mit den im Gemeinschaftsrecht niedergelegten rechtlichen Anforderungen an Verträge zu erfüllen.

(39) Die in dieser Richtlinie in bezug auf die bereitzustellenden Informationen und die Abgabe von Bestellungen vorgesehenen Ausnahmen von den Vorschriften für Verträge, die ausschließlich durch

den Austausch von elektronischer Post oder durch damit vergleichbare individuelle Kommunikation geschlossen werden, sollten nicht dazu führen, dass Anbieter von Diensten der Informationsgesellschaft diese Vorschriften umgehen können.

(40) Bestehende und sich entwickelnde Unterschiede in den Rechtsvorschriften und der Rechtsprechung der Mitgliedstaaten hinsichtlich der Verantwortlichkeit von Diensteanbietern, die als Vermittler handeln, behindern das reibungslose Funktionieren des Binnenmarktes, indem sie insbesondere die Entwicklung grenzüberschreitender Dienste erschweren und Wettbewerbsverzerrungen verursachen. Die Diensteanbieter sind unter bestimmten Voraussetzungen verpflichtet, tätig zu werden, um rechtswidrige Tätigkeiten zu verhindern oder abzustellen. Die Bestimmungen dieser Richtlinie sollten eine geeignete Grundlage für die Entwicklung rasch und zuverlässig wirkender Verfahren zur Entfernung unerlaubter Informationen und zur Sperrung des Zugangs zu ihnen bilden. Entsprechende Mechanismen könnten auf der Grundlage freiwilliger Vereinbarungen zwischen allen Beteiligten entwickelt und sollten von den Mitgliedstaaten gefördert werden. Es liegt im Interesse aller an der Erbringung von Diensten der Informationsgesellschaft Beteiligten, dass solche Verfahren angenommen und umgesetzt werden. Die in dieser Richtlinie niedergelegten Bestimmungen über die Verantwortlichkeit sollten die verschiedenen Beteiligten nicht daran hindern, innerhalb der von den Richtlinien 95/46/EG und 97/66/EG gezogenen Grenzen technische Schutz- und Erkennungssysteme und durch die Digitaltechnik ermöglichte technische Überwachungsgeräte zu entwickeln und wirksam anzuwenden.

(41) Diese Richtlinie schafft ein Gleichgewicht zwischen den verschiedenen Interessen und legt die Grundsätze fest, auf denen Übereinkommen und Standards in dieser Branche basieren können.

(42) Die in dieser Richtlinie hinsichtlich der Verantwortlichkeit festgelegten Ausnahmen decken nur Fälle ab, in denen die Tätigkeit des Anbieters von Diensten der Informationsgesellschaft auf den technischen Vorgang beschränkt ist, ein Kommunikationsnetz zu betreiben und den Zugang zu diesem zu vermitteln, über das von Dritten zur Verfügung gestellte Informationen übermittelt oder zum alleinigen Zweck vorübergehend gespeichert werden, die Übermittlung effizienter zu gestalten. Diese Tätigkeit ist rein technischer, automatischer und passiver Art, was bedeutet, dass der Anbieter eines Dienstes der Informationsgesellschaft weder Kenntnis noch Kontrolle über die weitergeleitete oder gespeicherte Information besitzt.

(43) Ein Diensteanbieter kann die Ausnahmeregelungen für die „reine Durchleitung" und das „Caching" in Anspruch nehmen, wenn er in keiner Weise mit der übermittelten Information in Verbindung steht. Dies bedeutet unter anderem, dass er die von ihm übermittelte Information nicht verändert. Unter diese Anforderung fallen nicht Eingriffe technischer Art im Verlauf der Übermittlung, da sie die Integrität der übermittelten Informationen nicht verändern.

(44) Ein Diensteanbieter, der absichtlich mit einem der Nutzer seines Dienstes zusammenarbeitet, um rechtswidrige Handlungen zu begehen, leistet mehr als „reine Durchleitung" und „Caching" und kann daher den hierfür festgelegten Haftungsausschluss nicht in Anspruch nehmen.

(45) Die in dieser Richtlinie festgelegten Beschränkungen der Verantwortlichkeit von Vermittlern lassen die Möglichkeit von Anordnungen unterschiedlicher Art unberührt. Diese können insbesondere in gerichtlichen oder behördlichen Anordnungen bestehen, die die Abstellung oder Verhinderung einer Rechtsverletzung verlangen, einschließlich der Entfernung rechtswidriger Informationen oder der Sperrung des Zugangs zu ihnen.

(46) Um eine Beschränkung der Verantwortlichkeit in Anspruch nehmen zu können, muss der Anbieter eines Dienstes der Informationsgesellschaft, der in der Speicherung von Information besteht, unverzüglich tätig werden, sobald ihm rechtswidrige Tätigkeiten bekannt oder bewusst werden, um die betreffende Information zu entfernen oder den Zugang zu ihr zu sperren. Im Zusammenhang mit der Entfernung oder der Sperrung des Zugangs hat er den Grundsatz der freien Meinungsäußerung und die hierzu auf einzelstaatlicher Ebene festgelegten Verfahren zu beachten. Diese Richtlinie lässt die Möglichkeit der Mitgliedstaaten unberührt, spezifische Anforderungen vorzuschreiben, die vor der Entfernung von Informationen oder der Sperrung des Zugangs unverzüglich zu erfüllen sind.

(47) Die Mitgliedstaaten sind nur dann gehindert, den Diensteanbietern Überwachungspflichten aufzuerlegen, wenn diese allgemeiner Art sind. Dies betrifft nicht Überwachungspflichten in spezifischen

Fällen und berührt insbesondere nicht Anordnungen, die von einzelstaatlichen Behörden nach innerstaatlichem Recht getroffen werden.
(48) Diese Richtlinie lässt die Möglichkeit unberührt, dass die Mitgliedstaaten von Diensteanbietern, die von Nutzern ihres Dienstes bereitgestellte Informationen speichern, verlangen, die nach vernünftigem Ermessen von ihnen zu erwartende und in innerstaatlichen Rechtsvorschriften niedergelegte Sorgfaltspflicht anzuwenden, um bestimmte Arten rechtswidriger Tätigkeiten aufzudecken und zu verhindern.
(49) Die Mitgliedstaaten und die Kommission haben zur Ausarbeitung von Verhaltenskodizes zu ermutigen. Dies beeinträchtigt nicht die Freiwilligkeit dieser Kodizes und die Möglichkeit der Beteiligten, sich nach freiem Ermessen einem solchen Kodex zu unterwerfen.
(50) Es ist wichtig, dass die vorgeschlagene Richtlinie zur Harmonisierung bestimmter Aspekte des Urheberrechts und der verwandten Schutzrechte in der Informationsgesellschaft und die vorliegende Richtlinie innerhalb des gleichen Zeitrahmens in Kraft treten, so dass zur Frage der Haftung der Vermittler bei Verstößen gegen das Urheberrecht und verwandte Schutzrechte auf Gemeinschaftsebene ein klares Regelwerk begründet wird.
(51) Gegebenenfalls müssen die Mitgliedstaaten innerstaatliche Rechtsvorschriften ändern, die die Inanspruchnahme von Mechanismen zur außergerichtlichen Beilegung von Streitigkeiten auf elektronischem Wege behindern könnten. Diese Änderung muss bewirken, dass diese Mechanismen de facto und de jure tatsächlich wirksam funktionieren können, und zwar auch bei grenzüberschreitenden Rechtsstreitigkeiten.
(52) Die effektive Wahrnehmung der durch den Binnenmarkt gebotenen Freiheiten macht es erforderlich, den Opfern einen wirksamen Zugang zu Möglichkeiten der Beilegung von Streitigkeiten zu gewährleisten. Schäden, die in Verbindung mit den Diensten der Informationsgesellschaft entstehen können, sind durch ihre Schnelligkeit und ihre geographische Ausbreitung gekennzeichnet. Wegen dieser spezifischen Eigenheit und der Notwendigkeit, darüber zu wachen, dass die nationalen Behörden das Vertrauen, das sie sich gegenseitig entgegenbringen müssen, nicht in Frage stellen, verlangt diese Richtlinie von den Mitgliedstaaten, dafür zu sorgen, dass angemessene Klagemöglichkeiten zur Verfügung stehen. Die Mitgliedstaaten sollten prüfen, ob ein Bedürfnis für die Schaffung eines Zugangs zu gerichtlichen Verfahren auf elektronischem Wege besteht.
(53) Die Richtlinie 98/27/EG, die auf Dienste der Informationsgesellschaft anwendbar ist, sieht einen Mechanismus für Unterlassungsklagen zum Schutz kollektiver Verbraucherinteressen vor. Dieser Mechanismus trägt zum freien Verkehr von Diensten der Informationsgesellschaft bei, indem er ein hohes Niveau an Verbraucherschutz gewährleistet.
(54) Die in dieser Richtlinie vorgesehenen Sanktionen lassen andere nach einzelstaatlichem Recht vorgesehene Sanktionen oder Rechtsbehelfe unberührt. Die Mitgliedstaaten sind nicht verpflichtet, strafrechtliche Sanktionen für Zuwiderhandlungen gegen innerstaatliche Rechtsvorschriften, die aufgrund dieser Richtlinie erlassen wurden, vorzusehen.
(55) Diese Richtlinie lässt das Recht unberührt, das für die sich aus Verbraucherverträgen ergebenden vertraglichen Schuldverhältnisse gilt. Dementsprechend kann diese Richtlinie nicht dazu führen, dass dem Verbraucher der Schutz entzogen wird, der ihm von den zwingenden Vorschriften für vertragliche Verpflichtungen nach dem Recht des Mitgliedstaates, in dem er seinen gewöhnlichen Wohnsitz hat, gewährt wird.
(56) Im Hinblick auf die in dieser Richtlinie vorgesehene Ausnahme für vertragliche Schuldverhältnisse in bezug auf Verbraucherverträge ist zu beachten, dass diese Schuldverhältnisse auch Informationen zu den wesentlichen Elementen des Vertrags erfassen; dazu gehören auch die Verbraucherrechte, die einen bestimmenden Einfluss auf die Entscheidung zum Vertragschluss haben.
(57) Nach ständiger Rechtsprechung des Gerichtshofs ist ein Mitgliedstaat weiterhin berechtigt, Maßnahmen gegen einen in einem anderen Mitgliedstaat niedergelassenen Diensteanbieter zu ergreifen, dessen Tätigkeit ausschließlich oder überwiegend auf das Hoheitsgebiet des ersten Mitgliedstaates ausgerichtet ist, wenn die Niederlassung gewählt wurde, um die Rechtsvorschriften zu umgehen, die auf den Anbieter Anwendung fänden, wenn er im Hoheitsgebiet des ersten Mitgliedstaats niedergelassen wäre.

(58) Diese Richtlinie soll keine Anwendung auf Dienste von Anbietern finden, die in einem Drittland niedergelassen sind. Angesichts der globalen Dimension des elektronischen Geschäftsverkehrs ist jedoch dafür Sorge zu tragen, dass die gemeinschaftlichen Vorschriften mit den internationalen Regeln in Einklang stehen. Die Ergebnisse der Erörterungen über rechtliche Fragen in internationalen Organisationen (unter anderem WTO, OECD, UNCITRAL) bleiben von dieser Richtlinie unberührt.
(59) Trotz der globalen Natur elektronischer Kommunikationen ist eine Koordinierung von nationalen Regulierungsmaßnahmen auf der Ebene der Europäischen Union notwendig, um eine Fragmentierung des Binnenmarktes zu vermeiden und einen angemessenen europäischen Rechtsrahmen zu schaffen. Diese Koordinierung sollte auch zur Herausbildung einer gemeinsamen und starken Verhandlungsposition in internationalen Gremien beitragen.
(60) Im Sinne der ungehinderten Entwicklung des elektronischen Geschäftsverkehrs muss dieser Rechtsrahmen klar, unkompliziert und vorhersehbar sowie vereinbar mit den auf internationaler Ebene geltenden Regeln sein, um die Wettbewerbsfähigkeit der europäischen Industrie nicht zu beeinträchtigen und innovative Maßnahmen in diesem Sektor nicht zu behindern.
(61) Damit der elektronische Markt in einem globalisierten Umfeld wirksam funktionieren kann, bedarf es einer Abstimmung zwischen der Europäischen Union und den großen nichteuropäischen Wirtschaftsräumen mit dem Ziel, die Rechtsvorschriften und Verfahren kompatibel zu gestalten.
(62) Die Zusammenarbeit mit Drittländern sollte im Bereich des elektronischen Geschäftsverkehrs intensiviert werden, insbesondere mit den beitrittswilligen Ländern, den Entwicklungsländern und den übrigen Handelspartnern der Europäischen Union.
(63) Die Annahme dieser Richtlinie hält die Mitgliedstaaten nicht davon ab, den verschiedenen sozialen, gesellschaftlichen und kulturellen Auswirkungen Rechnung zu tragen, zu denen das Entstehen der Informationsgesellschaft führt. Insbesondere darf sie nicht Maßnahmen verhindern, die die Mitgliedstaaten im Einklang mit dem Gemeinschaftsrecht erlassen könnten, um soziale, kulturelle und demokratische Ziele unter Berücksichtigung ihrer sprachlichen Vielfalt, der nationalen und regionalen Besonderheiten sowie ihres Kulturerbes zu erreichen und den Zugang der Öffentlichkeit zu der breitestmöglichen Palette von Diensten der Informationsgesellschaft zu gewährleisten und zu erhalten. Im Zuge der Entwicklung der Informationsgesellschaft muss auf jeden Fall sichergestellt werden, dass die Bürger der Gemeinschaft Zugang zu dem in einem digitalen Umfeld vermittelten europäischen Kulturerbe erhalten können.
(64) Die elektronische Kommunikation stellt für die Mitgliedstaaten ein hervorragendes Instrument zur Bereitstellung von öffentlichen Dienstleistungen in den Bereichen Kultur, Bildung und Sprache dar.
(65) Wie der Rat in seiner Entschließung vom 19. Januar 1999 über die Verbraucherdimension der Informationsgesellschaft (25) festgestellt hat, muss dem Schutz der Verbraucher in diesem Bereich besondere Aufmerksamkeit gewidmet werden. Die Kommission wird untersuchen, in welchem Umfang die bestehenden Regeln des Verbraucherschutzes im Zusammenhang mit der Informationsgesellschaft unzulänglich sind, und gegebenenfalls die Lücken in der bestehenden Gesetzgebung sowie die Aspekte, die ergänzende Maßnahmen erforderlich machen könnten, aufzeigen. Gegebenenfalls sollte die Kommission spezifische zusätzliche Vorschläge unterbreiten, um die festgestellten Unzulänglichkeiten zu beheben -

HABEN FOLGENDE RICHTLINIE ERLASSEN:

## KAPITEL I

## ALLGEMEINE BESTIMMUNGEN

**Artikel 1 – Zielsetzung und Anwendungsbereich**

(1) Diese Richtlinie soll einen Beitrag zum einwandfreien Funktionieren des Binnenmarktes leisten, indem sie den freien Verkehr von Diensten der Informationsgesellschaft zwischen den Mitgliedstaaten sicherstellt.

(2) Diese Richtlinie sorgt, soweit dies für die Erreichung des in Absatz 1 genannten Ziels erforderlich ist, für eine Angleichung bestimmter für die Dienste der Informationsgesellschaft geltender innerstaatlicher Regelungen, die den Binnenmarkt, die Niederlassung der Diensteanbieter, kommerzielle Kommunikationen, elektronische Verträge, die Verantwortlichkeit von Vermittlern, Verhaltenskodizes, Systeme zur außergerichtlichen Beilegung von Streitigkeiten, Klagemöglichkeiten sowie die Zusammenarbeit zwischen den Mitgliedstaaten betreffen.

(3) Diese Richtlinie ergänzt das auf die Dienste der Informationsgesellschaft anwendbare Gemeinschaftsrecht und lässt dabei das Schutzniveau insbesondere für die öffentliche Gesundheit und den Verbraucherschutz, wie es sich aus Gemeinschaftsrechtsakten und einzelstaatlichen Rechtsvorschriften zu deren Umsetzung ergibt, unberührt, soweit die Freiheit, Dienste der Informationsgesellschaft anzubieten, dadurch nicht eingeschränkt wird.

(4) Diese Richtlinie schafft weder zusätzliche Regeln im Bereich des internationalen Privatrechts, noch befasst sie sich mit der Zuständigkeit der Gerichte.

(5) Diese Richtlinie findet keine Anwendung auf

a) den Bereich der Besteuerung,

b) Fragen betreffend die Dienste der Informationsgesellschaft, die von den Richtlinien 95/46/EG und 97/66/EG erfasst werden,

c) Fragen betreffend Vereinbarungen oder Verhaltensweisen, die dem Kartellrecht unterliegen,

d) die folgenden Tätigkeiten der Dienste der Informationsgesellschaft:

- Tätigkeiten von Notaren oder Angehörigen gleichwertiger Berufe, soweit diese eine unmittelbare und besondere Verbindung zur Ausübung öffentlicher Befugnisse aufweisen;
- Vertretung eines Mandanten und Verteidigung seiner Interessen vor Gericht;
- Gewinnspiele mit einem einen Geldwert darstellenden Einsatz bei Glücksspielen, einschließlich Lotterien und Wetten.

(6) Maßnahmen auf gemeinschaftlicher oder einzelstaatlicher Ebene, die unter Wahrung des Gemeinschaftsrechts der Förderung der kulturellen und sprachlichen Vielfalt und dem Schutz des Pluralismus dienen, bleiben von dieser Richtlinie unberührt.

**Artikel 2 – Begriffsbestimmungen**

Im Sinne dieser Richtlinie bezeichnet der Ausdruck

a) „Dienste der Informationsgesellschaft“ Dienste im Sinne von Artikel 1 Nummer 2 der Richtlinie 98/34/EG in der Fassung der Richtlinie 98/48/EG;

b) „Diensteanbieter" jede natürliche oder juristische Person, die einen Dienst der Informationsgesellschaft anbietet;
c) „niedergelassener Diensteanbieter" ein Anbieter, der mittels einer festen Einrichtung auf unbestimmte Zeit eine Wirtschaftstätigkeit tatsächlich ausübt; Vorhandensein und Nutzung technischer Mittel und Technologien, die zum Anbieten des Dienstes erforderlich sind, begründen allein keine Niederlassung des Anbieters;
d) „Nutzer" jede natürliche oder juristische Person, die zu beruflichen oder sonstigen Zwecken einen Dienst der Informationsgesellschaft in Anspruch nimmt, insbesondere um Informationen zu erlangen oder zugänglich zu machen;
e) „Verbraucher" jede natürliche Person, die zu Zwecken handelt, die nicht zu ihren gewerblichen, geschäftlichen oder beruflichen Tätigkeiten gehören;
f) „kommerzielle Kommunikation" alle Formen der Kommunikation, die der unmittelbaren oder mittelbaren Förderung des Absatzes von Waren und Dienstleistungen oder des Erscheinungsbilds eines Unternehmens, einer Organisation oder einer natürlichen Person dienen, die eine Tätigkeit in Handel, Gewerbe oder Handwerk oder einen reglementierten Beruf ausübt; die folgenden Angaben stellen als solche keine Form der kommerziellen Kommunikation dar:
- Angaben, die direkten Zugang zur Tätigkeit des Unternehmens bzw. der Organisation oder Person ermöglichen, wie insbesondere ein Domain-Name oder eine Adresse der elektronischen Post;
- Angaben in bezug auf Waren und Dienstleistungen oder das Erscheinungsbild eines Unternehmens, einer Organisation oder Person, die unabhängig und insbesondere ohne finanzielle Gegenleistung gemacht werden;
g) „reglementierter Beruf" alle Berufe im Sinne von Artikel 1 Buchstabe d) der Richtlinie 89/48/EWG des Rates vom 21. Dezember 1988 über eine allgemeine Regelung zur Anerkennung der Hochschuldiplome, die eine mindestens dreijährige Berufsausbildung abschließen (26), oder im Sinne von Artikel 1 Buchstabe f) der Richtlinie 92/51/EWG des Rates vom 18. Juni 1992 über eine zweite allgemeine Regelung zur Anerkennung beruflicher Befähigungsnachweise in Ergänzung zur Richtlinie 89/48/EWG (27);
h) „koordinierter Bereich" die für die Anbieter von Diensten der Informationsgesellschaft und die Dienste der Informationsgesellschaft in den Rechtssystemen der Mitgliedstaaten festgelegten Anforderungen, ungeachtet der Frage, ob sie allgemeiner Art oder speziell für sie bestimmt sind.
i) Der koordinierte Bereich betrifft vom Diensteanbieter zu erfüllende Anforderungen in bezug auf
- die Aufnahme der Tätigkeit eines Dienstes der Informationsgesellschaft, beispielsweise Anforderungen betreffend Qualifikationen, Genehmigung oder Anmeldung;
- die Ausübung der Tätigkeit eines Dienstes der Informationsgesellschaft, beispielsweise Anforderungen betreffend das Verhalten des Diensteanbieters, Anforderungen betreffend Qualität oder Inhalt des Dienstes, einschließlich der auf Werbung und Verträge anwendbaren Anforderungen, sowie Anforderungen betreffend die Verantwortlichkeit des Diensteanbieters.
ii) Der koordinierte Bereich umfasst keine Anforderungen wie
- Anforderungen betreffend die Waren als solche;
- Anforderungen betreffend die Lieferung von Waren;
- Anforderungen betreffend Dienste, die nicht auf elektronischem Wege erbracht werden.

**Artikel 3 – Binnenmarkt**

(1) Jeder Mitgliedstaat trägt dafür Sorge, dass die Dienste der Informationsgesellschaft, die von einem in seinem Hoheitsgebiet niedergelassenen Diensteanbieter erbracht werden, den in diesem Mitgliedstaat geltenden innerstaatlichen Vorschriften entsprechen, die in den koordinierten Bereich fallen.

(2) Die Mitgliedstaaten dürfen den freien Verkehr von Diensten der Informationsgesellschaft aus einem anderen Mitgliedstaat nicht aus Gründen einschränken, die in den koordinierten Bereich fallen.

(3) Die Absätze 1 und 2 finden keine Anwendung auf die im Anhang genannten Bereiche.

(4) Die Mitgliedstaaten können Maßnahmen ergreifen, die im Hinblick auf einen bestimmten Dienst der Informationsgesellschaft von Absatz 2 abweichen, wenn die folgenden Bedingungen erfüllt sind:

a) Die Maßnahmen

i) sind aus einem der folgenden Gründe erforderlich:

- Schutz der öffentlichen Ordnung, insbesondere Verhütung, Ermittlung, Aufklärung und Verfolgung von Straftaten, einschließlich des Jugendschutzes und der Bekämpfung der Hetze aus Gründen der Rasse, des Geschlechts, des Glaubens oder der Nationalität, sowie von Verletzungen der Menschenwürde einzelner Personen,
- Schutz der öffentlichen Gesundheit,
- Schutz der öffentlichen Sicherheit, einschließlich der Wahrung nationaler Sicherheits- und Verteidigungsinteressen,
- Schutz der Verbraucher, einschließlich des Schutzes von Anlegern;

ii) betreffen einen bestimmten Dienst der Informationsgesellschaft, der die unter Ziffer i) genannten Schutzziele beeinträchtigt oder eine ernsthafte und schwerwiegende Gefahr einer Beeinträchtigung dieser Ziele darstellt;

iii) stehen in einem angemessenen Verhältnis zu diesen Schutzzielen.

b) Der Mitgliedstaat hat vor Ergreifen der betreffenden Maßnahmen unbeschadet etwaiger Gerichtsverfahren, einschließlich Vorverfahren und Schritten im Rahmen einer strafrechtlichen Ermittlung,

- den in Absatz 1 genannten Mitgliedstaat aufgefordert, Maßnahmen zu ergreifen, und dieser hat dem nicht Folge geleistet oder die von ihm getroffenen Maßnahmen sind unzulänglich;
- die Kommission und den in Absatz 1 genannten Mitgliedstaat über seine Absicht, derartige Maßnahmen zu ergreifen, unterrichtet.

(5) Die Mitgliedstaaten können in dringlichen Fällen von den in Absatz 4 Buchstabe b) genannten Bedingungen abweichen. In diesem Fall müssen die Maßnahmen so bald wie möglich und unter Angabe der Gründe, aus denen der Mitgliedstaat der Auffassung ist; dass es sich um einen dringlichen Fall handelt, der Kommission und dem in Absatz 1 genannten Mitgliedstaat mitgeteilt werden.

(6) Unbeschadet der Möglichkeit des Mitgliedstaates, die betreffenden Maßnahmen durchzuführen, muss die Kommission innerhalb kürzestmöglicher Zeit prüfen, ob die mitgeteilten Maßnahmen mit dem Gemeinschaftsrecht vereinbar sind; gelangt sie zu dem Schluss, dass die Maßnahme nicht mit dem Gemeinschaftsrecht vereinbar ist, so fordert sie den betreffenden Mitgliedstaat auf, davon Abstand zu nehmen, die geplanten Maßnahmen zu ergreifen, bzw. bereits ergriffene Maßnahmen unverzüglich einzustellen.

## KAPITEL II

## GRUNDSÄTZE

### Abschnitt 1 - Niederlassung und Informationspflichten

**Artikel 4 – Grundsatz der Zulassungsfreiheit**
(1) Die Mitgliedstaaten stellen sicher, dass die Aufnahme und die Ausübung der Tätigkeit eines Anbieters von Diensten der Informationsgesellschaft nicht zulassungspflichtig ist und keiner sonstigen Anforderung gleicher Wirkung unterliegt.
(2) Absatz 1 gilt unbeschadet der Zulassungsverfahren, die nicht speziell und ausschließlich Dienste der Informationsgesellschaft betreffen oder die in den Anwendungsbereich der Richtlinie 97/13/EG des Europäischen Parlaments und des Rates vom 10. April 1997 über einen gemeinsamen Rahmen für Allgemein- und Einzelgenehmigungen für Telekommunikationsdienste (28) fallen.

**Artikel 5 – Allgemeine Informationspflichten**
(1) Zusätzlich zu den sonstigen Informationsanforderungen nach dem Gemeinschaftsrecht stellen die Mitgliedstaaten sicher, dass der Diensteanbieter den Nutzern des Dienstes und den zuständigen Behörden zumindest die nachstehend aufgeführten Informationen leicht, unmittelbar und ständig verfügbar macht:
a) den Namen des Diensteanbieters;
b) die geographische Anschrift, unter der der Diensteanbieter niedergelassen ist;
c) Angaben, die es ermöglichen, schnell mit dem Diensteanbieter Kontakt aufzunehmen und unmittelbar und effizient mit ihm zu kommunizieren, einschließlich seiner Adresse der elektronischen Post;
d) wenn der Diensteanbieter in ein Handelsregister oder ein vergleichbares öffentliches Register eingetragen ist, das Handelsregister, in das der Diensteanbieter eingetragen ist, und seine Handelsregisternummer oder eine gleichwertige in diesem Register verwendete Kennung;
e) soweit für die Tätigkeit eine Zulassung erforderlich ist, die Angaben zur zuständigen Aufsichtsbehörde;
f) hinsichtlich reglementierter Berufe:
- gegebenenfalls der Berufsverband, die Kammer oder eine ähnliche Einrichtung, dem oder der der Diensteanbieter angehört,
- die Berufsbezeichnung und der Mitgliedstaat, in der sie verliehen worden ist;
- eine Verweisung auf die im Mitgliedstaat der Niederlassung anwendbaren berufsrechtlichen Regeln und Angaben dazu, wie sie zugänglich sind;
g) in Fällen, in denen der Diensteanbieter Tätigkeiten ausübt, die der Mehrwertsteuer unterliegen, die Identifikationsnummer gemäß Artikel 22 Absatz 1 der Sechsten Richtlinie 77/388/EWG des Rates vom 17. Mai 1977 zur Harmonisierung der Rechtsvorschriften der Mitgliedstaaten über die Umsatzsteuer - Gemeinsames Mehrwertsteuersystem: einheitliche steuerpflichtige Bemessungsgrundlage (29).
(2) Zusätzlich zu den sonstigen Informationsanforderungen nach dem Gemeinschaftsrecht tragen die Mitgliedstaaten zumindest dafür Sorge, dass, soweit Dienste der Informationsgesellschaft auf Preise Bezug nehmen, diese klar und unzweideutig ausgewiesen werden und

insbesondere angegeben wird, ob Steuern und Versandkosten in den Preisen enthalten sind.

Abschnitt 2 - Kommerzielle Kommunikationen

**Artikel 6 – Informationspflichten**
Zusätzlich zu den sonstigen Informationsanforderungen nach dem Gemeinschaftsrecht stellen die Mitgliedstaaten sicher, dass kommerzielle Kommunikationen, die Bestandteil eines Dienstes der Informationsgesellschaft sind oder einen solchen Dienst darstellen, zumindest folgende Bedingungen erfüllen:
a) Kommerzielle Kommunikationen müssen klar als solche zu erkennen sein;
b) die natürliche oder juristische Person, in deren Auftrag kommerzielle Kommunikationen erfolgen, muss klar identifizierbar sein;
c) soweit Angebote zur Verkaufsförderung wie Preisnachlässe, Zugaben und Geschenke im Mitgliedstaat der Niederlassung des Diensteanbieters zulässig sind, müssen sie klar als solche erkennbar sein, und die Bedingungen für ihre Inanspruchnahme müssen leicht zugänglich sein sowie klar und unzweideutig angegeben werden;
d) soweit Preisausschreiben oder Gewinnspiele im Mitgliedstaat der Niederlassung des Diensteanbieters zulässig sind, müssen sie klar als solche erkennbar sein, und die Teilnahmebedingungen müssen leicht zugänglich sein sowie klar und unzweideutig angegeben werden.

**Artikel 7 – Nicht angeforderte kommerzielle Kommunikationen**
(1) Zusätzlich zu den sonstigen Anforderungen des Gemeinschaftsrechts stellen Mitgliedstaaten, die nicht angeforderte kommerzielle Kommunikation mittels elektronischer Post zulassen, sicher, dass solche kommerziellen Kommunikationen eines in ihrem Hoheitsgebiet niedergelassenen Diensteanbieters bei Eingang beim Nutzer klar und unzweideutig als solche erkennbar sind.
(2) Unbeschadet der Richtlinien 97/7/EG und 97/66/EG ergreifen die Mitgliedstaaten Maßnahmen um sicherzustellen, dass Diensteanbieter, die nicht angeforderte kommerzielle Kommunikation durch elektronische Post übermitteln, regelmäßig sog. Robinson-Listen konsultieren, in die sich natürliche Personen eintragen können, die keine derartigen kommerziellen Kommunikationen zu erhalten wünschen, und dass die Diensteanbieter diese Listen beachten.

**Artikel 8 – Reglementierte Berufe**
(1) Die Mitgliedstaaten stellen sicher, dass die Verwendung kommerzieller Kommunikationen, die Bestandteil eines von einem Angehörigen eines reglementierten Berufs angebotenen Dienstes der Informationsgesellschaft sind oder einen solchen Dienst darstellen, gestattet ist, soweit die berufsrechtlichen Regeln, insbesondere zur Wahrung von Unabhängigkeit, Würde und Ehre des Berufs, des Berufsgeheimnisses und eines lauteren Verhaltens gegenüber Kunden und Berufskollegen, eingehalten werden.
(2) Unbeschadet der Autonomie von Berufsvereinigungen und -organisationen ermutigen die Mitgliedstaaten und die Kommission die Berufsvereinigungen und -organisationen dazu, Verhaltenskodizes auf Gemeinschaftsebene aufzustellen, um zu bestimmen, welche Arten von Informationen im Einklang mit den in Absatz 1 genannten Regeln zum Zwecke der kommerziellen Kommunikation erteilt werden können.

(3) Bei der Ausarbeitung von Vorschlägen für Gemeinschaftsinitiativen, die erforderlich werden könnten, um das Funktionieren des Binnenmarktes im Hinblick auf die in Absatz 2 genannten Informationen zu gewährleisten, trägt die Kommission den auf Gemeinschaftsebene geltenden Verhaltenskodizes gebührend Rechnung und handelt in enger Zusammenarbeit mit den einschlägigen Berufsvereinigungen und -organisationen.
(4) Diese Richtlinie findet zusätzlich zu den Gemeinschaftsrichtlinien betreffend den Zugang zu und die Ausübung von Tätigkeiten im Rahmen der reglementierten Berufe Anwendung.

Abschnitt 3 - Abschluss von Verträgen auf elektronischem Weg

**Artikel 9 – Behandlung von Verträgen**
(1) Die Mitgliedstaaten stellen sicher, dass ihr Rechtssystem den Abschluss von Verträgen auf elektronischem Wege ermöglicht. Die Mitgliedstaaten stellen insbesondere sicher, dass ihre für den Vertragsabschluß geltenden Rechtsvorschriften weder Hindernisse für die Verwendung elektronischer Verträge bilden noch dazu führen, dass diese Verträge aufgrund des Umstandes, dass sie auf elektronischem Wege zustande gekommen sind, keine rechtliche Wirksamkeit oder Gültigkeit haben.
(2) Die Mitgliedstaaten können vorsehen, dass Absatz 1 auf alle oder bestimmte Verträge einer der folgenden Kategorien keine Anwendung findet:
a) Verträge, die Rechte an Immobilien mit Ausnahme von Mietrechten begründen oder übertragen;
b) Verträge, bei denen die Mitwirkung von Gerichten, Behörden oder öffentliche Befugnisse ausübenden Berufen gesetzlich vorgeschrieben ist;
c) Bürgschaftsverträge und Verträge über Sicherheiten, die von Personen außerhalb ihrer gewerblichen, geschäftlichen oder beruflichen Tätigkeit eingegangen werden;
d) Verträge im Bereich des Familienrechts oder des Erbrechts.
(3) Die Mitgliedstaaten teilen der Kommission mit, für welche der in Absatz 2 genannten Kategorien sie Absatz 1 nicht anwenden. Die Mitgliedstaaten übermitteln der Kommission alle fünf Jahre einen Bericht über die Anwendung des Absatzes 2, aus dem hervorgeht, aus welchen Gründen es ihres Erachtens weiterhin gerechtfertigt ist, auf die unter Absatz 2 Buchstabe b) fallende Kategorie Absatz 1 nicht anzuwenden.

**Artikel 10 – Informationspflichten**
(1) Zusätzlich zu den sonstigen Informationspflichten aufgrund des Gemeinschaftsrechts stellen die Mitgliedstaaten sicher, dass - außer im Fall abweichender Vereinbarungen zwischen Parteien, die nicht Verbraucher sind - vom Diensteanbieter zumindest folgende Informationen klar, verständlich und unzweideutig erteilt werden, bevor des Nutzer des Dienstes die Bestellung abgibt:
a) die einzelnen technischen Schritte, die zu einem Vertragsabschluß führen;
b) Angaben dazu, ob der Vertragstext nach Vertragsabschluß vom Diensteanbieter gespeichert wird und ob er zugänglich sein wird;
c) die technischen Mittel zur Erkennung und Korrektur von Eingabefehlern vor Abgabe der Bestellung;
d) die für den Vertragsabschluß zur Verfügung stehenden Sprachen.

(2) Die Mitgliedstaaten stellen sicher, dass - außer im Fall abweichender Vereinbarungen zwischen Parteien, die nicht Verbraucher sind - der Diensteanbieter alle einschlägigen Verhaltenskodizes angibt, denen er sich unterwirft, einschließlich Informationen darüber, wie diese Kodizes auf elektronischem Wege zugänglich sind.
(3) Die Vertragsbestimmungen und die allgemeinen Geschäftsbedingungen müssen dem Nutzer so zur Verfügung gestellt werden, dass er sie speichern und reproduzieren kann.
(4) Die Absätze 1 und 2 gelten nicht für Verträge, die ausschließlich durch den Austausch von elektronischer Post oder durch damit vergleichbare individuelle Kommunikation geschlossen werden.

**Artikel 11 – Abgabe einer Bestellung**
(1) Die Mitgliedstaaten stellen sicher, dass - außer im Fall abweichender Vereinbarungen zwischen Parteien, die nicht Verbraucher sind - im Fall einer Bestellung durch einen Nutzer auf elektronischem Wege folgende Grundsätze gelten:
- Der Diensteanbieter hat den Eingang der Bestellung des Nutzers unverzüglich auf elektronischem Wege zu bestätigen;
- Bestellung und Empfangsbestätigung gelten als eingegangen, wenn die Parteien, für die sie bestimmt sind, sie abrufen können.
(2) Die Mitgliedstaaten stellen sicher, dass - außer im Fall abweichender Vereinbarungen zwischen Parteien, die nicht Verbraucher sind - der Diensteanbieter dem Nutzer angemessene, wirksame und zugängliche technische Mittel zur Verfügung stellt, mit denen er Eingabefehler vor Abgabe der Bestellung erkennen und korrigieren kann.
(3) Absatz 1 erster Gedankenstrich und Absatz 2 gelten nicht für Verträge, die ausschließlich durch den Austausch von elektronischer Post oder durch vergleichbare individuelle Kommunikation geschlossen werden.

Abschnitt 4 - Verantwortlichkeit der Vermittler

**Artikel 12 – Reine Durchleitung**
(1) Die Mitgliedstaaten stellen sicher, dass im Fall eines Dienstes der Informationsgesellschaft, der darin besteht, von einem Nutzer eingegebene Informationen in einem Kommunikationsnetz zu übermitteln oder Zugang zu einem Kommunikationsnetz zu vermitteln, der Diensteanbieter nicht für die übermittelten Informationen verantwortlich ist, sofern er
a) die Übermittlung nicht veranlasst,
b) den Adressaten der übermittelten Informationen nicht auswählt und
c) die übermittelten Informationen nicht auswählt oder verändert.
(2) Die Übermittlung von Informationen und die Vermittlung des Zugangs im Sinne von Absatz 1 umfassen auch die automatische kurzzeitige Zwischenspeicherung der übermittelten Informationen, soweit dies nur zur Durchführung der Übermittlung im Kommunikationsnetz geschieht und die Information nicht länger gespeichert wird, als es für die Übermittlung üblicherweise erforderlich ist.
(3) Dieser Artikel lässt die Möglichkeit unberührt, dass ein Gericht oder eine Verwaltungsbehörde nach den Rechtssystemen der Mitgliedstaaten vom Diensteanbieter verlangt, die Rechtsverletzung abzustellen oder zu verhindern.

**Artikel 13 – Caching**
(1) Die Mitgliedstaaten stellen sicher, dass im Fall eines Dienstes der Informationsgesellschaft, der darin besteht, von einem Nutzer eingegebene Informationen in einem Kommunikationsnetz zu übermitteln, der Diensteanbieter nicht für die automatische, zeitlich begrenzte Zwischenspeicherung verantwortlich ist, die dem alleinigen Zweck dient, die Übermittlung der Information an andere Nutzer auf deren Anfrage effizienter zu gestalten, sofern folgende Voraussetzungen erfüllt sind:
a) Der Diensteanbieter verändert die Information nicht;
b) der Diensteanbieter beachtet die Bedingungen für den Zugang zu der Information;
c) der Diensteanbieter beachtet die Regeln für die Aktualisierung der Information, die in weithin anerkannten und verwendeten Industriestandards festgelegt sind;
d) der Diensteanbieter beeinträchtigt nicht die erlaubte Anwendung von Technologien zur Sammlung von Daten über die Nutzung der Information, die in weithin anerkannten und verwendeten Industriestandards festgelegt sind;
e) der Diensteanbieter handelt zügig, um eine von ihm gespeicherte Information zu entfernen oder den Zugang zu ihr zu sperren, sobald er tatsächliche Kenntnis davon erhält, dass die Information am ursprünglichen Ausgangsort der Übertragung aus dem Netz entfernt wurde oder der Zugang zu ihr gesperrt wurde oder ein Gericht oder eine Verwaltungsbehörde die Entfernung oder Sperrung angeordnet hat.
(2) Dieser Artikel lässt die Möglichkeit unberührt, dass ein Gericht oder eine Verwaltungsbehörde nach den Rechtssystemen der Mitgliedstaaten vom Diensteanbieter verlangt, die Rechtsverletzung abzustellen oder zu verhindern.

**Artikel 14 – Hosting**
(1) Die Mitgliedstaaten stellen sicher, dass im Fall eines Dienstes der Informationsgesellschaft, der in der Speicherung von durch einen Nutzer eingegebenen Informationen besteht, der Diensteanbieter nicht für die im Auftrag eines Nutzers gespeicherten Informationen verantwortlich ist, sofern folgende Voraussetzungen erfüllt sind:
a) Der Anbieter hat keine tatsächliche Kenntnis von der rechtswidrigen Tätigkeit oder Information, und, in bezug auf Schadenersatzansprüche, ist er sich auch keiner Tatsachen oder Umstände bewusst, aus denen die rechtswidrige Tätigkeit oder Information offensichtlich wird, oder
b) der Anbieter wird, sobald er diese Kenntnis oder dieses Bewusstsein erlangt, unverzüglich tätig, um die Information zu entfernen oder den Zugang zu ihr zu sperren.
(2) Absatz 1 findet keine Anwendung, wenn der Nutzer dem Diensteanbieter untersteht oder von ihm beaufsichtigt wird.
(3) Dieser Artikel lässt die Möglichkeit unberührt, dass ein Gericht oder eine Verwaltungsbehörde nach den Rechtssystemen der Mitgliedstaaten vom Diensteanbieter verlangt, die Rechtsverletzung abzustellen oder zu verhindern, oder dass die Mitgliedstaaten Verfahren für die Entfernung einer Information oder die Sperrung des Zugangs zu ihr festlegen.

**Artikel 15 – Keine allgemeine Überwachungspflicht**
(1) Die Mitgliedstaaten erlegen Anbietern von Diensten im Sinne der Artikel 12, 13 und 14 keine allgemeine Verpflichtung auf, die von ihnen übermittelten oder gespeicherten Informationen zu überwachen oder aktiv nach Umständen zu forschen, die auf eine rechtswidrige Tätigkeit hinweisen.

(2) Die Mitgliedstaaten können Anbieter von Diensten der Informationsgesellschaft dazu verpflichten, die zuständigen Behörden unverzüglich über mutmaßliche rechtswidrige Tätigkeiten oder Informationen der Nutzer ihres Dienstes zu unterrichten, oder dazu verpflichten, den zuständigen Behörden auf Verlangen Informationen zu übermitteln, anhand deren die Nutzer ihres Dienstes, mit denen sie Vereinbarungen über die Speicherung geschlossen haben, ermittelt werden können.

KAPITEL III

UMSETZUNG

**Artikel 16 – Verhaltenskodizes**

(1) Die Mitgliedstaaten und die Kommission ermutigen

a) die Handels-, Berufs- und Verbraucherverbände und -organisationen, auf Gemeinschaftsebene Verhaltenkodizes aufzustellen, die zur sachgemäßen Anwendung der Artikel 5 bis 15 beitragen;

b) zur freiwilligen Übermittlung der Entwürfe für Verhaltenskodizes auf der Ebene der Mitgliedstaaten oder der Gemeinschaft an die Kommission;

c) zur elektronischen Abrufbarkeit der Verhaltenskodizes in den Sprachen der Gemeinschaft;

d) die Handels-, Berufs- und Verbraucherverbände und -organisationen, die Mitgliedstaaten und die Kommission darüber zu unterrichten, zu welchen Ergebnissen sie bei der Bewertung der Anwendung ihrer Verhaltenskodizes und von deren Auswirkungen auf die Praktiken und Gepflogenheiten des elektronischen Geschäftsverkehrs gelangen;

e) zur Aufstellung von Verhaltenskodizes zum Zwecke des Jugendschutzes und des Schutzes der Menschenwürde.

(2) Die Mitgliedstaaten und die Kommission ermutigen dazu, die Verbraucherverbände und -organisationen bei der Ausarbeitung und Anwendung von ihre Interessen berührenden Verhaltenskodizes im Sinne von Absatz 1 Buchstabe a) zu beteiligen. Gegebenenfalls sind Vereinigungen zur Vertretung von Sehbehinderten und allgemein von Behinderten zu hören, um deren besonderen Bedürfnissen Rechnung zu tragen.

**Artikel 17 – Außergerichtliche Beilegung von Streitigkeiten**

(1) Die Mitgliedstaaten stellen sicher, dass ihre Rechtsvorschriften bei Streitigkeiten zwischen einem Anbieter eines Dienstes der Informationsgesellschaft und einem Nutzer des Dienstes die Inanspruchnahme der nach innerstaatlichem Recht verfügbaren Verfahren zur außergerichtlichen Beilegung, auch auf geeignetem elektronischem Wege, nicht erschweren.

(2) Die Mitgliedstaaten ermutigen Einrichtungen zur außergerichtlichen Beilegung von Streitigkeiten, insbesondere in Fragen des Verbraucherrechts, so vorzugehen, dass angemessene Verfahrensgarantien für die Beteiligten gegeben sind.

(3) Die Mitgliedstaaten ermutigen Einrichtungen zur außergerichtlichen Beilegung von Streitigkeiten, die Kommission über signifikante Entscheidungen, die sie hinsichtlich der Dienste der Informationsgesellschaft erlassen, zu unterrichten und ihr alle sonstigen Informationen über Praktiken und Gepflogenheiten des elektronischen Geschäftsverkehrs zu übermitteln.

**Artikel 18 – Klagemöglichkeiten**

(1) Die Mitgliedstaaten stellen sicher, dass die nach innerstaatlichem Recht verfügbaren Klagemöglichkeiten im Zusammenhang mit Diensten der Informationsgesellschaft es ermöglichen, dass rasch Maßnahmen, einschließlich vorläufiger Maßnahmen, getroffen werden können, um eine mutmaßliche Rechtsverletzung abzustellen und zu verhindern, dass den Betroffenen weiterer Schaden entsteht.

(2) Der Anhang der Richtlinie 98/27/EG wird durch folgende Nummer ergänzt:

„11. Richtlinie 2000/31/EG des Europäischen Parlaments und des Rates vom 8. Juni 2000 über bestimmte rechtliche Aspekte der Dienste der Informationsgesellschaft, insbesondere des elektronischen Geschäftsverkehrs, im Binnenmarkt ('Richtlinie über den elektronischen Geschäftsverkehr') (ABl. L 178 vom 17.7.2000, S. 1)."

**Artikel 19 – Zusammenarbeit**

(1) Die Mitgliedstaaten müssen geeignete Aufsichts- und Untersuchungsinstrumente für die wirksame Umsetzung dieser Richtlinie besitzen und stellen sicher, dass die Diensteanbieter ihnen die erforderlichen Informationen zur Verfügung stellen.

(2) Die Mitgliedstaaten arbeiten mit den anderen Mitgliedstaaten zusammen; hierzu benennen sie eine oder mehrere Verbindungsstellen, deren Anschrift sie den anderen Mitgliedstaaten und der Kommission mitteilen.

(3) Die Mitgliedstaaten kommen Amtshilfe- und Auskunftsbegehren anderer Mitgliedstaaten oder der Kommission im Einklang mit ihren innerstaatlichen Rechtsvorschriften so rasch wie möglich nach, auch auf geeignetem elektronischem Wege.

(4) Die Mitgliedstaaten richten Verbindungsstellen ein, die zumindest auf elektronischem Wege zugänglich sind und bei denen Nutzer von Diensten und Diensteanbieter

a) allgemeine Informationen über ihre vertraglichen Rechte und Pflichten sowie über die bei Streitfällen zur Verfügung stehenden Beschwerde- und Rechtsbehelfsmechanismen, einschließlich der praktischen Aspekte der Inanspruchnahme dieser Mechanismen, erhalten können;

b) Anschriften von Behörden, Vereinigungen und Organisationen erhalten können, von denen sie weitere Informationen oder praktische Unterstützung bekommen können.

(5) Die Mitgliedstaaten ermutigen dazu, die Kommission über alle signifikanten behördlichen und gerichtlichen Entscheidungen, die in ihrem Hoheitsgebiet über Streitigkeiten im Zusammenhang mit Diensten der Informationsgesellschaft ergehen, sowie über die Praktiken und Gepflogenheiten des elektronischen Geschäftsverkehrs zu unterrichten. Die Kommission teilt derartige Entscheidungen den anderen Mitgliedstaaten mit.

**Artikel 20 – Sanktionen**

Die Mitgliedstaaten legen die Sanktionen fest, die bei Verstößen gegen die einzelstaatlichen Vorschriften zur Umsetzung dieser Richtlinie anzuwenden sind, und treffen alle geeigneten Maßnahmen, um ihre Durchsetzung sicherzustellen. Die Sanktionen müssen wirksam, verhältnismäßig und abschreckend sein.

KAPITEL IV

SCHLUSSBESTIMMUNGEN

**Artikel 21 – Überprüfung**
(1) Die Kommission legt dem Europäischen Parlament, dem Rat und dem Wirtschafts- und Sozialausschuss vor dem 17. Juli 2003 und danach alle zwei Jahre einen Bericht über die Anwendung dieser Richtlinie vor und unterbreitet gegebenenfalls Vorschläge für die Anpassung dieser Richtlinie an die rechtlichen, technischen und wirtschaftlichen Entwicklungen im Bereich der Dienste der Informationsgesellschaft, insbesondere in bezug auf die Verbrechensverhütung, den Jugendschutz, den Verbraucherschutz und das einwandfreie Funktionieren des Binnenmarktes.
(2) Im Hinblick auf das etwaige Erfordernis einer Anpassung dieser Richtlinie wird in dem Bericht insbesondere untersucht, ob Vorschläge in bezug auf die Haftung der Anbieter von Hyperlinks und von Instrumenten zur Lokalisierung von Informationen, Verfahren zur Meldung und Entfernung rechtswidriger Inhalte („notice and take down"-Verfahren) und eine Haftbarmachung im Anschluss an die Entfernung von Inhalten erforderlich sind. In dem Bericht ist auch zu untersuchen, ob angesichts der technischen Entwicklungen zusätzliche Bedingungen für die in den Artikeln 12 und 13 vorgesehene Haftungsfreistellung erforderlich sind und ob die Grundsätze des Binnenmarkts auf nicht angeforderte kommerziellen Kommunikationen mittels elektronischer Post angewendet werden können.

**Artikel 22 – Umsetzung**
(1) Die Mitgliedstaaten setzen die erforderlichen Rechts- und Verwaltungsvorschriften in Kraft, um dieser Richtlinie vor dem 17. Januar 2002 nachzukommen. Sie setzen die Kommission unverzüglich davon in Kenntnis.
(2) Wenn die Mitgliedstaaten die in Absatz 1 genannten Vorschriften erlassen, nehmen sie in den Vorschriften selbst oder durch einen Hinweis bei der amtlichen Veröffentlichung auf diese Richtlinie Bezug. Die Mitgliedstaaten regeln die Einzelheiten der Bezugnahme.

**Artikel 23 – Inkrafttreten**
Diese Richtlinie tritt am Tag ihrer Veröffentlichung im Amtsblatt der Europäischen Gemeinschaften in Kraft.

**Artikel 24 – Adressaten**
Diese Richtlinie ist an die Mitgliedstaaten gerichtet.
Geschehen zu Luxemburg am 8. Juni 2000.
Im Namen des Europäischen Parlaments
Die Präsidentin
N. Fontaine

Im Namen des Rates
Der Präsident
G. d'Oliveira Martins

(1) ABl. C 30 vom 5.2.1999, S. 4.
(2) ABl. C 169 vom 16.6.1999, S. 36.
(3) Stellungnahme des Europäischen Parlaments vom 6. Mai 1999 (ABl. C 279 vom 1.10.1999, S. 389). Gemeinsamer Standpunkt des Rates vom 28. Februar 2000 und Beschluss des Europäischen Parlaments vom 4. Mai 2000 (noch nicht im Amtsblatt veröffentlicht).
(4) ABl. L 298 vom 17.10.1989, S. 23. Richtlinie geändert durch die Richtlinie 97/36/EG des Europäischen Parlaments und des Rates (ABl. L 202 vom 30.7.1997, S. 60).
(5) ABl. L 95 vom 21.4.1993, S. 29.
(6) ABl. L 144 vom 4.6.1997, S. 19.
(7) ABl. L 250 vom 19.9.1984, S. 17. Richtlinie geändert durch die Richtlinie 97/55/EG des Europäischen Parlaments und des Rates (ABl. L 290 vom 23.10.1997, S. 18).
(8) ABl. L 42 vom 12.2.1987, S. 48. Richtlinie zuletzt geändert durch die Richtlinie 98/7/EG des Europäischen Parlaments und des Rates (ABl. L 101 vom 1.4.1998, S. 17).
(9) ABl. L 141 vom 11.6.1993, S. 27. Richtlinie zuletzt geändert durch die Richtlinie 97/9/EG des Europäischen Parlaments und des Rates (ABl. L 84 vom 26.3.1997, S. 22).
(10) ABl. L 158 vom 23.6.1990, S. 59.
(11) ABl. L 80 vom 18.3.1998, S. 27.
(12) ABl. L 228 vom 11.8.1992, S. 24.
(13) ABl. L 280 vom 29.10.1994, S. 83.
(14) ABl. L 166 vom 11.6.1998, S. 51. Richtlinie geändert durch die Richtlinie 1999/44/EG (ABl. L 171 vom 7.7.1999, S. 12).
(15) ABl. L 210 vom 7.8.1985, S. 29. Richtlinie geändert durch die Richtlinie 1999/34/EG (ABl. L 141 vom 4.6.1999, S. 20).
(16) ABl. L 171 vom 7.7.1999, S. 12.
(17) ABl. L 113 vom 30.4.1992, S. 13.
(18) ABl. L 213 vom 30.7.1998, S. 9.
(19) ABl. L 281 vom 23.11.1995, S. 31.
(20) ABl. L 24 vom 30.1.1998, S. 1.
(21) ABl. L 204 vom 21.7.1998, S. 37. Richtlinie geändert durch die Richtlinie 98/48/EG (ABl. L 217 vom 5.8.1998, S. 18).
(22) ABl. L 320 vom 28.11.1998, S. 54.
(23) ABl. L 15 vom 21.1.1998, S. 14.
(24) ABl. L 13 vom 19.1.2000, S. 12.
(25) ABl. C 23 vom 28.1.1999, S. 1.
(26) ABl. L 19 vom 24.1.1989, S. 16.
(27) ABl. L 209 vom 24.7.1992, S. 25. Richtlinie zuletzt geändert durch die Richtlinie 97/38/EWG der Kommission (ABl. L 184 vom 12.7.1997, S. 31).
(28) ABl. L 117 vom 7.5.1997, S. 15.
(29) ABl. L 145 vom 13.6.1977, S. 1. Richtlinie zuletzt geändert durch die Richtlinie 1999/85/EG (ABl. L 277 vom 28.10.1999, S. 34).

**ANHANG**

AUSNAHMEN IM RAHMEN VON ARTIKEL 3

Bereiche gemäß Artikel 3 Absatz 3, auf die Artikel 3 Absätze 1 und 2 keine Anwendung findet:

- Urheberrecht, verwandte Schutzrechte, Rechte im Sinne der Richtlinie 87/54/EWG (1) und der Richtlinie 96/9/EG (2) sowie gewerbliche Schutzrechte;
- Ausgabe elektronischen Geldes durch Institute, auf die die Mitgliedstaaten eine der in Artikel 8 Absatz 1 der Richtlinie 2000/46/EG (3) vorgesehenen Ausnahmen angewendet haben;
- Artikel 44 Absatz 2 der Richtlinie 85/611/EWG (4);
- Artikel 30 und Titel IV der Richtlinie 92/49/EWG (5), Titel IV der Richtlinie 92/96/EWG (6) sowie die Artikel 7 und 8 der Richtlinie 88/357/EWG (7) und Artikel 4 der Richtlinie 90/619/EWG (8);
- Freiheit der Rechtswahl für Vertragsparteien;
- vertragliche Schuldverhältnisse in bezug auf Verbraucherverträge;
- formale Gültigkeit von Verträgen, die Rechte an Immobilien begründen oder übertragen, sofern diese Verträge nach dem Recht des Mitgliedstaates, in dem sich die Immobilie befindet, zwingenden Formvorschriften unterliegen;
- Zulässigkeit nicht angeforderter kommerzieller Kommunikation mittels elektronischer Post.

---

(1) ABl. L 24 vom 27.1.1987, S. 36.

(2) ABl. L 77 vom 27.3.1996, S. 20.

(3) Noch nicht im Amtsblatt veröffentlicht.

(4) ABl. L 375 vom 31.12.1985, S. 3. Richtlinie zuletzt geändert durch die Richtlinie 95/26/EG (ABl. L 168 vom 18.7.1995, S. 7).

(5) ABl. L 228 vom 11.8.1992, S. 1. Richtlinie zuletzt geändert durch die Richtlinie 95/26/EG.

(6) ABl. L 360 vom 9.12.1992, S. 1. Richtlinie zuletzt geändert durch die Richtlinie 95/26/EG.

(7) ABl. L 172 vom 4.7.1988, S. 1. Richtlinie zuletzt geändert durch die Richtlinie 92/49/EG.

(8) ABl. L 330 vom 29.11.1990, S. 50. Richtlinie zuletzt geändert durch die Richtlinie 92/96/EG.

## 5. EU-Richtlinie zur Bekämpfung von Zahlungsverzug im Geschäftsverkehr

(2000/35/EG des Europäischen Parlaments und des Rates vom 29. Juni 2000; *Amtsblatt Nr. L 200 vom 08/08/2000* S. 0035 - 0038)

DAS EUROPÄISCHE PARLAMENT UND DER RAT DER EUROPÄISCHEN UNION -
gestützt auf den Vertrag zur Gründung der Europäischen Gemeinschaft, insbesondere auf Artikel 95,
auf Vorschlag der Kommission (1),
nach Stellungnahme des Wirtschafts- und Sozialausschusses (2),
gemäß dem Verfahren des Artikels 251 des Vertrags (3), aufgrund des vom Vermittlungsausschuss am 4. Mai 2000 gebilligten gemeinsamen Entwurfs,
in Erwägung nachstehender Gründe:
(1) In seiner Entschließung zum Integrierten Programm für die KMU und das Handwerk (4) forderte das Europäische Parlament die Kommission auf, Vorschläge zur Behandlung des Problems des Zahlungsverzugs zu unterbreiten.
(2) Am 12. Mai 1995 verabschiedete die Kommission eine Empfehlung über die Zahlungsfristen im Handelsverkehr (5).
(3) In seiner Entschließung zu der Empfehlung der Kommission über die Zahlungsfristen im Handelsverkehr (6) forderte das Europäische Parlament die Kommission auf, die Umwandlung ihrer Empfehlung in einen Vorschlag für eine Richtlinie des Rates in Erwägung zu ziehen, der möglichst bald vorgelegt werden sollte.
(4) Am 29. Mai 1997 verabschiedete der Wirtschafts- und Sozialausschuss eine Stellungnahme (7) zu dem Grünbuch der Kommission: „Das öffentliche Auftragswesen in der Europäischen Union: Überlegungen für die Zukunft".
(5) Am 4. Juni 1997 veröffentlichte die Kommission einen Aktionsplan für den Binnenmarkt, in dem betont wird, dass sich der Zahlungsverzug immer mehr zu einem ernsthaften Hindernis für den Erfolg des Binnenmarktes entwickelt.
(6) Am 17. Juli 1997 veröffentlichte die Kommission einen Bericht über Zahlungsverzug im Handelsverkehr (8), in dem die Ergebnisse einer Bewertung der Auswirkungen ihrer Empfehlung vom 12. Mai 1995 zusammengefasst sind.
(7) Den Unternehmen, insbesondere kleinen und mittleren, verursachen übermäßig lange Zahlungsfristen und Zahlungsverzug große Verwaltungs- und Finanzlasten. Überdies zählen diese Probleme zu den Hauptgründen für Insolvenzen, die den Bestand der Unternehmen gefährden, und führen zum Verlust zahlreicher Arbeitsplätze.
(8) In einigen Mitgliedstaaten weichen die vertraglich vorgesehenen Zahlungsfristen erheblich vom Gemeinschaftsdurchschnitt ab.
(9) Die Unterschiede zwischen den Zahlungsbestimmungen und -praktiken in den Mitgliedstaaten beeinträchtigen das reibungslose Funktionieren des Binnenmarktes.
(10) Dies hat eine beträchtliche Einschränkung des Geschäftsverkehrs zwischen den Mitgliedstaaten zur Folge. Es widerspricht Artikel 14 des Vertrags, da Unternehmer in der Lage sein sollten, im gesamten Binnenmarkt unter Bedingungen Handel zu treiben, die gewährleisten, dass grenzüberschreitende Geschäfte nicht größere Risiken mit sich bringen als Inlandsverkäufe. Es käme zu Wettbewerbsverzerrungen, wenn es für den Binnen- und den grenzüberschreitenden Handel Regeln gäbe, die sich wesentlich voneinander unterscheiden.
(11) Aus den jüngsten Statistiken geht hervor, dass sich die Zahlungsdisziplin in vielen Mitgliedstaaten seit Annahme der Empfehlung vom 12. Mai 1995 im günstigsten Falle nicht verbessert hat.
(12) Das Ziel der Bekämpfung des Zahlungsverzugs im Binnenmarkt kann von den Mitgliedstaaten

nicht ausreichend verwirklicht werden, wenn sie einzeln tätig werden; es kann daher besser auf Gemeinschaftsebene erreicht werden. Diese Richtlinie geht nicht über das zur Erreichung dieses Ziels Erforderliche hinaus. Sie entspricht daher insgesamt den Erfordernissen des Subsidiaritäts- und des Verhältnismäßigkeitsprinzips nach Artikel 5 des Vertrags.
(13) Diese Richtlinie ist auf die als Entgelt für Handelsgeschäfte geleisteten Zahlungen beschränkt und umfasst weder Geschäfte mit Verbrauchern noch die Zahlung von Zinsen im Zusammenhang mit anderen Zahlungen, z. B. unter das Scheck- und Wechselrecht fallenden Zahlungen oder Schadensersatzzahlungen einschließlich Zahlungen von Versicherungsgesellschaften.
(14) Die Tatsache, dass diese Richtlinie die freien Berufe einbezieht, bedeutet nicht, dass die Mitgliedstaaten sie für nicht unter diese Richtlinie fallende Zwecke als Unternehmen oder Kaufleute zu behandeln haben.
(15) Diese Richtlinie definiert zwar den Begriff „vollstreckbarer Titel", regelt jedoch weder die verschiedenen Verfahren der Zwangsvollstreckung eines solchen Titels noch die Bedingungen, unter denen die Zwangsvollstreckung eines solchen Titels eingestellt oder ausgesetzt werden kann.
(16) Zahlungsverzug stellt einen Vertragsbruch dar, der für die Schuldner in den meisten Mitgliedstaaten durch niedrige Verzugszinsen und/oder langsame Beitreibungsverfahren finanzielle Vorteile bringt. Ein durchgreifender Wandel, der auch eine Entschädigung der Gläubiger für die ihnen entstandenden Kosten vorsieht, ist erforderlich, um diese Entwicklung umzukehren und um sicherzustellen, dass die Folgen des Zahlungsverzugs von der Überschreitung der Zahlungsfristen abschrecken.
(17) Die angemessene Entschädigung für die Beitreibungskosten ist unbeschadet nationaler Bestimmungen festzulegen, nach denen ein nationales Gericht dem Gläubiger zusätzlichen Schadenersatz für den durch den Zahlungsverzug eines Schuldners entstandenen Verlust zusprechen kann, wobei auch zu berücksichtigen ist, dass diese entstandenen Kosten schon durch die Verzugszinsen ausgeglichen sein können.
(18) Diese Richtlinie berücksichtigt das Problem langer vertraglicher Zahlungsfristen und insbesondere das Vorhandensein bestimmter Gruppen von Verträgen, für die eine längere Zahlungsfrist in Verbindung mit einer Beschränkung der Vertragsfreiheit oder ein höherer Zinssatz gerechtfertigt sein kann.
(19) Der Missbrauch der Vertragsfreiheit zum Nachteil des Gläubigers sollte nach dieser Richtlinie verboten sein. Falls eine Vereinbarung in erster Linie dem Zweck dient, dem Schuldner zusätzliche Liquidität auf Kosten des Gläubigers zu verschaffen, oder falls der Generalunternehmer seinen Lieferanten und Subunternehmern Zahlungsbedingungen aufzwingt, die auf der Grundlage der ihm selbst gewährten Bedingungen nicht gerechtfertigt sind, können diese Umstände als Faktoren gelten, die einen solchen Missbrauch darstellen. Innerstaatliche Vorschriften zur Regelung des Vertragsabschlusses oder der Gültigkeit von Vertragsbestimmungen, die für den Schuldner unbillig sind, bleiben von dieser Richtlinie unberührt.
(20) Die Folgen des Zahlungsverzugs können jedoch nur abschreckend wirken, wenn sie mit Beitreibungsverfahren gekoppelt sind, die für den Gläubiger schnell und wirksam sind. Nach dem Grundsatz der Nichtdiskriminierung in Artikel 12 des Vertrags sollten diese Verfahren allen in der Gemeinschaft niedergelassenen Gläubigern zur Verfügung stehen.
(21) Es ist wünschenswert, dass sichergestellt ist, dass Gläubiger einen Eigentumsvorbehalt auf nichtdiskriminierender Grundlage in der ganzen Gemeinschaft geltend machen können, falls der Eigentumsvorbehalt gemäß den anwendbaren nationalen Vorschriften, wie sie durch das internationale Privatrecht bestimmt werden, rechtswirksam ist.
(22) Die Richtlinie sollte den gesamten Geschäftsverkehr unabhängig davon regeln, ob er zwischen privaten oder öffentlichen Unternehmen oder zwischen Unternehmen und öffentlichen Stellen erfolgt, wobei zu berücksichtigen ist, dass letztere in großem Umfang Zahlungen an Unternehmen leisten. Sie sollte deshalb auch den gesamten Geschäftsverkehr zwischen Generalunternehmern und ihren Lieferanten und Subunternehmern regeln.
(23) Artikel 5 dieser Richtlinie schreibt vor, dass das Beitreibungsverfahren für unbestrittene Forderungen innerhalb eines kurzen Zeitraums im Einklang mit den nationalen Rechtsvorschriften

abgeschlossen wird, verlangt jedoch nicht, dass die Mitgliedstaaten ein besonderes Verfahren einführen oder ihre geltenden gesetzlichen Verfahren in bestimmter Weise ändern -

HABEN FOLGENDE RICHTLINIE ERLASSEN:

**Artikel 1 – Anwendungsbereich**
Diese Richtlinie ist auf alle Zahlungen, die als Entgelt im Geschäftsverkehr zu leisten sind, anzuwenden.

**Artikel 2 – Begriffsbestimmungen**
Im Sinne dieser Richtlinie bezeichnet der Ausdruck
1. „Geschäftsverkehr" Geschäftsvorgänge zwischen Unternehmen oder zwischen Unternehmen und öffentlichen Stellen, die zu einer Lieferung von Gütern oder Erbringung von Dienstleistungen gegen Entgelt führen;
„öffentliche Stelle" jeden öffentlichen Auftraggeber oder Auftraggeber im Sinne der Richtlinien über das öffentliche Auftragswesen (92/50/EWG(9), 93/36/EWG(10), 93/37/EWG(11) und 93/38/EWG(12));
„Unternehmen" jede im Rahmen ihrer unabhängigen wirtschaftlichen oder beruflichen Tätigkeit handelnde Organisation, auch wenn die Tätigkeit von einer einzelnen Person ausgeübt wird;
2. „Zahlungsverzug" die Nichteinhaltung der vertraglich oder gesetzlich vorgesehenen Zahlungsfrist;
3. „Eigentumsvorbehalt" die vertragliche Vereinbarung, nach der der Verkäufer bis zur vollständigen Bezahlung Eigentümer des Kaufgegenstands bleibt;
4. „von der Europäischen Zentralbank auf ihre Hauptrefinanzierungsoperationen angewendeter Zinssatz" den Zinssatz, der bei Festsatztendern auf diese Operationen angewendet wird. Wurde eine Hauptrefinanzierungsoperation nach einem variablen Tenderverfahren durchgeführt, so bezieht sich dieser Zinssatz auf den marginalen Zinssatz, der sich aus diesem Tender ergibt. Dies gilt für Begebungen mit einheitlichem und mit variablem Zinssatz;
5. „vollstreckbarer Titel" Entscheidungen, Urteile oder Zahlungsbefehle eines Gerichts oder einer anderen zuständigen Behörde, nach denen eine Zahlung unverzüglich oder in Raten zu leisten ist und mit denen der Gläubiger seine Forderung gegen den Schuldner im Wege der Zwangsvollstreckung beitreiben kann; hierzu gehören auch Entscheidungen, Urteile oder Zahlungsbefehle, die vorläufig vollstreckbar sind und dies auch dann bleiben, wenn der Schuldner dagegen einen Rechtsbehelf einlegt.

**Artikel 3 – Zinsen bei Zahlungsverzug**
(1) Die Mitgliedstaaten stellen folgendes sicher:
a) Zinsen gemäß Buchstabe d) sind ab dem Tag zu zahlen, der auf den vertraglich festgelegten Zahlungstermin oder das vertraglich festgelegte Ende der Zahlungsfrist folgt.
b) Ist der Zahlungstermin oder die Zahlungsfrist nicht vertraglich festgelegt, so sind Zinsen, ohne dass es einer Mahnung bedarf, automatisch zu zahlen:
i) 30 Tage nach dem Zeitpunkt des Eingangs der Rechnung oder einer gleichwertigen Zahlungsaufforderung beim Schuldner oder,
ii) wenn der Zeitpunkt des Eingangs der Rechnung oder einer gleichwertigen Zahlungs-

aufforderung unsicher ist, 30 Tage nach dem Zeitpunkt des Empfangs der Güter oder Dienstleistungen, oder

iii) wenn der Schuldner die Rechnung oder die gleichwertige Zahlungsaufforderung vor dem Empfang der Güter oder Dienstleistungen erhält, 30 Tage nach dem Empfang der Güter oder Dienstleistungen, oder

iv) wenn ein Abnahme- oder Überprüfungsverfahren, durch das die Übereinstimmung der Güter oder Dienstleistungen mit dem Vertrag festgestellt werden soll, gesetzlich oder vertraglich vorgesehen ist und wenn der Schuldner die Rechnung oder die gleichwertige Zahlungsaufforderung vor oder zu dem Zeitpunkt, zu dem die Abnahme oder Überprüfung erfolgt, erhält, 30 Tage nach letzterem Zeitpunkt.

c) Der Gläubiger ist berechtigt, bei Zahlungsverzug Zinsen insoweit geltend zu machen, als er

i) seine vertraglichen und gesetzlichen Verpflichtungen erfüllt hat und

ii) den fälligen Betrag nicht rechtzeitig erhalten hat, es sei denn, dass der Schuldner für die Verzögerung nicht verantwortlich ist.

d) Die Höhe der Verzugszinsen („gesetzlicher Zinssatz"), zu deren Zahlung der Schuldner verpflichtet ist, ergibt sich aus der Summe des Zinssatzes, der von der Europäischen Zentralbank auf ihre jüngste Hauptrefinanzierungsoperation, die vor dem ersten Kalendertag des betreffenden Halbjahres durchgeführt wurde, angewendet wurde („Bezugszinssatz"), zuzüglich mindestens 7 Prozentpunkten („Spanne"), sofern vertraglich nichts anderes bestimmt ist. Für Mitgliedstaaten, die nicht an der dritten Stufe der Wirtschafts- und Währungsunion teilnehmen, ist der Bezugszinssatz der entsprechende Zinssatz ihrer Zentralbank. In beiden Fällen findet der Bezugszinssatz, der am ersten Kalendertag in dem betreffenden Halbjahr in Kraft ist, für die folgenden sechs Monate Anwendung.

e) Der Gläubiger hat gegenüber dem Schuldner Anspruch auf angemessenen Ersatz aller durch den Zahlungsverzug des Schuldners bedingten Beitreibungskosten, es sei denn, dass der Schuldner für den Zahlungsverzug nicht verantwortlich ist. Bei diesen Beitreibungskosten sind die Grundsätze der Transparenz und der Verhältnismäßigkeit im Hinblick auf den betreffenden Schuldbetrag zu beachten. Die Mitgliedstaaten können unter Wahrung der genannten Grundsätze einen Höchstbetrag für die Beitreibungskosten für unterschiedliche Schuldhöhen festlegen.

(2) Für bestimmte, in den nationalen Rechtsvorschriften zu definierende Vertragsarten können die Mitgliedstaaten die Frist, nach deren Ablauf Zinsen zu zahlen sind, auf höchstens 60 Tage festsetzen, sofern sie den Vertragsparteien die Überschreitung dieser Frist untersagen oder einen verbindlichen Zinssatz festlegen, der wesentlich über dem gesetzlichen Zinssatz liegt.

(3) Die Mitgliedstaaten bestimmen, dass eine Vereinbarung über den Zahlungstermin oder die Folgen eines Zahlungsverzugs, die nicht im Einklang mit Absatz 1 Buchstaben b) bis d) und Absatz 2 steht, entweder nicht geltend gemacht werden kann oder einen Schadensersatzanspruch begründet, wenn sie bei Prüfung aller Umstände des Falles, einschließlich der guten Handelspraxis und der Art der Ware, als grob nachteilig für den Gläubiger anzusehen ist. Bei der Entscheidung darüber, ob eine Vereinbarung grob nachteilig für den Gläubiger ist, wird unter anderem berücksichtigt, ob der Schuldner einen objektiven Grund für die Abweichung von den Bestimmungen des Absatzes 1 Buchstaben b) bis d)

und des Absatzes 2 hat. Wenn eine derartige Vereinbarung für grob nachteilig befunden wurde, sind die gesetzlichen Bestimmungen anzuwenden, es sei denn, die nationalen Gerichte legen andere, faire Bedingungen fest.
(4) Die Mitgliedstaaten sorgen dafür, dass im Interesse der Gläubiger und der Wettbewerber angemessene und wirksame Mittel vorhanden sind, damit der Verwendung von Klauseln, die als grob nachteilig im Sinne von Absatz 3 zu betrachten sind, ein Ende gesetzt wird.
(5) Die in Absatz 4 erwähnten Mittel schließen auch Rechtsvorschriften ein, wonach Organisationen, die ein berechtigtes Interesse daran haben, kleine und mittlere Unternehmen zu vertreten, oder die offiziell als Vertreter solcher Unternehmen anerkannt sind, im Einklang mit den nationalen Rechtsvorschriften die Gerichte oder die zuständigen Verwaltungsbehörden mit der Begründung anrufen können, dass Vertragsklauseln, die im Hinblick auf eine allgemeine Verwendung abgefasst wurden, grob nachteilig im Sinne von Absatz 3 sind, so dass sie angemessene und wirksame Mittel anwenden können, um der Verwendung solcher Klauseln ein Ende zu setzen.

**Artikel 4 – Eigentumsvorbehalt**
(1) Die Mitgliedstaaten sehen in Einklang mit den anwendbaren nationalen Vorschriften, wie sie durch das internationale Privatrecht bestimmt werden, vor, dass der Verkäufer bis zur vollständigen Bezahlung das Eigentum an Gütern behält, wenn zwischen Käufer und Verkäufer vor der Lieferung der Güter ausdrücklich eine Eigentumsvorbehaltsklausel vereinbart wurde.
(2) Die Mitgliedstaaten können Vorschriften verabschieden oder beibehalten, die bereits vom Schuldner geleistete Anzahlungen betreffen.

**Artikel 5 – Beitreibungsverfahren für unbestrittene Forderungen**
(1) Die Mitgliedstaaten tragen dafür Sorge, dass ein vollstreckbarer Titel unabhängig von dem Betrag der Geldforderung in der Regel binnen 90 Kalendertagen ab Einreichung der Klage oder des Antrags des Gläubigers bei Gericht oder einer anderen zuständigen Behörde erwirkt werden kann, sofern die Geldforderung oder verfahrensrechtliche Aspekte nicht bestritten werden. Dieser Verpflichtung haben die Mitgliedstaaten im Einklang mit ihren jeweiligen nationalen Rechts- und Verwaltungsvorschriften nachzukommen.
(2) Die jeweiligen nationalen Rechts- und Verwaltungsvorschriften müssen für alle in der Europäischen Gemeinschaft niedergelassenen Gläubiger die gleichen Bedingungen vorsehen.
(3) In die Frist des Absatzes 1 von 90 Kalendertagen sind nachstehende Zeiträume nicht einzubeziehen:
a) die Fristen für Zustellungen,
b) alle vom Gläubiger verursachten Verzögerungen, wie etwa der für die Korrektur von Anträgen benötigte Zeitraum.
(4) Dieser Artikel berührt nicht die Bestimmungen des Brüsseler Übereinkommens über die gerichtliche Zuständigkeit und die Vollstreckung gerichtlicher Entscheidungen in Zivil- und Handelssachen (13).

**Artikel 6 – Umsetzung**
(1) Die Mitgliedstaaten erlassen die erforderlichen Rechts- und Verwaltungsvorschriften, um dieser Richtlinie vor dem 8. August 2002 nachzukommen. Sie setzen die Kommission unverzüglich davon in Kenntnis.
Wenn die Mitgliedstaaten diese Vorschriften erlassen, nehmen sie in den Vorschriften selbst oder durch einen Hinweis bei der amtlichen Veröffentlichung auf diese Richtlinie Bezug. Die Mitgliedstaaten regeln die Einzelheiten der Bezugnahme.
(2) Die Mitgliedstaaten können Vorschriften beibehalten oder erlassen, die für den Gläubiger günstiger sind als die zur Erfüllung dieser Richtlinie notwendigen Maßnahmen.
(3) Bei der Umsetzung dieser Richtlinie können die Mitgliedstaaten folgendes ausnehmen:
a) Schulden, die Gegenstand eines gegen den Schuldner eingeleiteten Insolvenzverfahrens sind,
b) Verträge, die vor dem 8. August 2002 geschlossen worden sind, und
c) Ansprüche auf Zinszahlungen von weniger als 5 EUR.
(4) Die Mitgliedstaaten teilen der Kommission den Wortlaut der wichtigsten innerstaatlichen Rechtsvorschriften mit, die sie auf dem unter diese Richtlinie fallenden Gebiet erlassen.
(5) Zwei Jahre nach dem 8. August 2002 überprüft die Kommission unter anderem den gesetzlichen Zinssatz, die vertraglich vorgesehenen Zahlungsfristen und den Zahlungsverzug, um die Auswirkungen auf den Geschäftsverkehr zu ermitteln und die praktische Handhabung der Rechtsvorschriften zu beurteilen. Die Ergebnisse dieser Überprüfung und anderer Untersuchungen werden dem Europäischen Parlament und dem Rat mitgeteilt, erforderlichenfalls zusammen mit Vorschlägen zur Verbesserung dieser Richtlinie.

**Artikel 7 – Inkrafttreten**
Diese Richtlinie tritt am Tag ihrer Veröffentlichung im Amtsblatt der Europäischen Gemeinschaften in Kraft.

**Artikel 8 – Adressaten**
Diese Richtlinie ist an die Mitgliedstaaten gerichtet.
Geschehen zu Luxemburg am 29. Juni 2000.
Im Namen des Europäischen Parlaments
Die Präsidentin
N. Fontaine

Im Namen des Rates
Der Präsident
M. Marques da Costa

(1) ABl. C 168 vom 3.6.1998, S. 13, und ABl. C 374 vom 3.12.1998, S. 4.
(2) ABl. C 407 vom 28.12.1998, S. 50.
(3) Stellungnahme des Europäischen Parlaments vom 17. September 1998 (ABl. C 313 vom 12.10.1998, S. 142). Gemeinsamer Standpunkt des Rates vom 29. Juli 1999 (ABl. C 284 vom 6.10.1999, S. 1) und Beschluss des Europäischen Parlaments vom 16. Dezember 1999 (noch nicht im Amtsblatt veröffentlicht). Beschluss des Europäischen Parlaments vom 15. Juni 2000 und Beschluss des Rates vom 18. Mai 2000.
(4) ABl. C 323 vom 21.11.1994, S. 19.
(5) ABl. L 127 vom 10.6.1995, S. 19.
(6) ABl. C 211 vom 22.7.1996, S. 43.
(7) ABl. C 287 vom 22.9.1997, S. 92.
(8) ABl. C 216 vom 17.7.1997, S. 10.
(9) ABl. L 209 vom 24.7.1992, S. 1.
(10) ABl. L 199 vom 9.8.1993, S. 1.
(11) ABl. L 199 vom 9.8.1993, S. 54.
(12) ABl. L 199 vom 9.8.1993, S. 84.
(13) Konsolidierte Fassung in ABl. C 27 vom 26.1.1998, S. 3.

## 6. EU Richtlinie über Unterlassungsklagen zum Schutz der Verbraucherinteressen

(98/27/EG des Europäischen Parlaments und des Rates vom 19. Mai 1998; *Amtsblatt Nr. L 166 vom 11/06/1998* S. 0051 – 0055)

DAS EUROPÄISCHE PARLAMENT UND DER RAT DER EUROPÄISCHEN UNION -
gestützt auf den Vertrag zur Gründung der Europäischen Gemeinschaft, insbesondere auf Artikel 100a,
auf Vorschlag der Kommission (1),
nach Stellungnahme des Wirtschafts- und Sozialausschusses (2),
gemäß dem Verfahren des Artikels 189b des Vertrags (3),
in Erwägung nachstehender Gründe:
(1) In einigen, im Anhang aufgeführten Richtlinien werden Vorschriften zum Schutz der Interessen der Verbraucher festgelegt.
(2) Die zur Zeit sowohl auf einzelstaatlicher als auch auf Gemeinschaftsebene bestehenden Mechanismen zur Gewährleistung der Einhaltung dieser Richtlinien ermöglichen es nicht immer, Verstöße, durch die die Kollektivinteressen der Verbraucher beeinträchtigt werden, rechtzeitig abzustellen. Unter Kollektivinteressen sind die Interessen zu verstehen, bei denen es sich nicht um eine Kumulierung von Interessen durch einen Verstoß geschädigter Personen handelt. Dies gilt unbeschadet von Individualklagen der durch einen Verstoß geschädigten Personen.
(3) Im Hinblick auf den Zweck, Verhaltensweisen zu unterbinden, die im Widerspruch zum geltenden innerstaatlichen Recht stehen, können einzelstaatliche Maßnahmen zur Umsetzung der obengenannten Richtlinien in ihrer Wirksamkeit beeinträchtigt werden, wenn diese Verhaltensweisen sich in einem anderen Mitgliedstaat auswirken als dem, in dem sie ihren Ursprung haben; dies gilt auch für Schutzmaßnahmen, die über die in diesen Richtlinien vorgesehenen Schutzmaßnahmen hinausgehen, jedoch mit dem Vertrag vereinbar und nach diesen Richtlinien zulässig sind.
(4) Diese Schwierigkeiten können dem reibungslosen Funktionieren des Binnenmarkts abträglich sein; denn man brauchte nur den Ausgangspunkt einer unerlaubten Verhaltensweise in einen anderen Staat zu verlegen, um vor jeglicher Durchsetzungsmaßnahme geschützt zu sein. Dies aber stellt eine Wettbewerbsverzerrung dar.
(5) Die genannten Schwierigkeiten sind dazu angetan, das Vertrauen der Verbraucher in den Binnenmarkt zu beeinträchtigen, und können den Handlungsrahmen für die Verbraucherorganisationen oder die unabhängigen öffentlichen Stellen einschränken, die für den Schutz der durch eine gemeinschaftsrechtswidrige Verhaltensweise beeinträchtigten Kollektivinteressen der Verbraucher zuständig sind.
(6) Die besagten Verhaltensweisen gehen oftmals über die Grenzen zwischen den Mitgliedstaaten hinaus. Es ist dringend notwendig, die einzelstaatlichen Vorschriften über die Unterbindung der genannten unerlaubten Verhaltensweisen unabhängig davon, in welchem Land sich diese ausgewirkt haben, in gewissem Umfang einander anzunähern. Hiervon unberührt bleiben hinsichtlich der gerichtlichen Zuständigkeit die Vorschriften des Internationalen Privatrechts und des Internationalen Zivilprozessrechts sowie der zwischen den Mitgliedstaaten geltenden Übereinkünfte, wobei die allgemeinen Verpflichtungen der Mitgliedstaaten aus dem Vertrag, insbesondere die Verpflichtungen im Zusammenhang mit dem reibungslosen Funktionieren des Binnenmarkts, einzuhalten sind.
(7) Das Ziel der geplanten Maßnahme kann nur durch die Gemeinschaft erreicht werden; infolgedessen obliegt es dieser, tätig zu werden.
(8) Nach Artikel 3b Unterabsatz 3 des Vertrags darf die Gemeinschaft nicht über das für die Erreichung der Ziele des Vertrags erforderliche Maß hinausgehen. Aufgrund des Artikels 3b sind die Besonderheiten der nationalen Rechtsordnungen weitestmöglich zu berücksichtigen, indem den

Mitgliedstaaten die Möglichkeit eingeräumt wird, zwischen verschiedenen Optionen gleicher Wirkung zu wählen. Die Gerichte oder Verwaltungsbehörden im Sinne des Artikels 2 dieser Richtlinie, die für die Entscheidung über die Rechtsbehelfe zuständig sind, sollten berechtigt sein, die Auswirkungen früherer Entscheidungen zu überprüfen.

(9) Eine Option sollte darin bestehen vorzusehen, dass eine oder mehrere unabhängige öffentliche Stellen, die speziell für den Schutz der Kollektivinteressen der Verbraucher zuständig sind, die in dieser Richtlinie vorgesehenen Handlungsbefugnisse ausüben. Eine andere Option sollte vorsehen, dass diese Befugnisse entsprechend den in den einzelstaatlichen Rechtsvorschriften festgelegten Kriterien durch Organisationen ausgeübt werden, deren Zweck im Schutz der Kollektivinteressen der Verbraucher besteht.

(10) Den Mitgliedstaaten sollte es möglich sein, sich für eine dieser beiden oder für beide Optionen gleichzeitig zu entscheiden und entsprechend die auf einzelstaatlicher Ebene für die Zwecke dieser Richtlinie qualifizierten Stellen und/oder Organisationen zu bestimmen.

(11) Im Hinblick auf grenzüberschreitende Verstöße innerhalb der Gemeinschaft sollte für diese Stellen und/oder Organisationen der Grundsatz der gegenseitigen Anerkennung gelten. Die Mitgliedstaaten sollten gemäß den Bestimmungen dieser Richtlinie auf Antrag ihrer nationalen Einrichtungen der Kommission Namen und Zweck ihrer nationalen Einrichtungen mitteilen, die in ihrem Land zur Klageerhebung berechtigt sind.

(12) Es obliegt der Kommission, ein Verzeichnis dieser qualifizierten Einrichtungen im Amtsblatt der Europäischen Gemeinschaften zu veröffentlichen. Solange nicht eine gegenteilige Erklärung veröffentlicht wird, gilt eine qualifizierte Einrichtung als zur Klageerhebung berechtigt, wenn ihr Name in dem Verzeichnis aufgeführt ist.

(13) Die Mitgliedstaaten sollten vorsehen können, dass die Partei, die eine Unterlassungsklage zu erheben beabsichtigt, eine vorherige Konsultation durchführen muss, um es der beklagten Partei zu ermöglichen, den beanstandeten Verstoß abzustellen. Die Mitgliedstaaten sollten vorsehen können, dass in diese vorherige Konsultation eine von ihnen benannte unabhängige öffentliche Stelle einzubeziehen ist.

(14) Wenn die Mitgliedstaaten eine vorherige Konsultation vorsehen, ist eine Frist von zwei Wochen, gerechnet ab dem Eingang des Antrags auf Konsultation, festzusetzen; wird die Unterlassung des Verstoßes nicht innerhalb dieser Frist erreicht, so ist die klagende Partei berechtigt, die zuständigen Gerichte oder Verwaltungsbehörden ohne weiteren Aufschub mit der Klage zu befassen.

(15) Es ist angezeigt, dass die Kommission einen Bericht über das Funktionieren dieser Richtlinie und insbesondere über deren Anwendungsbereich und die Durchführung der vorherigen Konsultation vorlegt.

(16) Die Anwendung dieser Richtlinie sollte die Anwendung der gemeinschaftlichen Wettbewerbsregeln unberührt lassen

HABEN FOLGENDE RICHTLINIE ERLASSEN:

## Artikel 1 – Anwendungsbereich

(1) Ziel dieser Richtlinie ist die Angleichung der Rechts- und Verwaltungsvorschriften der Mitgliedstaaten über Unterlassungsklagen im Sinne des Artikels 2 zum Schutz der Kollektivinteressen der Verbraucher, die unter die im Anhang aufgeführten Richtlinien fallen, um so das reibungslose Funktionieren des Binnenmarkts zu gewährleisten.

(2) Ein Verstoß im Sinne dieser Richtlinie ist jede Handlung, die den im Anhang aufgeführten Richtlinien in der in die innerstaatliche Rechtsordnung der Mitgliedstaaten umgesetzten Form zuwiderläuft und die Kollektivinteressen der Verbraucher gemäß Absatz 1 beeinträchtigt.

**Artikel 2 – Unterlassungsklagen**

(1) Die Mitgliedstaaten bestimmen die zuständigen Gerichte oder Verwaltungsbehörden für die Entscheidung über die von qualifizierten Einrichtungen im Sinne des Artikels 3 eingelegten Rechtsbehelfe, die auf folgendes abzielen können:

a) eine mit aller gebotenen Eile und gegebenenfalls im Rahmen eines Dringlichkeitsverfahrens ergehende Anordnung der Einstellung oder des Verbots eines Verstoßes;

b) gegebenenfalls Maßnahmen wie die Veröffentlichung der Entscheidung im vollen Wortlaut oder in Auszügen in der für angemessen erachteten Form und/oder die Veröffentlichung einer Richtigstellung, um die fortdauernde Wirkung des Verstoßes abzustellen;

c) sofern dies nach dem Recht des Mitgliedstaats zulässig ist, eine Anordnung dahingehend, dass die unterlegene beklagte Partei im Fall der Nichtbeachtung der Entscheidung innerhalb einer von den Gerichten oder Verwaltungsbehörden festgesetzten Frist in eine öffentliche Kasse oder an einen anderen im Rahmen einzelstaatlicher Rechtsvorschriften bezeichneten Begünstigten einen bestimmten Betrag für jeden Tag der Nichtbeachtung oder jede andere Summe zahlen muss, welche die einzelstaatlichen Rechtsvorschriften vorsehen, um die Beachtung der Entscheidungen zu gewährleisten.

(2) Diese Richtlinie lässt die Vorschriften des Internationalen Privatrechts und des Internationalen Zivilprozessrechts hinsichtlich des anzuwendenden Rechts unberührt, so dass normalerweise entweder das Recht des Mitgliedstaats, in dem der Verstoß seinen Ursprung hat, oder das Recht des Mitgliedstaats, in dem sich der Verstoß auswirkt, angewendet wird.

**Artikel 3 – Klagebefugte Einrichtungen**

Im Sinne dieser Richtlinie bezeichnet der Ausdruck „qualifizierte Einrichtung" jede Stelle oder Organisation, die nach dem Recht eines Mitgliedstaats ordnungsgemäß errichtet wurde und ein berechtigtes Interesse daran hat, die Einhaltung der in Artikel 1 genannten Bestimmungen sicherzustellen; er bezeichnet insbesondere

a) in Mitgliedstaaten, in denen solche Stellen bestehen, eine oder mehrere unabhängige öffentliche Stellen, die speziell für den Schutz der in Artikel 1 genannten Interessen zuständig sind, und/oder

b) Organisationen, deren Zweck im Schutz der in Artikel 1 genannten Interessen besteht, entsprechend den im Rahmen der nationalen Rechtsvorschriften festgelegten Kriterien.

**Artikel 4 – Grenzüberschreitende Verstöße innerhalb der Gemeinschaft**

(1) Jeder Mitgliedstaat trifft die erforderlichen Maßnahmen, damit im Fall eines Verstoßes, dessen Ursprung in seinem Hoheitsgebiet liegt, jede qualifizierte Einrichtung eines anderen Mitgliedstaats, in dem die von dieser qualifizierten Einrichtung geschützten Interessen durch den Verstoß beeinträchtigt werden, nach Vorlage des in Absatz 3 vorgesehenen Verzeichnisses das nach Artikel 2 zuständige Gericht oder die nach Artikel 2 zuständige Verwaltungsbehörde anrufen kann. Die Gerichte oder Verwaltungsbehörden akzeptieren dieses Verzeichnis als Nachweis der Berechtigung der qualifizierten Einrichtung zur Klageerhebung unbeschadet ihres Rechts zu prüfen, ob der Zweck der qualifizierten Einrichtung deren Klageerhebung in einem speziellen Fall rechtfertigt.

(2) Im Hinblick auf grenzüberschreitende Verstöße innerhalb der Gemeinschaft und unbeschadet der Rechte, die anderen Stellen gemäß den einzelstaatlichen Rechtsvorschriften

zustehen, teilen die Mitgliedstaaten auf Antrag ihrer qualifizierten Einrichtungen der Kommission mit, dass diese Einrichtungen berechtigt sind, eine in Artikel 2 vorgesehene Klage zu erheben. Die Mitgliedstaaten teilen der Kommission Namen und Zweck dieser qualifizierten Einrichtungen mit.
(3) Die Kommission erstellt ein Verzeichnis der in Absatz 2 bezeichneten qualifizierten Einrichtungen und gibt darin deren Zweck an. Dieses Verzeichnis wird im Amtsblatt der Europäischen Gemeinschaften veröffentlicht; Änderungen an diesem Verzeichnis werden unverzüglich veröffentlicht; die aktualisierte Liste wird alle sechs Monate veröffentlicht.

**Artikel 5 – Vorherige Konsultation**
(1) Die Mitgliedstaaten können Vorschriften einführen oder beibehalten, wonach die Partei, die eine Unterlassungsklage zu erheben beabsichtigt, dieses Verfahren erst einleiten kann, nachdem sie versucht hat, die Einstellung des Verstoßes entweder in Konsultationen mit der beklagten Partei oder mit der beklagten Partei und einer der in Artikel 3 Buchstabe a) bezeichneten qualifizierten Einrichtungen des Mitgliedstaats, in dem die Unterlassungsklage erhoben wird, zu erreichen. Es ist Sache des Mitgliedstaats, zu entscheiden, ob die Partei, die eine Unterlassungsklage erheben will, die qualifizierte Einrichtung konsultieren muss. Wird die Einstellung des Verstoßes nicht innerhalb von zwei Wochen nach Eingang des Antrags auf Konsultation erreicht, so kann die betroffene Partei ohne weiteren Aufschub eine Unterlassungsklage erheben.
(2) Die von den Mitgliedstaaten festgelegten Einzelheiten der vorherigen Konsultation werden der Kommission mitgeteilt und im Amtsblatt der Europäischen Gemeinschaften veröffentlicht.

**Artikel 6 – Berichte**
(1) Die Kommission legt dem Europäischen Parlament und dem Rat alle drei Jahre und erstmals spätestens fünf Jahre nach Inkrafttreten dieser Richtlinie einen Bericht über deren Anwendung vor.
(2) In ihrem ersten Bericht prüft die Kommission insbesondere:
- den Anwendungsbereich dieser Richtlinie in bezug auf den Schutz der Kollektivinteressen von Personen, die im Handel, in der Industrie, im Handwerk oder in freien Berufen tätig sind;
- den Anwendungsbereich dieser Richtlinie, wie er durch die im Anhang aufgeführten Richtlinien bestimmt wird;
- ob die vorherige Konsultation gemäß Artikel 5 zum wirksamen Schutz der Verbraucher beigetragen hat.

Gegebenenfalls sind dem Bericht Vorschläge zur Änderung dieser Richtlinie beizufügen.

**Artikel 7 – Weitergehende Handlungsbefugnisse der Mitgliedstaaten**
Diese Richtlinie hindert die Mitgliedstaaten nicht daran, Bestimmungen zu erlassen oder beizubehalten, die den qualifizierten Einrichtungen sowie sonstigen betroffenen Personen auf nationaler Ebene weitergehende Rechte zur Klageerhebung einräumen.

**Artikel 8 – Umsetzung**
(1) Die Mitgliedstaaten setzen die erforderlichen Rechts- und Verwaltungsvorschriften in Kraft, um dieser Richtlinie spätestens 30 Monate nach ihrem Inkrafttreten nachzukommen. Sie unterrichten die Kommission unverzüglich davon.
Wenn die Mitgliedstaaten diese Vorschriften erlassen, nehmen sie in den Vorschriften selbst oder bei deren amtlicher Veröffentlichung auf diese Richtlinie Bezug. Sie regeln die Einzelheiten dieser Bezugnahme.
(2) Die Mitgliedstaaten teilen der Kommission den Wortlaut der innerstaatlichen Rechtsvorschriften mit, die sie auf dem unter diese Richtlinie fallenden Gebiet erlassen.

**Artikel 9 – Inkrafttreten**
Diese Richtlinie tritt am zwanzigsten Tag nach ihrer Veröffentlichung im Amtsblatt der Europäischen Gemeinschaften in Kraft.

**Artikel 10 – Adressaten**
Diese Richtlinie ist an die Mitgliedstaaten gerichtet.
Geschehen zu Brüssel am 19. Mai 1998.

Im Namen des Europäischen Parlaments
Der Präsident
J.M. GIL-ROBLES

Im Namen des Rates
Der Präsident
G. BROWN

(1) ABl. C 107 vom 13. 4. 1996, S. 3, und ABl. C 80 vom 13. 3. 1997, S. 10.
(2) ABl. C 30 vom 30. 1. 1997, S. 112.
(3) Stellungnahme des Europäischen Parlaments vom 14. November 1996 (ABl. C 362 vom 2. 12. 1996, S. 236), Gemeinsamer Standpunkt des Rates vom 30. Oktober 1997 (ABl. C 389 vom 22. 12. 1997, S. 51) und Beschluss des Europäischen Parlaments vom 12. März 1998 (ABl. C 104 vom 6. 4. 1998). Beschluss des Rates vom 23. April 1998.

**ANHANG**

LISTE DER RICHTLINIEN NACH ARTIKEL 1 (1*)

1. Richtlinie 84/450/EWG des Rates vom 10. September 1984 zur Angleichung der Rechts- und Verwaltungsvorschriften der Mitgliedstaaten über irreführende Werbung (ABl. L 250 vom 19. 9. 1984, S. 17).
2. Richtlinie 85/577/EWG des Rates vom 20. Dezember 1985 betreffend den Verbraucherschutz im Fall von außerhalb von Geschäftsräumen geschlossenen Verträgen (ABl. L 372 vom 31. 12. 1985, S. 31).
3. Richtlinie 87/102/EWG des Rates vom 22. Dezember 1986 zur Angleichung der Rechts- und Verwaltungsvorschriften der Mitgliedstaaten über den Verbraucherkredit (ABl. L 42 vom 12. 2. 1987, S. 48), zuletzt geändert durch die Richtlinie 98/7/EG (ABl. L 101 vom 1. 4. 1998, S. 17).
4. Richtlinie 89/552/EWG des Rates vom 3. Oktober 1989 zur Koordinierung bestimmter Rechts- und Verwaltungsvorschriften der Mitgliedstaaten über die Ausübung der Fernsehtätigkeit: Artikel 10 bis 21 (ABl. L 298 vom 17. 10. 1989, S. 23), geändert durch die Richtlinie 97/36/EG (ABl. L 202 vom 30. 7. 1997, S. 60).
5. Richtlinie 90/314/EWG des Rates vom 13. Juni 1990 über Pauschalreisen (ABl. L 158 vom 23. 6. 1990, S. 59).
6. Richtlinie 92/28/EWG des Rates vom 31. März 1992 über die Werbung für Humanarzneimittel (ABl. L 113 vom 30. 4. 1992, S. 13).
7. Richtlinie 93/13/EWG des Rates vom 5. April 1993 über missbräuchliche Klauseln in Verbraucherverträgen (ABl. L 95 vom 21. 4. 1993, S. 29).
8. Richtlinie 94/47/EG des Europäischen Parlaments und des Rates vom 26. Oktober 1994 zum Schutz der Erwerber im Hinblick auf bestimmte Aspekte von Verträgen über den Erwerb von Teilzeitnutzungsrechten an Immobilien (ABl. L 280 vom 29. 10. 1994, S. 83).
9. Richtlinie 97/7/EG des Europäischen Parlaments und des Rates vom 20. Mai 1997 über den Verbraucherschutz bei Vertragsabschlüssen im Fernabsatz (ABl. L 144 vom 4. 6. 1997, S. 19).

(1*) Die unter den Nummern 1, 6, 7 und 9 aufgeführten Richtlinien enthalten spezifische Bestimmungen über Unterlassungsklagen.

# G. Index

(für die Teile „Einführung“ und „Muster-AGB mit Erläuterungen“ des Buchs)

# H. Literaturverzeichnis


Canaris, C.-W.: „Die Reform des Rechts der Leistungsstörungen“, JZ 2001, Heft 10, S. 499 ff.

Canaris, C.-W.: „Das allgemeine Leistungsstörungsrecht im Schuldrechtsmodernisierungsgesetz“, ZRP 2001, S. 329 ff.

Däubler-Gmelin, H.: „Die Entscheidung für die sogenannte große Lösung bei der Schuldrechtsreform“, NJW 2001, Heft 32, S. 2281 ff.

Egermann, F.: „Verjährung deliktischer Haftungsansprüche“, ZRP 2001, S. 343 ff.

Ernst, W.: „Schuldrechtsreform und Öffentlichkeit“, WM 2001, Heft 14, S. 728 ff.

Ernst, W./Zimmermann, R.: „Zivilrechtswissenschaft und Schuldrechtsreform“, 2001

Foerste, U.: „Unklarheit im künftigen Schuldrecht: Verjährung von Kaufmängel-Ansprüchen in 2, 3 oder 30 Jahren?“, ZRP 2001, S. 342 ff.

Gaier, R.: „Die Minderungsberechnung im Schuldrechtsmodernisierungsgesetz“, ZRP 2001, S. 336 ff.

Graf von Westphalen, F.: „Vertragsrecht und AGB-Klauselwerke“, Stand: Dez. 1999

Hoffmann, J.: „Verbrauchsgüterkaufrichtlinie und Schuldrechtsmodernisierungsgesetz“, ZRP 2001, S. 347 ff.

Kahlert, H.: „Schuldrechtsmodernisierungsgesetz: Teilweise Abschaffung des Verzugszinses?“, ZRP 2001, S. 340 ff.

Kiesel, H.: „Verzug durch Mahnung bei Geldforderungen trotz § 284 Abs. 3 BGB“, NJW 2001, Heft 2, S. 108 f.

Knütel, R.: „Zur Schuldrechtsreform“, NJW 2001, Heft 35, S. 2519 ff.

Koch, R./Artz M.: „Die Neuregelung des § 13 Abs. 2 Nr. 2 AGBG“, WM 2001, Heft 21, S. 1016 ff.

Koppenfels, K. von: „Das Widerrufsrecht bei Verbraucherverträgen im BGB – eine Untersuchung des § 355 Abs. 1 BGB-RegE“, WM 2001, Heft 29, S. 1360 ff.

Langenbucher, K.: „Diskussionsbericht zum Vortrag von Claus-Wilhelm Canaris“, JZ 2001, Heft 10, S. 528 ff.

Leenen, D.: „Die Neuregelung der Verjährung“, JZ 2001, Heft 10, S. 552 ff.

Lorenz, S.: „Zeitschriftenabonnements im Internet – heute und morgen“, NJW 2001, Heft 31, S. 2230 ff.

Micklitz, H.-W.: „Fernabsatz und E-Commerce im Schuldrechtsmodernisierungsgesetz“, EuZW 2001, Heft 5, S. 133 ff.

Reich, N.: „Die Umsetzung der Richtlinie 1999/44/EG in das deutsche Recht“, NJW 1999, Heft 33, S. 2397 ff.

Roth, W.-H.: „Europäischer Verbraucherschutz und BGB", JZ 2001, Heft 10, S. 475 ff.

Schmidt-Kessel, M.: „Die Zahlungsverzugsrichtlinie und ihre Umsetzung“, NJW 2001, Heft 2, S. 97 ff.

Schulze-Braucks, R.: „Zahlungsverzug in der Europäischen Union", NJW 2001, Heft 2, S. 103 ff.

Schulze, R./Schulte-Nölke, H.: „Die Schuldrechtsreform vor dem Hintergrund des Gemeinschaftsrechts“, 2001

Schwarz, G. C.: „§ 241 a BGB als Störfall für die Zivilrechtsdogmatik“, NJW 2001, Heft 20, S. 1449 ff.

Staudenmeyer, D.: „Die EG-Richtlinie über den Verbrauchsgüterkauf“, NJW 1999, Heft 33, S. 2393 ff.

Trapp, A.: „Zivilrechtliche Sicherheitsanforderungen an eCommerce“, WM 2001, Heft 25, S. 1192 ff.

Ulmer, P.: „Das AGB-Gesetz: Ein eigenständiges Kultifikationswerk“, JZ 2001, S. 491 ff.

Ulmer, P./Brandner E./Hensen, H.-D./Schmidt, H.: "AGBG-Kommentar", 9. Auflage 2001

Westermann, H.-P.: „Das neue Kaufrecht einschließlich des Verbrauchsgüterkaufs“, JZ 2001, Heft 10, S. 531 ff.

Wieser, Eb.: „Eine Revolution des Schuldrechts“, NJW 2001, Heft 2, S. 121 ff.

Wolf, M./Pfeiffer, Th.: „Der richtige Standort des AGB-Rechts innerhalb des BGB“, ZRP 2001, Heft 7, S. 303 ff.

Wolf/Horn/Lindacher: AGB-Gesetz Kommentar, 4. Aufl. 1999

Zimmermann, R.: „Grundregeln eines europäischen Verjährungsrechts über die deutsche Reformdebatte“, ZEuP 2001, Heft 2, S. 217 ff.

# I. Formular für Online-Zugriff

Mit dem Erwerb dieses Buchs erhalten Sie kostenlos Zugriff über Internet auf den Inhalt der vorliegenden Auflage im Schuldrechtsforum der Datenbank LexxionPro. Sie können bequem auf folgende Inhalte in den gängigen Formaten „pdf" und „html" zugreifen: kompletter AGB-Mustertext mit Alternativformulierungen, Einzelerläuterungen, Synopse neu /alt.

An dieser Stelle möchten wir Sie darauf hinweisen, dass alle Inhalte des LexxionPro-Schuldrechtsforums urheberrechtlich geschützt sind und der Erwerber dieses Buches das Recht erhält, im Rahmen der von Lexxion ermöglichten technischen Verfügbarkeit diese Inhalte zu eigenen Zwecken abzurufen und zu nutzen. Eine anderweitige Nutzung, insbesondere eine Verbreitung in jeglicher Form – ob kostenfrei oder gewerblich – ist nicht zulässig. Die kostenlose Nutzung des Schuldrechtsforums ist auf zwölf Monate nach Registrierung begrenzt.

**Den Online-Zugriff erhalten Sie in zwei einfachen Schritten:**

1. Versehen Sie bitte diese Seite mit Ihrem Namen und Ihrem Kanzlei- / Firmenstempel und senden Sie eine Kopie dieser Seite entweder per Fax (030) 2887 9334 oder per Brief an:
   **Lexxion Verlag, Marienstr. 19/20, 10117 Berlin.**
2. Wir registrieren Sie dann für das LexxionPro-Schuldrechtsforum und schicken Ihnen umgehend Ihren Benutzernamen zu.

**Ihre Registrierkennung**

**raetsel-5865**

| | |
|---|---|
| Name: | Stempel |
| Tel.: | |
| Fax: | |
| E-Mail: | |
| Unterschrift: | |
| Ich wünsche, meinen Benutzernamen zu erhalten per: | ☐ Telefax ☐ E-Mail ☐ Brief |

**Falls Sie Fragen haben, helfen wir Ihnen gerne weiter:**
**Tel.(030) 2887 9332 Fax: (030) 2887 9334 E-Mail: service@lexxion.de**